일기부터 상상문까지 초등 갈래별 글쓰기 완벽 훈련!

초등 글쓰기
무작정 따라하기

손상민 지음

글의 종류 편

길벗스쿨

저자 **손상민** 선생님은요,

뮤지컬과 연극 대본, 어린이 논픽션 동화를 쓰는 작가예요. 열 살, 여섯 살 두 아이의 엄마이자, 변두리 작은 책방 '쓰는 책방'의 책방지기로 어른, 어린이에게 책쓰기, 글쓰기를 가르치고 있기도 합니다. 아이들을 키우면서 어린이를 위한 책들을 쓰기 시작했어요. 지은 책으로는 〈휘리릭 초등 4문장 글쓰기: 탈무드 편〉, 〈휘리릭 초등 4문장 글쓰기: 그리스 신화 속 별자리 편〉, 〈백마 탄 여장군 김명시〉, 〈아홉 살에 처음 만나는 김구〉, 〈아홉 살에 처음 만나는 유관순〉 등이 있어요.

초등 글쓰기 무작정 따라하기: 글의 종류 편
The Cakewalk Series — The Types of Writing for Elementary School Students

초판 1쇄 발행 • 2022년 3월 30일
초판 3쇄 발행 • 2024년 1월 30일

지은이 • 손상민
발행인 • 이종원
발행처 • 길벗스쿨
출판사 등록일 • 2006년 6월 16일
주소 • 서울시 마포구 월드컵로 10길 56(서교동)
대표 전화 • 02)332-0931 | 팩스 • 02) 338-0388
홈페이지 • www.gilbutschool.co.kr | 이메일 • gilbut@gilbut.co.kr

기획 및 책임편집 • 유현우(yhw5719@gilbut.co.kr) | **디자인** • 강은경 | **제작** • 이준호, 손일순, 이진혁, 김우식
영업마케팅 • 진창섭 | **웹마케팅** • 지하영 | **영업관리** • 김명자, 심선숙, 정경화 | **독자지원** • 윤정아

전산편집 • 기본기획 | **편집진행** • 주은영 | **일러스트** • 서정선 | **CTP 출력 및 인쇄** • 영림인쇄 | **제본** • 영림인쇄

▶ 잘못된 책은 구입한 서점에서 바꿔 드립니다.
▶ 이 책에 실린 모든 내용, 디자인, 이미지, 편집 구성의 저작권은 길벗스쿨과 지은이에게 있습니다.
  허락 없이 복제하거나 다른 매체에 옮겨 실을 수 없습니다.

ISBN 979-11-6406-435-9 73700
(길벗 도서번호 500002)

정가 13,800원

독자의 1초를 아껴주는 정성 길벗출판사

(주)도서출판 길벗 | IT실용서, IT/일반 수험서, IT전문서, IT입문서, IT주니어, 경제실용서, 취미실용서, 자녀교육서
더퀘스트 | 인문교양서, 비즈니스서
길벗이지톡 | 성인어학서
길벗스쿨 | 국어학습서, 수학학습서, 영어학습서, 유아학습서, 어린이교양서, 교과서, 학습단행본

제품명	초등 글쓰기 무작정 따라하기: 글의 종류 편	주소	서울시 마포구 월드컵로 10길 56 (서교동)
제조사명	길벗스쿨	제조년월	판권에 별도 표기
제조국명	대한민국	사용연령	11~13세
전화번호	02-332-0931	KC마크는 이 제품이 공통안전기준에 적합하였음을 의미합니다.	

아이가 주인공인 책

아이는 스스로 생각하고 성장합니다.
아이를 존중하고 가능성을 믿을 때
새로운 문제들을 스스로 해결해 나갈 수 있습니다.

길벗스쿨의 학습서는 아이가 주인공인 책입니다.
탄탄한 실력을 만드는 체계적인 학습법으로
아이의 공부 자신감을 높여줍니다.

가능성과 꿈을 응원해 주세요.
아이가 주인공인 분위기를 만들어 주고,
작은 노력과 땀방울에 큰 박수를 보내 주세요.
길벗스쿨이 자녀 교육에 힘이 되겠습니다.

머리말

흔히 말하는 초등 글쓰기는 무엇일까요? 초등 글쓰기에서 빠트리지 말아야 할 것은 무엇일까요? 초등학교 교과 과정에서 국어는 가장 큰 비중을 차지하지만, 막상 초등학교를 졸업하더라도 글쓰기에 자신감을 보이는 아이를 찾아보기는 드문 일입니다. 6년 내내 읽기와 쓰기를 반복하면서도 글쓰기 앞에서 막막해 하는 우리 아이들, 도대체 무엇이 문제일까요?

바로 글의 유형을 제대로 공부하지 않았기 때문입니다. 글의 종류, 즉 갈래를 파악하고 이에 맞춰 글을 써본 경험이 부족한 탓이지요. 구체적으로 말하자면 어떤 종류의 글을 어떻게 써야 하는지 확실히 배우지 못했기 때문입니다. 설득하기 위해 쓰는 글이라면 상대방을 설득할 수 있는 글을 써야 하고, 설명하기 위한 글이라면 대상을 알기 쉽게 전달하는 글을 써야 합니다. 달리 말하면 글을 쓰는 목적에 따라 쓰는 방법을 달리해야 한다는 뜻이지요.

목적에 맞는 글을 쓰기 위해서는 내가 쓰려는 글이 어떤 종류(갈래)의 글인지를 먼저 파악해야 합니다. 설득하는 글인지, 설명하는 글인지, 감상을 전하는 글인지, 관찰한 내용을 있는 그대로 기록하려는 글인지의 여부를 알고 써야 한다는 것입니다. 논설문, 설명문, 감상문, 관찰기록문 등은 이러한 글의 목적을 기준으로 나눈 글의 갈래입니다.

현행 초등학교 교과 과정에서는 6년 동안 목적에 맞는 글쓰기의 다양한 유형을 배웁니다. 하지만 안타깝게도 논설문, 설명문, 관찰기록문, 독서감상문 등에 대한 갈래글의 형식과 내용을 모두 모아 집중적으로 배워볼 기회를 얻기가 쉽지 않습니다. 결국 그때그때 학습 목표에 맞춰 글을 쓰지만 내가 쓰는 글이 어떤 갈래의 글인지 제대로 파악하지 못한 채 지나가 버리고 마는 게 현실입니다.

〈초등 글쓰기 무작정 따라하기; 글의 종류 편〉에서는 갈래별 글쓰기의 형식과 특징, 쓰는 법을 익혀 아이들이 어떤 글쓰기 상황에서도 당황하지 않고 글을 쓸 수 있도록 돕고자 기획되었습니다. 본 교재를 통해 글쓰기의 갈래를 배우고 한 편의 완성된 갈래글을 써보면서 글쓰기에 대한 자신감까지 얻게 된다면 더할 나위가 없겠지요.

아무쪼록 이 책이 아이들의 글쓰기에 대한 거부감을 덜어주고, 글쓰기를 지도하는 학부모님과 선생님께 또 하나의 나침반이 되어주기를 기원합니다.

저자 손상민

• 이 책의 구성 •

각 갈래글에 대한 정보 습득

1일 차에는 먼저 각 갈래글이 어떤 글인지 갈래글의 정의와 어떤 방법으로 써야 하는지에 대해 알아야 할 정보들을 정리해 두었어요.

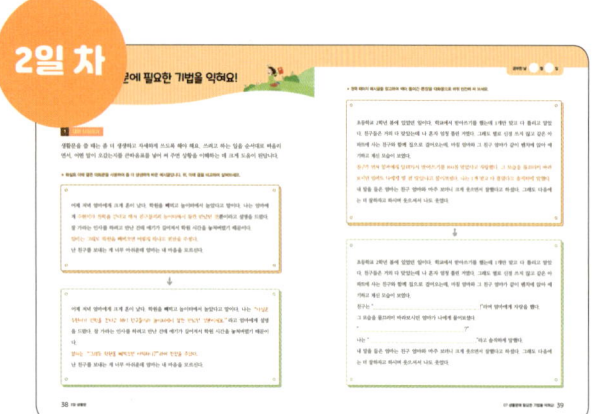

각 갈래글에 대한 유용한 기법 소개

2일 차에는 각 갈래글에서 유용하게 쓰일 수 있는 글쓰기 기법들을 소개했어요. 알려주는 기법들을 활용하여 글을 쓴다면 좀 더 목적에 맞게 글을 쓸 수 있을 거예요.

순서대로 따라 써 보기 ❶

3일 차에서는 각 갈래글의 주제와 제목, 그리고 글감을 찾는 방법 등을 소개해요. 또한 하나의 완성된 글을 쓰기 전에 먼저 생각의 틀을 잡아볼 수 있도록 생각 지도를 구상해 봐요.

이 책은 초등학교 교과 과정 전반에 걸쳐 다루고 있는 8가지의 글의 종류(갈래글)를 어떻게 써야 하는지에 대한 방법을 제공하고 있어요. 이 교재에 실린 내용대로 차근차근 따라 쓰다 보면 10문장에서 20문장까지 나만의 갈래글을 완성할 수 있게 된답니다.

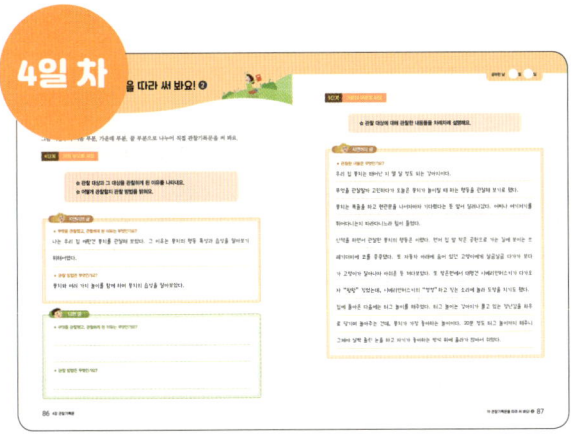

순서대로 따라 써 보기 ❷

어떤 글을 쓸지 글감을 마련하고, 주제와 제목, 그리고 생각 지도까지 완성하였다면 본격적으로 글을 써볼 차례예요. 갈래글의 유형에 따라 어떻게 글을 써야 하는지 친구의 예시글과 선생님의 지도를 참고해 차근차근 따라 써 봐요.

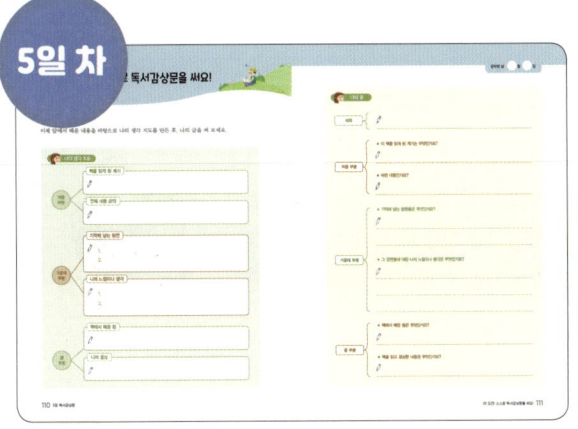

스스로 갈래글 쓰기

마지막 5일 차에서는 지금까지 배운 내용을 바탕으로 스스로 글감을 마련한 다음, 생각 지도를 구성하고 약 10문장에서 20문장 내외의 글을 쓰는 훈련을 해볼 거예요.

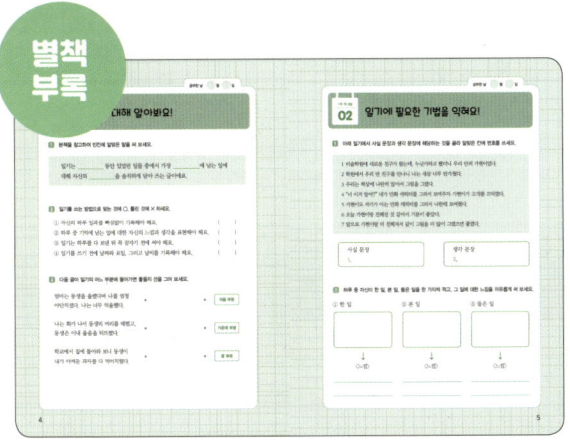

훈련집 활용하기

본책의 내용을 잘 습득했는지 점검하고 테스트해 볼 수 있는 훈련 교재예요. 하루 1쪽씩 본책의 학습을 끝낸 후 날짜에 맞춰 풀어보세요.

이 책을 먼저 체험해본 독자들의
• 말! 말! 말! •

우리 아이가 이제 슬슬 글쓰기 연습을 해야 할 때인데, 시중의 여러 교재들을 검색해 봤지만 이렇게 다양한 글의 종류를 한 권에 담은 교재는 거의 없더라구요. 그러던 차에 이 교재가 출간된다고 하여 너무 반가웠어요. 이 책 한 권이면 초등학생들의 기초 글쓰기 실력이 많이 향상될 것 같네요. — 조희진(영준 엄마)

 평소에 가끔 일기를 쓰는 것 외에는 다른 종류의 글을 써 볼 기회가 없었는데, 이 교재에서 초등학생들이 꼭 익혀야 할 다양한 종류의 글을 각각 어떻게 써야 할지 알려줘서 좋았어요. 지금까지 글쓰기를 어려워했던 우리 아이도 이 교재를 학습하면서 자신감이 많이 생긴 것 같아요. — 위정애(승은 엄마)

아이가 초등학교 고학년이 되면서 글쓰기를 어려워했어요. 특히 아이가 생활문이나 기행문은 자주 쓰는 글이 아니어서 쓰는 방법을 잘 몰랐는데 이 책을 통해 알게 되었다고 해요. 그중에서도 상상문 쓰기는 새롭고 재미있었다고 하네요. 책 속에 예시문이 제시되어 있어 엄마가 지도하지 않아도 바로 글쓰기가 가능했어요. — 이상미(하준 엄마)

 학습 체험을 하는 동안 많은 내용을 배울 수 있어서 너무 좋았어요. 특히 논설문 같은 경우에는 아이가 이유나 근거를 생각하기 힘들어했는데, 이 교재에서 하라는 대로 잘 따라 해보니 10문장 이상은 너끈히 써 내더라구요. 아이가 글쓰기를 할 때 자신감이 많이 생긴 것 같아요. — 권누리(하윤 엄마)

이 교재를 접하면서 그동안 아이들 글쓰기에 대해 근질근질했던 부분을 시원하게 긁어주는 느낌을 받았어요. 특히 이 교재를 꾸준히 따라서 하다 보면 글쓰기 실력뿐만 아니라 어휘력 향상에도 많은 도움이 되겠더라구요. 그래서 아이들 글쓰기 때문에 고민이 많은 제 주위의 지인들에게도 추천했어요. — 박사라(서후 엄마)

이 책이 출간되기 전에 먼저 체험해 보신 어머님들이 계세요. 일명 '베타테스터'라고 하지요. 〈초등 글쓰기 무작정 따라하기; 글의 종류 편〉은 이분들의 꼼꼼한 검토와 체험 의견 덕분에 더욱 더 좋은 내용으로 출간이 될 수 있었어요. 많은 어머님들이 먼저 살펴보셨기에 더욱 더 믿음이 가는 〈초등 글쓰기 무작정 따라하기; 글의 종류 편〉! 과연 어머님들은 어떤 느낌을 받으셨는지 함께 알아볼까요?

학년이 올라갈수록 글쓰기가 중요하다는 생각이 들었지만 글쓰기를 어떻게 써야 하는지 그 방법을 알려주는 것이 쉽지 않았어요. 그런데 이 교재를 학습하면서 어떻게 글쓰기를 해야 하는지 알 수 있었어요. 초등학생들의 글쓰기 실력을 쑥쑥 키워줄 수 있는 교재가 될 것 같아 기대가 큽니다.
— 배윤정(주현 엄마)

 이 교재는 글쓰기를 할 때 갈래별로 어떤 글을 어떤 식으로 써야 하는지에 대해서 아이들 눈높이에 잘 맞춰져 있네요. 갈래별로 어떤 식으로 접근하고 어떻게 써야 하는지 알려주고 연습할 수 있어서 이 책을 모두 학습하고 나면 어떤 종류의 글이든 제법 쓸 수 있을 것 같아요.
— 배윤지(규동 엄마)

사실 일기도 쓰기 어려워하는데, 기행문, 논설문 등 다른 종류의 글쓰기를 어떻게 가르쳐야 할지 막막했어요. 하지만 이 교재에서 알려주는 대로 다양한 종류의 글쓰기 방법을 익혀가면서 점점 글쓰기 실력도 늘어나는 기분이 들었어요. 무엇보다 아이가 자신의 생각을 글로 쓰는 게 느껴져서 뿌듯했어요.
— 신국희(은하 엄마)

 이 책을 통해 평소에 아이가 쓰기 힘들어했던 설명문, 논설문, 관찰기록문 등 글의 갈래에 따른 글쓰기 방법을 체계적으로 잘 익힐 수 있었어요. 초등 글쓰기의 노하우를 쉽고 재미있게 배우고 싶다면 무조건 이 책입니다! 책 제목처럼 무작정 따라 하다 보면 초등 글쓰기가 완성되네요!
— 홍지혜(예서 엄마)

우리 아이가 지금 4학년인데, 그동안 글쓰기는 일기 외에 거의 써본 적이 없었어요. 그렇다고 마땅한 글쓰기 학원을 찾는 것도 쉽지 않더라구요. 그러던 차에 초등 글쓰기를 총망라한 책이 나와 정말 반가웠어요. 꾸준히 하면 글쓰기에 재미를 붙여서 실력이 많이 늘 것 같아 기대돼요.
— 이혜정(채우 엄마)

· 차례 ·

머리말 3
이 책의 구성 4
이 책을 먼저 체험해 본 독자들의 말! 말! 말! 6
이 책은 이렇게 활용하세요! 10
학습 계획표 11

1장 일기

01 일기에 대해 알아봐요! 14
02 일기에 필요한 기법을 익혀요! 18
03 일기를 따라 써 봐요! ❶ 22
04 일기를 따라 써 봐요! ❷ 26
05 도전! 스스로 일기를 써요! 30

2장 생활문

06 생활문에 대해 알아봐요! 34
07 생활문에 필요한 기법을 익혀요! 38
08 생활문을 따라 써 봐요! ❶ 42
09 생활문을 따라 써 봐요! ❷ 46
10 도전! 스스로 생활문을 써요! 50

3장 기행문

11 기행문에 대해 알아봐요! 54
12 기행문에 필요한 기법을 익혀요! 58
13 기행문을 따라 써 봐요! ❶ 62
14 기행문을 따라 써 봐요! ❷ 66
15 도전! 스스로 기행문을 써요! 70

4장 관찰기록문

16 관찰기록문에 대해 알아봐요! 74
17 관찰기록문에 필요한 기법을 익혀요! 78
18 관찰기록문을 따라 써 봐요! ❶ 82
19 관찰기록문을 따라 써 봐요! ❷ 86
20 도전! 스스로 관찰기록문을 써요! 90

5장 독서감상문

21 독서감상문에 대해 알아봐요!   94
22 독서감상문에 필요한 기법을 익혀요!   98
23 독서감상문을 따라 써 봐요! ❶   102
24 독서감상문을 따라 써 봐요! ❷   106
25 도전! 스스로 독서감상문을 써요!   110

6장 설명문

26 설명문에 대해 알아봐요!   114
27 설명문에 필요한 기법을 익혀요!   118
28 설명문을 따라 써 봐요! ❶   122
29 설명문을 따라 써 봐요! ❷   126
30 도전! 스스로 설명문을 써요!   130

7장 논설문

31 논설문에 대해 알아봐요!   134
32 논설문에 필요한 기법을 익혀요!   138
33 논설문을 따라 써 봐요! ❶   142
34 논설문을 따라 써 봐요! ❷   146
35 도전! 스스로 논설문을 써요!   150

8장 상상문

36 상상문에 대해 알아봐요!   154
37 상상문에 필요한 기법을 익혀요!   158
38 상상문을 따라 써 봐요! ❶   162
39 상상문을 따라 써 봐요! ❷   166
40 도전! 스스로 상상문을 써요!   170

별책 부록

1 글쓰기 훈련집
2 정답 및 참고 답안집

• 이 책은 이렇게 활용하세요! •

〈초등 글쓰기 무작정 따라하기; 글의 종류 편〉은 일기부터 상상문까지 초등 교과 과정에서 배우는 8개의 갈래글 쓰기의 훈련 과정을 담았어요. 특히 아래의 가이드를 잘 활용하며 글쓰기를 시작해 보세요.

1 하루 학습할 분량을 꼭 지켜 주세요!

우리들의 글쓰기 능력은 단기간에 벼락치기로 향상될 수 없어요. 그렇기 때문에 처음부터 의욕만 앞세워 무리하게 학습하게 되면 오히려 글쓰기에 대한 거부감이 늘어나게 돼요. '천리길도 한 걸음부터'라는 속담도 있듯이 급하게 서두르지 말고 하루 학습할 분량은 꼭 지켜 주세요. 그러면 조금씩 자신의 글쓰기 실력이 발전하는 모습을 느끼게 될 거예요.

2 글을 쓰고 난 후에는 자신을 많이 칭찬해 주세요!

처음에는 무슨 글을 써야 할지 몰라 막막할 수 있어요. 그때마다 부모님을 먼저 찾지 말고 끝까지 자신이 생각하여 문장을 완성해 보세요. 글쓰기에 정답은 없어요. 따라서 단 한 문장이라도 내가 생각해서 썼다면 일단은 자신에게 칭찬을 해주세요. 그리고 부모님께 보여 드리고 지도를 받으면 훨씬 더 글쓰기 능력이 쑥쑥 성장할 수 있을 거예요.

3 매일 본책과 훈련집을 병행하여 진도를 나가 주세요!

이 책은 본책의 내용을 좀 더 늘려 학습할 수 있도록 별도의 훈련집이 함께 제공되어 있어요. 훈련집은 여러분이 본책에서 배웠던 내용들을 잘 이해했는지 파악할 수 있도록 구성되어 있어요. 본책의 하루 분량을 다 끝낸 후에는 바로 이어서 훈련집을 풀어보세요. 훨씬 더 상상력이 풍부해지며 글쓰기 능력이 조금씩 향상되는 자신을 발견할 수 있을 거예요.

4 예시 문장과 자신이 쓴 글을 소리 내어 여러 번 읽어보세요!

이 책에는 다른 친구들이 쓴 예시 문장들이 많이 소개되고 있어요. 쓰기는 읽기와 크게 맞닿아 있기 때문에 다른 사람의 문장이나 스스로 쓴 문장을 읽어보는 훈련은 쓰기 능력 발달에 크게 영향을 미쳐요. 따라서 글쓰기를 다 마친 후에는 친구들의 글과 스스로 쓴 글을 직접 소리 내어 읽어보세요. 이렇게 소리 내어 읽다 보면 자신이 쓴 문장에서 무엇을 고쳐야 할지 저절로 발견하게 될 거예요.

학습 계획표

학습의 기본은 계획! 학습 계획을 잘 세우는 어린이가 공부도 잘한답니다. 아래 학습계획대로 차근차근 따라 해 보고 학습을 모두 끝냈으면 빈칸에 √하세요.

학습한 날	1일	2일	3일	4일	5일
1주 차	일기 01 본책 ☑ 훈련집 ☑	일기 02 본책 ☐ 훈련집 ☐	일기 03 본책 ☐ 훈련집 ☐	일기 04 본책 ☐ 훈련집 ☐	일기 05 본책 ☐ 훈련집 ☐
학습한 날	1일	2일	3일	4일	5일
2주 차	생활문 01 본책 ☐ 훈련집 ☐	생활문 02 본책 ☐ 훈련집 ☐	생활문 03 본책 ☐ 훈련집 ☐	생활문 04 본책 ☐ 훈련집 ☐	생활문 05 본책 ☐ 훈련집 ☐
학습한 날	1일	2일	3일	4일	5일
3주 차	기행문 01 본책 ☐ 훈련집 ☐	기행문 02 본책 ☐ 훈련집 ☐	기행문 03 본책 ☐ 훈련집 ☐	기행문 04 본책 ☐ 훈련집 ☐	기행문 05 본책 ☐ 훈련집 ☐
학습한 날	1일	2일	3일	4일	5일
4주 차	관찰기록문 01 본책 ☐ 훈련집 ☐	관찰기록문 02 본책 ☐ 훈련집 ☐	관찰기록문 03 본책 ☐ 훈련집 ☐	관찰기록문 04 본책 ☐ 훈련집 ☐	관찰기록문 05 본책 ☐ 훈련집 ☐
학습한 날	1일	2일	3일	4일	5일
5주 차	독서감상문 01 본책 ☐ 훈련집 ☐	독서감상문 02 본책 ☐ 훈련집 ☐	독서감상문 03 본책 ☐ 훈련집 ☐	독서감상문 04 본책 ☐ 훈련집 ☐	독서감상문 05 본책 ☐ 훈련집 ☐
학습한 날	1일	2일	3일	4일	5일
6주 차	설명문 01 본책 ☐ 훈련집 ☐	설명문 02 본책 ☐ 훈련집 ☐	설명문 03 본책 ☐ 훈련집 ☐	설명문 04 본책 ☐ 훈련집 ☐	설명문 05 본책 ☐ 훈련집 ☐
학습한 날	1일	2일	3일	4일	5일
7주 차	논설문 01 본책 ☐ 훈련집 ☐	논설문 02 본책 ☐ 훈련집 ☐	논설문 03 본책 ☐ 훈련집 ☐	논설문 04 본책 ☐ 훈련집 ☐	논설문 05 본책 ☐ 훈련집 ☐
학습한 날	1일	2일	3일	4일	5일
8주 차	상상문 01 본책 ☐ 훈련집 ☐	상상문 02 본책 ☐ 훈련집 ☐	상상문 03 본책 ☐ 훈련집 ☐	상상문 04 본책 ☐ 훈련집 ☐	상상문 05 본책 ☐ 훈련집 ☐

1장

일상을 기록해요

일기

어느새 숙제가 되어 버린 일기, 대충 쓰고 덮어 버리지는 않았나요? 일기는 오늘 하루 있었던 일을 되돌아보며, 다른 누구도 아닌 나를 위해 쓰는 글이에요. 우리는 일기를 쓰면서 그날 겪었던 일을 되짚어 보고 스스로에 대해 살필 수 있지요. 잘한 일에 대해 쓴다면 그 일을 발판으로 더 나은 사람으로 성장할 수 있고, 잘못한 일에 대해 쓴다면 잘못을 깨달아 올바르게 살아가는 나침반으로 삼을 수 있는 일기. 오늘부터는 빼먹지 않고 써 볼까요?

---

01 1주 차 1일 : 일기에 대해 알아봐요!
02 1주 차 2일 : 일기에 필요한 기법을 익혀요!
03 1주 차 3일 : 일기를 따라 써 봐요! ❶
04 1주 차 4일 : 일기를 따라 써 봐요! ❷
05 1주 차 5일 : 도전! 스스로 일기를 써요!

1주 차 1일
01

일기에 대해 알아봐요!

1. 일기란 무엇일까요?

일기란 '하루 중 겪은 일이나 생각 등을 적는 글'이에요. 하루 동안 있었던 일들 중에서 가장 기억에 남는 일을 꾸미거나 부풀리지 않고 솔직하게 쓰는 글이지요.

> 일기는 하루 동안 있었던 일들 중에서 가장 기억에 남는 일에 대해
> 자신의 느낌이나 생각을 솔직하게 담아 쓰는 글이에요.

★ 다음 중 일기에 대해 가장 잘 표현한 친구에게 ○ 하세요.

일기에는 하루 중 가장 기억에 남는 일을 쓰면 돼.

수빈

일기에는 일어나서 잠들 때까지의 하루 일과를 모두 적어야 해.

지연

일기에 내가 겪은 일에 대한 생각이나 느낌을 쓸 필요는 없어.

민준

이것만은 꼭!
1. 하루를 돌아보고 그날 일어난 일에 대한 나의 느낌이나 생각을 정리해요.
2. 일기를 꼭 잠자기 전에 쓸 필요는 없어요. 쓰고 싶은 내용이 있다면 언제 어디서나 일기를 쓸 수 있어요.

2 일기는 어떻게 써야 하나요?

1 하루 중 가장 기억에 남는 일에 대해 써요.

막상 일기를 쓰려고 하면 일어난 일을 모두 써야 할 것 같기도 해요. 하지만 일기에는 되도록 그날 있었던 일들 중에서 가장 기억에 남는 일 하나를 붙잡아 자세하게 쓰는 편이 좋아요.

★ 다음 중 일기의 글감으로 삼기에 더 적합한 말을 한 친구에게 ○ 하세요.

> 나는 아침 8시에 일어나 학교에 가서 수업을 받고, 방과 후 활동을 한 다음 집으로 돌아왔어.

> 오늘은 강아지 '콩이'가 우리 집에 처음 온 날이야. 엄마는 콩이를 우리 집 막내라고 하셨어. 나는 내 동생이 생겨서 정말 기뻐.

2 나만의 느낌, 생각이 중요해요.

일기를 쓸 때는 겪은 일을 통해 무엇을 느끼고 생각했는지도 보태어 쓰도록 해요. 그래야 진짜 나의 일기라고 할 수 있으니까요.

★ 아래 상황에서 나는 어떤 기분이 들었을지 〈보기〉에서 각각 2개씩 골라 쓰세요.

| 보기 | 걱정스러웠다   즐거웠다   안타까웠다   억울했다   화가 났다   재미있었다 |

엄마에게 꾸중을 들었어요.

좋아하는 영화를 보았어요.

친구가 달리다가 넘어졌어요.

3 일기는 어떻게 구성하나요?

1 전체 구성

하루 중 기억에 남는 일을 적고 그에 대한 솔직한 생각이나 느낌, 감정을 담아야 해요. 일어났던 일에 대해서만 적는 것이 아니라 그 일을 겪으면서 어떤 생각이 들었는지, 또 어떤 느낌, 어떤 감정이 있었는지를 적어두어야 진짜 나만의 일기가 완성된다는 사실도 잊지 마세요.

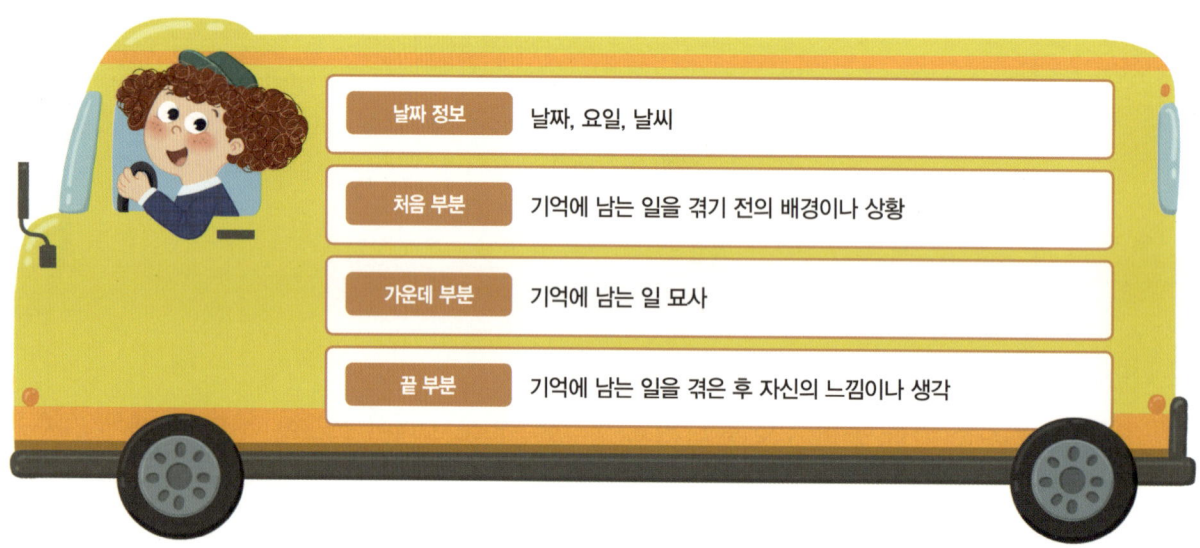

★ 다음 글이 일기의 어느 부분에 들어가면 좋을지 선을 그어 보세요.

| 오늘은 치아 검진을 하는 날이어서 집 근처 새봄치과에 갔다. 왠지 치과에 간다니까 가슴이 두근거리고 떨렸다. | • | • | 처음 부분 |

| 다행히 충치 치료는 많이 아프지 않게 끝났다. 앞으로 양치질을 열심히 해서 다음에는 꼭 검진만 받아야겠다. | • | • | 가운데 부분 |

| 의사 선생님이 내 오른쪽 어금니에 충치가 생겨서 치료를 해야 한다고 하셨다. 순간 '치료'라는 말에 겁이 덜컥 났다. | • | • | 끝 부분 |

2 일기의 예시글

날짜, 요일, 날씨 — 202X년 10월 6일 수요일   날씨: 아침에는 흐렸지만 낮부터 차차 맑아짐

제목

처음 부분 오늘은 방과 후 활동이 없는 날이어서 같은 반 서연이와 학교 운동장에서 놀았다. 처음에 우리는 뭘 하고 놀지 생각하며 주변을 둘러보았다.

가운데 부분 "우리 구름사다리에 누가 더 오래 매달려 있나 내기할까?" 나의 제안에 서연이는 좋다며 고개를 끄덕였다. 우리는 구름사다리로 가서 냉큼 매달렸다. 그러고는 서로 꽈배기를 걸어서 상대방을 떨어뜨리기로 했다. 결과는 내가 이겼다. 그런데 우리의 내기를 옆에서 지켜보던 6학년 언니도 해보고 싶다며 나에게 도전을 신청했다. 결과는 나의 승! 서연이와 6학년 언니 모두 나를 구름사다리 선수라고 칭찬해 주었다.

끝 부분 오랜만에 운동장에서 노니까 신났고, 생각지도 않았던 칭찬을 받아서인지 기분이 무척 좋았다.

❶ 202X년 10월 6일의 날씨 변화를 바르게 나타낸 것을 고르세요.

❷ 위 일기의 제목으로 알맞은 것을 고르세요.

① 구름사다리 대결   ② 잊지 못할 방과 후 수업   ③ 학교 운동장 청소

1주 차 2일

02 일기에 필요한 기법을 익혀요!

일기는 크게 사실 문장과 생각 문장으로 구성되어 있어요. 이 문장들이 적절히 조화를 이룰 때 훌륭한 일기가 완성돼요.

1 사실 문장과 생각 문장 구별하기

아래 일기에서 사실 문장과 생각 문장에 해당하는 것을 골라 알맞은 칸에 번호를 쓰세요.

1. 오늘은 하루 종일 비가 왔다.
2. 나는 어제 산 새 신발을 신고 학교에 갔다.
3. 새 신발이 더러워질까 봐 걱정이 됐지만 오후에는 비가 그칠 거라고 생각했기 때문이다.
4. 하지만 집에 돌아갈 때도 비가 너무 많이 내려서 옷이 다 젖었다.
5. 오늘처럼 온종일 비가 오면 축축하고 찝찝한 느낌 때문에 기분이 좋지 않다.
6. 게다가 어제 산 새 신발도 젖어서 슬펐다.
7. 물에 젖지 않으려고 물웅덩이를 피해 다녔는데도 집에 와보니 여기저기 얼룩이 져 있었다.
8. 친구들한테 제대로 보여주지도 못했는데 속상해서 괜히 짜증이 났다.
9. 친구 유주처럼 장화를 신고 학교에 갈 걸 그랬나 보다.
10. 앞으로는 비 오는 날에는 새 신발을 신고 나가지 말아야겠다.

사실 문장
1,

생각 문장
3,

2 사실 문장 쓰기

겪은 일을 쓸 때는 한 일, 본 일, 들은 일로 나누어 쓸 수 있는데요, 한 일, 본 일, 들은 일을 그대로 쓰면 사실 문장이 되지요. 오늘 내가 한 일, 본 일, 들은 일 중 가장 기억에 남는 일을 써 보세요.

1 한 일

성민이의 글
- 어젯밤에 너무 늦게 자서 아침에 늦잠을 자고 말았다.
- 동생이 숨겨 놓은 과자를 먹었다.

나의 글

2 본 일

성민이의 글
- 동생과 함께 만화영화〈스파이더 맨〉을 봤다.
- 하늘에서 눈이 펑펑 내렸다.

나의 글

3 들은 일

성민이의 글
- 딱새가 나무 위에서 "휘휘휘" 소리를 냈다.
- 창문 밖에서 사이렌 소리가 들렸다.

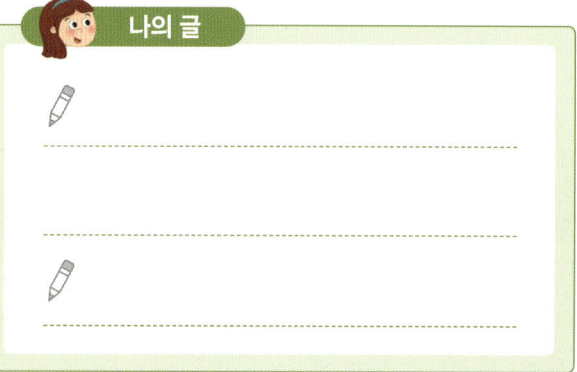

나의 글

3 생각 문장 쓰기

성민이의 생각을 참고하여 한 일, 본 일, 들은 일에 대한 자신의 생각을 써 보세요.

1 한 일

 성민이의 글

- 어젯밤에 너무 늦게 자서 아침에 늦잠을 자고 말았다.
  → 나는 학교에 늦을까 봐 걱정이 되었다.

- 동생이 숨겨 놓은 과자를 먹었다.
  → 나는 동생에게 들킬까 봐 마음이 조마조마했다.

나의 글

-
  →

-
  →

2 본 일

 성민이의 글

- 동생과 함께 만화영화 〈스파이더맨〉을 봤다.
  → 나는 좋아하는 만화영화를 볼 때 행복하고 즐겁다.

- 하늘에서 눈이 펑펑 내렸다.
  → 내 마음이 덩달아 하얘지는 기분이 들었다.

나의 글

-
→

-
→

3 들은 일

성민이의 글

- 딱새가 나무 위에서 "휘휘휘" 소리를 냈다.
→ 휘파람 소리를 내는 딱새 소리가 무척 신기하고 기분 좋게 들렸다.

- 창문 밖에서 사이렌 소리가 들렸다.
→ 근처 어디에선가 불이 났나 싶어서 걱정이 되었다.

나의 글

-
→

-
→

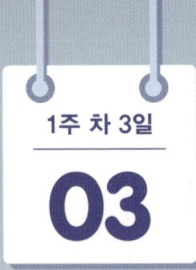

1주 차 3일
03

일기를 따라 써 봐요! ❶

이제부터 일기를 어떻게 써야 할지 차근차근 알아보도록 해요.

1단계 날짜와 요일, 그리고 날씨를 써요

일기에서 내용, 길이에 상관없이 빼놓지 말아야 하는 건 무엇일까요? 바로 날짜와 요일을 쓰는 일이에요.

성민이의 글	
날짜	요일
202X년 10월 8일	금요일

나의 글	
날짜	요일

나머지 하나는 날씨예요. 날씨는 맑음, 흐림, 비 등으로 간단하게 적을 수도 있지만, 조금 자세히 쓰는 편이 좋아요. 날씨가 하루 동안 여러 번 바뀌기도 하는데 이때는 어떻게 변했는지까지도 적어 주세요.

날씨는 하루 동안 생긴 일과 그날의 기분에도 영향을 주기 때문에 조금은 신경 써서 기록해 보도록 해요.

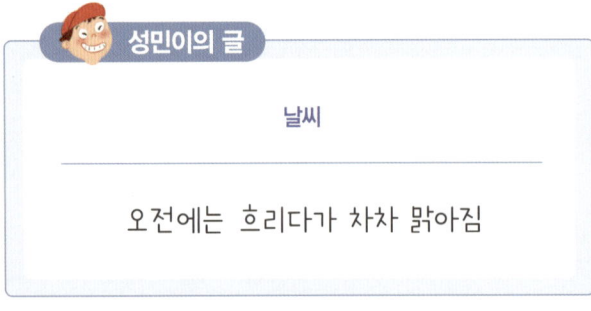

공부한 날   월   일

2단계 지나간 하루를 떠올려요

자신의 하루 일과를 나누어 보면서 어떤 일이 있었는지 기억을 되짚어 보며 써 보세요.

잠자리에서 일어난 후 학교 가기 전까지

성민: 전날 늦게까지 놀다가 늦잠을 자버리고 말았다.

나:

학교 가는 길에

성민: 횡단보도 앞에서 새끼 고양이 한 마리를 보았다.

나:

수업 시간에

성민: 수학 시간에 친구들 앞에 나가서 문제를 풀었다.

나:

쉬는 시간에

성민: 친구들과 새로 나온 게임에 대해 이야기했다.

나:

급식 시간에

성민: 평소에는 먹지 않던 오이무침을 맛있게 먹었다.

나:

학교 수업이 끝난 후에

성민 학교 도서관에서 책을 빌렸다.

나 ✏️

학원에서

성민 영어 학원에서 단어 시험을 봤는데, 30개 중에 25개를 맞혔다.

나 ✏️

집으로 돌아오는 길에

성민 길에서 폐지 줍는 할머니와 눈이 마주쳐 인사를 했다.

나 ✏️

집에 돌아온 후

성민 엄마가 저녁 식사로 불고기전골을 요리해 주셨다.

나 ✏️

저녁 식사를 마친 후 잠자기 전까지

성민 학교 숙제를 마치고 동생과 30분 동안 온라인 게임을 했다.

나 ✏️

일기의 글감을 정하기 전에 하루 동안 있었던 일을 쭉 써 보면 기억에 남는 일을 잘 떠올릴 수 있어요.

3단계 하루 중 가장 기억에 남았던 일을 떠올려요

하루를 시간, 장소로 나누어 그때그때 한 일을 적어 보니 꽤 많은 일들이 있었다는 걸 알 수 있었죠? 이제는 그중 가장 기억나는 일을 하나 선택해 좀 더 자세하게 써 볼 거예요. 평범하고 사소한 일이라도 상관없어요. 나의 하루를 돌아보고, 쓰고 싶은 한 가지를 골라 써 보세요.

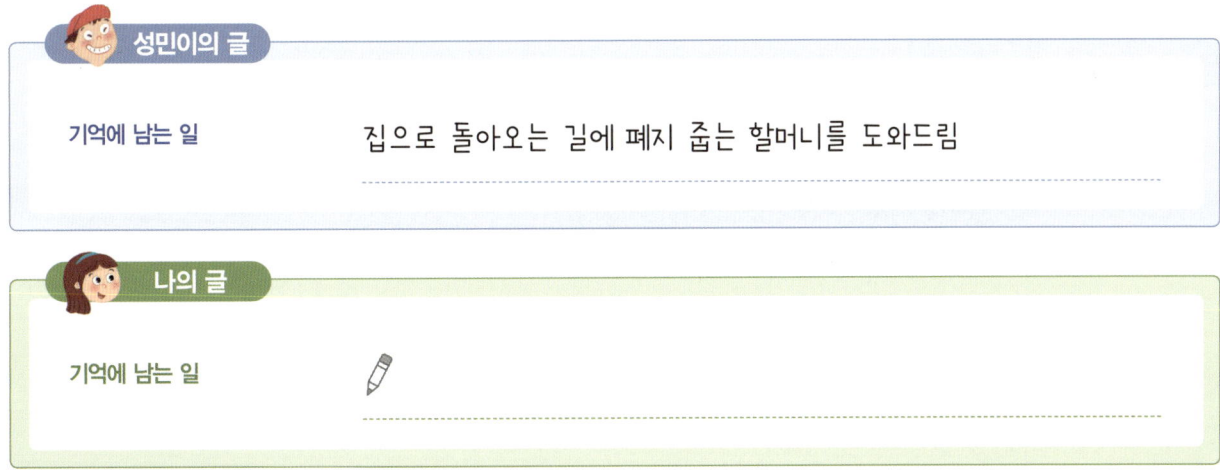

4단계 제목을 정해요

일기의 글감으로 쓸 가장 기억에 남는 일을 떠올렸다면 그 일에 어울리는 제목을 만들어 보도록 해요.

★ 성민이는 집으로 돌아오는 길에 골목에서 폐지 줍는 할머니를 발견하고 도와드린 일을 가장 기억에 남는 일로 꼽았어요.

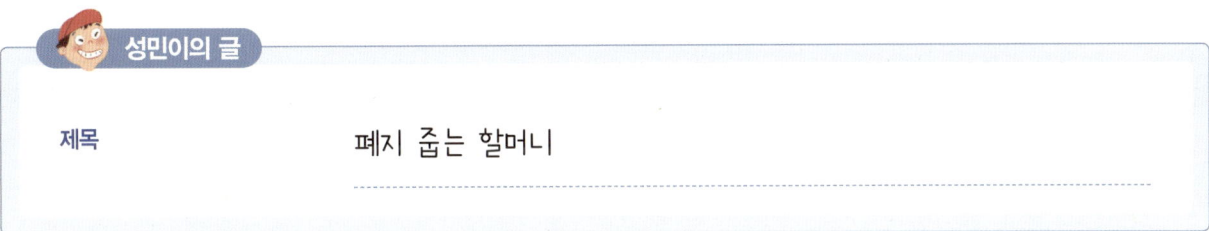

★ 이제 여러분의 차례예요. 여러분이 위에 적은 기억에 남는 일에 제목을 붙여 보세요.

일기를 따라 써 봐요! ❷

그럼 지금부터 처음 부분, 가운데 부분, 끝 부분으로 나누어 직접 일기를 써 봐요.

5단계 처음 부분을 써요

> ✿ 언제, 어디서, 누구와 있었던 일인지 써요.
> ✿ 어떤 상황이었는지 설명해요.

성민이의 글

★ 언제, 어디서 일어난 일인가요?

학교 수업을 마치고 집으로 돌아가는 길이었다.

★ 어떤 상황이었나요?

나는 폐지 줍는 할머니를 보았다.

나의 글

★ 언제, 어디서 일어난 일인가요?

★ 어떤 상황이었나요?

6단계 가운데 부분을 써요

> ✿ 가장 기억에 남는 일에 대해 자세히 써요.
> ✿ 그 상황 속에서 내가 어떻게 했는지 써요.

 성민이의 글

무슨 일이 일어났나요?

할머니가 폐지를 잔뜩 실은 리어카를 끌면서 힘겹게 언덕길을 올라가고 계셨다.

나는 어떻게 했고, 왜 그렇게 행동했나요?

작은 체구의 할머니가 혼자 무거운 리어카를 끄는 모습이 마치 자기 몸의 수십 배나 되는 먹이를 지고 있는 개미처럼 힘겨워 보였다. 나는 '할머니를 도와드려야겠다.'고 마음먹고 할머니에게 다가갔다. 그리고 할머니께 "할머니, 제가 좀 도와드릴까요?"라며 말을 건넸다. 그러자 할머니는 고맙다며 웃음을 지으셨고, 나는 뒤에서 힘껏 리어카를 밀었다.

아침부터 저녁까지 있었던 일들을 죽 쓰기만 한다면 진정한 일기라고 볼 수 없어요. 성민이의 글처럼 하루 중에서 가장 기억에 남고 뜻깊었던 일 하나를 떠올려서 써야 해요.

나의 글

★ 무슨 일이 일어났나요?

★ 나는 어떻게 했고, 왜 그렇게 행동했나요?

누군가와 대화를 나누거나 혼자 생각한 내용을 섞어 주면 좋아요. 대화는 큰따옴표(" "), 그리고 혼자 생각한 내용은 작은따옴표(' ')를 활용해요.

공부한 날   월   일

7단계 끝 부분을 써요

☆ 그 일이 끝난 후 자신이 느꼈던 감정이나 생각을 표현해요.
☆ 나의 결심이나 각오 등을 밝혀요.

성민이의 글

★ 그 일이 끝난 후 나의 느낌이 어떠했나요?

나는 할머니를 도와드리길 무척 잘했다는 생각이 들었다.

★ 나의 결심이나 각오는 무엇이었나요?

나는 다음에도 어려운 상황에 처한 사람을 그냥 지나치지 말아야겠다고 생각했다.

나의 글

★ 그 일이 끝난 후 나의 느낌이 어떠했나요?

★ 나의 결심이나 각오는 무엇이었나요?

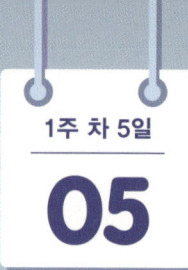

1주 차 5일
05

도전! 스스로 일기를 써요!

이제 앞에서 배운 내용을 바탕으로 나의 하루 일과를 작성한 후, 스스로 일기를 써 보세요.

나의 하루 일과

1 잠자리에서 일어난 후 학교 가기 전까지

2 학교 가는 길에

3 수업 시간에

4 쉬는 시간에

5 급식 시간에

6 학교 수업이 끝난 후에

7 학원에서

8 집으로 돌아오는 길에

9 집에 돌아온 후

10 저녁 식사를 마친 후 잠자기 전까지

나의 일기

날짜, 요일, 날씨

제목

처음 부분
- ★ 언제, 어디서 일어난 일인가요?
- ★ 어떤 상황이었나요?

가운데 부분
- ★ 무슨 일이 일어났나요?
- ★ 나는 어떻게 했고, 왜 그렇게 행동했나요?

끝 부분
- ★ 그 일이 끝난 후 나의 느낌이 어떠했나요?
- ★ 나의 결심이나 각오는 무엇이었나요?

2장

겪은 일을 써요

생활문

한참 지난 일인데도 여전히 생생하게 기억에 남는 일이 있나요? 보고, 듣고, 느꼈던 일이 너무 뚜렷해서 친구나 엄마, 아빠에게 들려주고 싶었던 일은요? 생활문에서는 우리가 살아가면서 겪는 어떤 일이라도 글감이 될 수 있어요. 지난 일을 되짚어 보면서 생활문을 쓰다 보면, 그때 일어난 일이 내게 왜 인상 깊게 남았는지, 어떤 의미인지까지도 이해할 수 있답니다.

- **06** 2주 차 1일 : 생활문에 대해 알아봐요!
- **07** 2주 차 2일 : 생활문에 필요한 기법을 익혀요!
- **08** 2주 차 3일 : 생활문을 따라 써 봐요! ❶
- **09** 2주 차 4일 : 생활문을 따라 써 봐요! ❷
- **10** 2주 차 5일 : 도전! 스스로 생활문을 써요!

06 생활문에 대해 알아봐요!

2주 차 1일

1 생활문이란 무엇일까요?

생활문은 우리가 생활하면서 보고, 듣고, 겪은 일에 대해 자세하고 생생하게 쓰는 글을 말해요. 일기는 주로 그날 있었던 일 중에서 글감을 찾지만 생활문은 언제, 어디서나 자신이 경험한 일 중 어떤 것이든 글감으로 삼을 수 있어요.

> 생활문은 일상생활에서 보고, 듣고, 겪은 일에 대해
> 자세하고 생생하게 쓰는 글이에요.

★ 다음 중 생활문에 대해 말한 친구에게 ○ 하세요.

생활문은 약의 복용법을 알려주는 글처럼 설명하는 글을 말하는 거야.

태호

삼촌 결혼식장에서 있었던 일을 떠올리며 쓴 글이 생활문이야.

정인

학교 홈페이지 게시판에 올린 축구부를 만들어 달라고 교장선생님을 설득하는 글이 생활문이야.

지연

이것만은 꼭!
1. 생활문은 일상생활 중 있었던 일이나 그 외 무언가에 대한 나의 생각을 남기는 글이에요.
2. 이전에 쓴 일기를 보면서 생활문의 글감을 찾아보는 것도 좋아요.

2 생활문은 어떻게 써야 하나요?

1 지나간 일들 중 특별히 기억에 남는 일을 떠올려요.

생활문은 일상생활 중에서 특별히 기억에 남는 일에 대해 자세하고 생생하게 쓰는 글이에요.

★ 다음 중 생활문의 글감에 대해 알맞게 말한 친구에게 ○ 하세요.

나는 운동회 때 이어달리기에서 우리 팀이 역전승한 일에 대해 써 볼 거야.

나는 어제 읽은 동화책의 내용을 소개할 거야.

2 중요한 한 가지 사건을 골라 그 사건을 중심으로 내용을 전개해요.

생활문이라고 해서 생활하는 동안 일어났던 여러 사건들을 나열하지 말아야 해요. 한 가지 사건을 중심으로 쓰고 그 사건을 둘러싼 주변 이야기를 넓혀 나가면 좋아요.

★ 다음 중 생활문의 내용을 알맞게 설명한 친구에게 ○ 하세요.

생활문은 한 편에 여러 사건들을 가능한 한 많이 소개하는 게 좋아.

생활문은 한 사건을 중심으로 쓰고, 주변 이야기를 덧붙여 주면 좋아.

3 문장을 적당한 길이로 끊으며 묘사해 주세요.

길게만 쓴다고 잘 쓴 문장으로 보이지 않아요. 문장 호흡에 맞춰 쉼표나 마침표를 적절히 활용하여 문장 길이를 적절히 맞춰 쓰세요.

★ 다음 중 생활문의 문장에 대해 알맞게 설명한 친구에게 ○ 하세요.

문장은 최대한 길게 써야 똑똑해 보이고 잘 쓴 문장으로 보여.

문장을 쓸 때는 장면 단위로 적절히 끊어 주면서 간결하게 쓰는 게 좋아.

3 생활문은 어떻게 구성하나요?

1 전체 구성

생활문은 그날그날의 일을 쓰는 일기와 달리 생활하면서 있었던 일을 쓰는 글이에요. 따라서 언제, 어디서, 어떻게 일어난 일인지 자세히 밝혀 써야 해요.

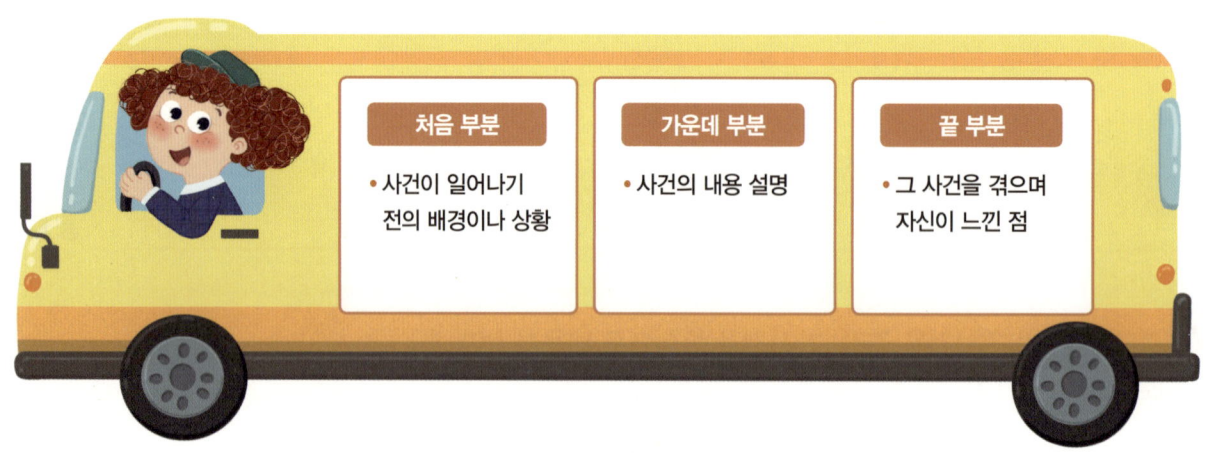

★ 다음 글이 생활문의 어느 부분에 들어가면 좋을지 선을 그어 보세요.

아빠와 모처럼 배드민턴을 치러 나가기 위해 우리 아파트 엘리베이터를 탔다. • • 처음 부분

그런데 갑자기 엘리베이터가 중간에 멈춰버렸다. 나는 너무 무서웠는데 아빠는 비상벨을 누르시고는 괜찮다며 당황한 나를 다독여 주셨다. • • 가운데 부분

얼마 후 우리는 구급대에 의해 무사히 구조되었다. 나는 무서운 상황에서도 오히려 침착하게 나를 다독여 주신 아빠의 대담한 모습을 닮아야겠다고 생각했다. • • 끝 부분

2 생활문의 예시글

제목 — 나물 파는 할머니

처음 부분
지난 금요일에 엄마와 영화를 보고 집에 오기 위해 지하철을 탔다. 집 근처 지하철역에 내려서 엄마와 영화 얘기를 하며 계단을 올라왔다.

가운데 부분
계단을 다 올라와 지하철역 밖으로 나갔는데 몸집이 작은 할머니 한 분이 소쿠리에 산나물을 담아 팔고 계셨다.
그 할머니를 보니 문득 시골에 계신 할머니가 생각났다.
나는 '할머니를 도와드려야겠다.'고 마음먹고 엄마에게 "엄마, 오늘 저녁에 나물 비빔밥이 먹고 싶어요!"라며 나물을 사자고 엄마를 졸라댔다. 엄마는 원래 계획에는 없었지만 내가 하도 졸라대는 바람에 할 수 없이 그 할머니에게 산나물을 조금 담아달라고 하셨다. 그런데 내가 나물을 많이 먹고 싶다고 또 한 번 졸라대자 엄마는 나의 의도를 눈치채셨는지 나물을 조금 더 사셨다.

끝 부분
할머니는 나물을 많이 사준 엄마와 나에게 고맙다고 하시며 덕분에 이제 조금만 더 팔면 다 팔 수 있겠다며 기뻐하셨다. 왠지 나의 마음이 뿌듯했다.

❶ 글쓴이가 겪은 일을 순서대로 써 보세요.

(엄마와 지하철을 탐) → (   ) → (   ) → (   )

❷ 글쓴이에게 가장 기억에 남은 장면은 무엇인가요?

✏️ _____

❸ 글쓴이가 뿌듯함을 느낀 이유는 무엇인가요?

✏️ _____

07 생활문에 필요한 기법을 익혀요!

2주 차 2일

1 대화 되살리기

생활문을 쓸 때는 좀 더 생생하고 자세하게 쓰도록 해야 해요. 쓰려고 하는 일을 순서대로 떠올리면서, 어떤 말이 오갔는지를 큰따옴표를 넣어 써 주면 상황을 이해하는 데 크게 도움이 된답니다.

★ 화살표 아래 글은 대화문을 사용하여 좀 더 생생하게 바꾼 예시글입니다. 위, 아래 글을 비교하며 살펴보세요.

어제 저녁 엄마에게 크게 혼이 났다. 학원을 빼먹고 놀이터에서 놀았다고 말이다. 나는 엄마에게 수현이가 전학을 간다고 해서 친구들끼리 놀이터에서 잠깐 만났던 것뿐이라고 설명을 드렸다. 잘 가라는 인사를 하려고 만난 건데 얘기가 길어져서 학원 시간을 놓쳐버렸기 때문이다.
엄마는 그래도 학원을 빼먹으면 어떻게 하냐고 핀잔을 주셨다.
난 친구를 보내는 게 너무 아쉬운데 엄마는 내 마음을 모르신다.

어제 저녁 엄마에게 크게 혼이 났다. 학원을 빼먹고 놀이터에서 놀았다고 말이다. 나는 "사실은 수현이가 전학을 간다고 해서 친구들끼리 놀이터에서 잠깐 만났던 것뿐이에요."라고 엄마에게 설명을 드렸다. 잘 가라는 인사를 하려고 만난 건데 얘기가 길어져서 학원 시간을 놓쳐버렸기 때문이다.
엄마는 "그래도 학원을 빼먹으면 어떡하니?"라며 핀잔을 주셨다.
난 친구를 보내는 게 너무 아쉬운데 엄마는 내 마음을 모르신다.

★ 왼쪽 페이지 예시글을 참고하여 색이 들어간 문장을 대화문으로 바꿔 빈칸에 써 보세요.

초등학교 2학년 봄에 있었던 일이다. 학교에서 받아쓰기를 했는데 1개만 맞고 다 틀리고 말았다. 친구들은 거의 다 맞았는데 나 혼자 엄청 틀린 거였다. 그래도 별로 신경 쓰지 않고 같은 아파트에 사는 친구와 함께 집으로 걸어오는데, 마침 엄마와 그 친구 엄마가 같이 벤치에 앉아 얘기하고 계신 모습이 보였다.
친구가 먼저 엄마에게 달려가서 받아쓰기를 100점 맞았다고 자랑했다. 그 모습을 물끄러미 바라보시던 엄마도 나에게 몇 점 맞았냐고 물어보셨다. 나는 1개 맞고 다 틀렸다고 솔직하게 말했다.
내 말을 들은 엄마는 친구 엄마와 마주 보더니 크게 웃으면서 잘했다고 하셨다. 그래도 다음에는 더 잘하자고 하시며 웃으셔서 나도 웃었다.

초등학교 2학년 봄에 있었던 일이다. 학교에서 받아쓰기를 했는데 1개만 맞고 다 틀리고 말았다. 친구들은 거의 다 맞았는데 나 혼자 엄청 틀린 거였다. 그래도 별로 신경 쓰지 않고 같은 아파트에 사는 친구와 함께 집으로 걸어오는데, 마침 엄마와 그 친구 엄마가 같이 벤치에 앉아 얘기하고 계신 모습이 보였다.
친구는 "_____!"라며 엄마에게 자랑을 했다.
그 모습을 물끄러미 바라보시던 엄마가 나에게 물어보셨다.
"_____?"
나는 "_____."라고 솔직하게 말했다.
내 말을 들은 엄마는 친구 엄마와 마주 보더니 크게 웃으면서 잘했다고 하셨다. 그래도 다음에는 더 잘하자고 하시며 웃으셔서 나도 웃었다.

2 육하원칙에 맞춰 쓰기

육하원칙은 어떤 일이나 사건이 언제, 어디서 일어났고, 누가, 무엇을, 어떻게, 왜 했는지에 대해 설명하는 원칙을 말해요.

육하원칙

① **누가** 한 일인가? ② **언제** 있었던 일인가? ③ **어디서** 있었던 일인가?
④ **무엇을** 했는가? ⑤ **어떻게** 했는가? ⑥ **왜** 그렇게 했는가?

★ 아래 글에 대한 육하원칙의 질문과 답변을 읽어 보세요.

> 나는 어젯밤에 내 방에서 독서감상문을 쓰기 위해 졸린 눈을 비벼가며 책을 읽었다.

① 누가 한 일인가요?	내가
② 언제 있었던 일인가요?	어젯밤에
③ 어디서 있었던 일인가요?	내 방에서
④ 무엇을 했나요?	책을 읽었다
⑤ 어떻게 했나요?	졸린 눈을 비벼가며
⑥ 왜 그렇게 했나요?	독서감상문을 쓰기 위해

육하원칙은 주로 보고서나 기사문에 많이 활용되지만 일기나 생활문 등에도 유용하게 쓰일 수 있어요.

★ 아래 육하원칙의 내용을 참조하여 나만의 글을 완성해 보세요.

1	① 누가 한 일인가요?	→	내가
	② 언제 있었던 일인가요?	→	방과 후에
	③ 어디서 있었던 일인가요?	→	집에 가자마자
	④ 무엇을 했나요?	→	라면을 끓여 먹었다
	⑤ 어떻게 했나요?	→	허겁지겁
	⑥ 왜 그렇게 했나요?	→	너무 배가 고파서

2	① 누가 한 일인가요?	→	내가
	② 언제 있었던 일인가요?	→	지난 6개월 동안
	③ 어디서 있었던 일인가요?	→	학교 운동장에서
	④ 무엇을 했나요?	→	줄넘기를 했다
	⑤ 어떻게 했나요?	→	하루 1시간씩
	⑥ 왜 그렇게 했나요?	→	살을 빼기 위해

08 생활문을 따라 써 봐요! ❶

2주 차 3일

1단계 제목 정하기

생활문의 제목은 쓸 수 있는 글감만큼이나 다양하게 정할 수 있어요. 아래 친구들은 어떻게 정했는지 참고해 보아요.

1 사건의 내용을 인용해요.

태호

"자전거를 타고 너무 빨리 달리다가 넘어졌어."

자전거 타다 생긴 일

2 사건의 소재를 인용해요.

지연

"학교에서 구름사다리 오래 버티기 게임을 했는데 내가 제일 오래 버텼어."

구름사다리 게임

3 사건을 겪은 후의 느낌을 인용해요.

민준

"방학 동안 할머니 집에 가서 과수원 일을 도와드렸는데 생각보다 너무 어려웠어."

과수원 일의 어려움

2단계 글감 찾기

지금 당장 생활문을 쓰려고 하면 어떤 걸 써야 할지 난감할지도 몰라요. 생활문의 글감을 정할 때는 아래의 질문을 스스로에게 해보면서 쓰고 싶은 글감을 찾아내도 좋아요.

생활문 글감 찾기를 돕는 질문들

① 살아오면서 가장 기뻤던 일은 무엇인가요?
② 살아오면서 가장 슬펐던 일은 무엇인가요?
③ 내가 경험한 일 중 기억에 남는 일은 무엇인가요?
④ 초등학교에 입학한 후 스스로가 가장 자랑스러웠던 적은 언제인가요?
⑤ 다른 사람들에게 자랑하고 싶은 일이 있다면 무엇인가요?

★ 정인이는 위의 질문 중에서 ③번에 해당하는 내용을 글감으로 정했어요.

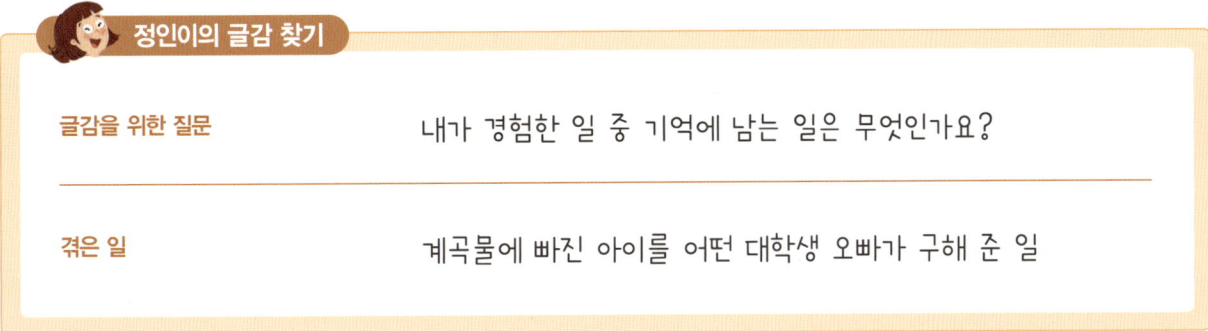

정인이의 글감 찾기

글감을 위한 질문	내가 경험한 일 중 기억에 남는 일은 무엇인가요?
겪은 일	계곡물에 빠진 아이를 어떤 대학생 오빠가 구해 준 일

★ 여러분도 위의 질문 중에서 글감을 찾아 써 보세요.

나의 글감 찾기

글감을 위한 질문	
겪은 일	

3단계 생각 지도를 그려요

시간의 흐름에 따라 쓰고자 하는 순서대로 생각 지도를 먼저 그려 봐요.

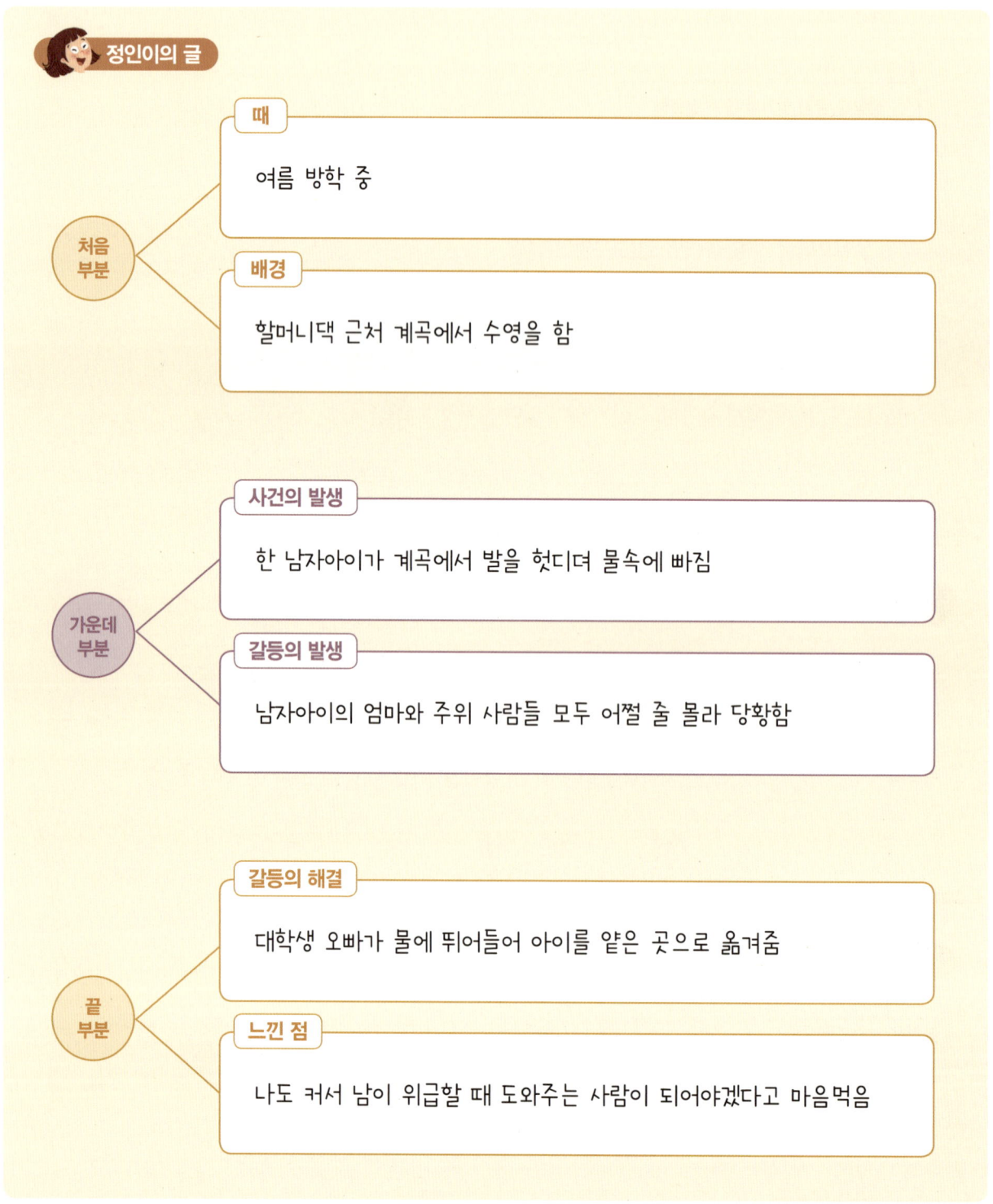

정인이의 글

처음 부분
- **때**: 여름 방학 중
- **배경**: 할머니댁 근처 계곡에서 수영을 함

가운데 부분
- **사건의 발생**: 한 남자아이가 계곡에서 발을 헛디뎌 물속에 빠짐
- **갈등의 발생**: 남자아이의 엄마와 주위 사람들 모두 어쩔 줄 몰라 당황함

끝 부분
- **갈등의 해결**: 대학생 오빠가 물에 뛰어들어 아이를 얕은 곳으로 옮겨줌
- **느낀 점**: 나도 커서 남이 위급할 때 도와주는 사람이 되어야겠다고 마음먹음

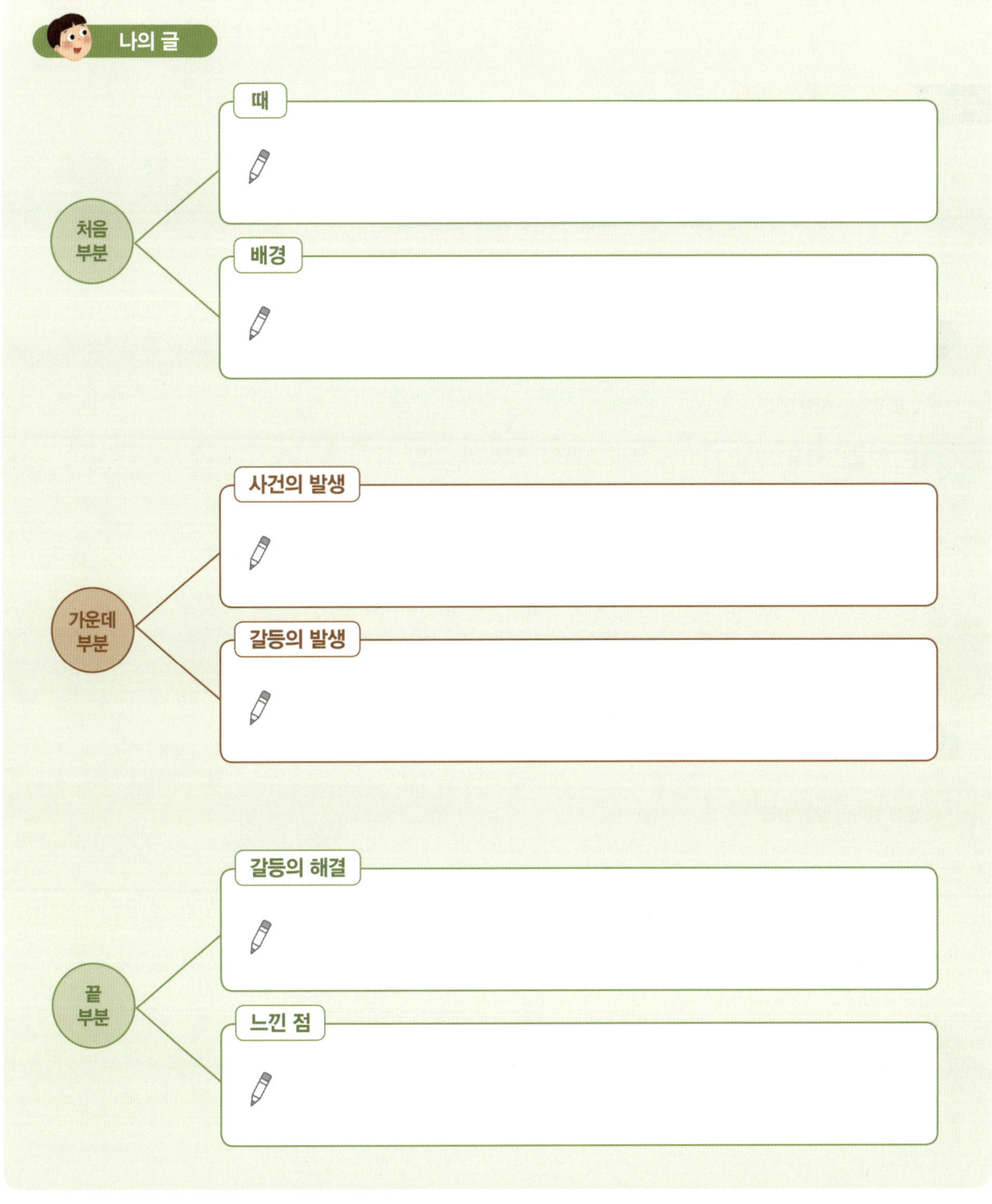

2주 차 4일 09 생활문을 따라 써 봐요! ❷

그럼 지금부터 처음 부분, 가운데 부분, 끝 부분으로 나누어 직접 생활문을 써 봐요.

4단계 처음 부분을 써요

☆ 사건이 일어나기 전의 배경이나 상황을 설명해요.

정인이의 글

★ 언제 일어난 일인가요?

나는 여름방학을 맞아 시골에 계신 할머니 댁에 놀러갔다.

★ 사건의 배경은 무엇이었나요?

날씨가 너무 더워 나는 근처 계곡에 수영을 하러 갔다.

나의 글

★ 언제 일어난 일인가요?

★ 사건의 배경은 무엇이었나요?

5단계 가운데 부분을 써요

☆ 어떤 사건이 일어났는지 구체적으로 묘사해요.
☆ 그 사건이 어떻게 전개되었는지 설명해요.

정인이의 글

★ 어떤 사건이 일어났나요?

한창 계곡에서 수영을 하고 있을 무렵 계곡 저쪽에서 수영을 하고 있던 남자아이가 갑자기 허우적거리기 시작했다. 남자아이는 얕은 곳에서 수영을 하다가 갑자기 깊어진 곳에서 발을 헛디뎌 빠져 버린 것이었다.

★ 어떤 갈등이 생겼나요?

남자아이는 당황한 나머지 "엄마!"하며 소리쳤다.

"어머나, 이를 어째!" 멀리서 아이를 발견한 남자아이의 엄마도 놀라서 아이에게로 급히 달려왔다.

"빨리 내 손을 잡아!" 마침 근처를 지나가던 어떤 대학생 오빠가 곧바로 물에 뛰어들며 말했다.

나의 글

★ 어떤 사건이 일어났나요?

★ 어떤 갈등이 생겼나요?

6단계 끝 부분을 써요

> ☆ 사건의 결과가 어떻게 되었는지 설명해요.
> ☆ 사건이 해결된 후 자신이 느낀 점이 무엇인지 나타내요.

정인이의 글

★ 갈등이 어떻게 해결되었나요?

그 오빠는 남자아이를 안고 서서히 얕은 곳으로 이동했다. 남자아이의 엄마는 그 오빠에게 몇 번이나 고맙다는 인사를 건네셨다.

★ 해결 후 느낀 점은 무엇인가요?

나도 커서 그 대학생 오빠처럼 남이 위급할 때 도와주는 사람이 되어야겠다고 마음먹었다.

나의 글

★ 갈등이 어떻게 해결되었나요?

★ 해결 후 느낀 점은 무엇인가요?

이야기 속에서 일어나는 '갈등'이란, 등장인물 사이에서, 혹은 등장인물과 환경 사이에서 발생하는 대립과 충돌을 이르는 말이에요.

도전! 스스로 생활문을 써요!

2주 차 5일 10

이제 앞에서 배운 내용을 바탕으로 나의 생각 지도를 만든 후, 나의 글을 써 보세요.

나의 생각 지도

처음 부분
- 때
- 배경

가운데 부분
- 사건의 발생
- 갈등의 발생

끝 부분
- 갈등의 해결
- 느낀 점

공부한 날 ◯월 ◯일

나의 글

제목
✏️
....

처음 부분

★ 언제 일어난 일인가요?
✏️
....

★ 사건의 배경은 무엇이었나요?
✏️
....

가운데 부분

★ 어떤 사건이 일어났나요?
✏️
....
....

★ 어떤 갈등이 생겼나요?
✏️
....
....

끝 부분

★ 갈등이 어떻게 해결되었나요?
✏️
....

★ 해결 후 느낀 점은 무엇인가요?
✏️
....

3장

잊지 못할 여행의 추억을 남겨요

기행문

지금까지 살아오면서 가장 기억에 남은 여행은 무엇인가요? 누구와 어디로, 얼마 동안 간 여행이었나요? 여행지에서는 무엇을 보고 듣고 느꼈나요? 여행은 일상을 벗어나 새로운 곳을 향하는 일이에요. 우리는 여행을 통해 설레고 흥분된 감정을 느낄 수 있어요. 기행문을 쓰면 뜻깊었던 여행의 추억을 오래오래 남길 수 있어요.

- 11 3주 차 1일 : 기행문에 대해 알아봐요!
- 12 3주 차 2일 : 기행문에 필요한 기법을 익혀요!
- 13 3주 차 3일 : 기행문을 따라 써 봐요! ❶
- 14 3주 차 4일 : 기행문을 따라 써 봐요! ❷
- 15 3주 차 5일 : 도전! 스스로 기행문을 써요!

3주 차 1일

기행문에 대해 알아봐요!

1 기행문이란 무엇일까요?

기행문은 여행의 설렘과 즐거움을 나누기 위해 쓰는 글이에요. 여행을 하면서 보고 듣고 겪은 일들과 그에 대한 나의 느낌이나 감상을 적으면 멋진 기행문을 만들 수 있어요.

> 기행문은 여행을 다녀온 후, 보고, 듣고, 겪은 일들과
> 그에 대한 나의 느낌이나 감상을 적은 글이에요.

★ 아래 말풍선의 내용을 읽으며 미로를 탈출해 보세요.

이것만은 꼭!
1. 기행문을 좀 더 자세하고 생생하게 적기 위해서는 여행하며 들른 곳의 특징들을 수시로 메모해 두면 좋아요.
2. 입장권, 안내 책자, 여행 지도 등을 챙겨두고 기행문을 쓸 때 참고해요.

2 기행문은 어떻게 써야 하나요?

1 시간과 장소를 자세하게 적어요.

기행문은 나의 여행에 대해 다른 사람에게 소개하고 내가 여행에서 얻은 생각, 감상을 함께 나누는 글인 만큼 누가 보더라도 정확히 알 수 있게 써야 해요.

> 5월 29일 오전 10시, 우리 가족은 드디어 낙산사에 도착했다. (O)
>
> 어제 우리는 그곳에 도착했다. (X)

2 여행 중 보고 느끼고 생각한 일을 현재형으로 써 보세요.

여행 중 들었던 생각이나 감상을 "~했다", "~였다"라는 과거형으로 쓸 수도 있지만 "~한다", "~이다"와 같이 현재형으로 쓰면 글을 읽는 사람이 좀 더 생생하게 느낄 수 있어요.

> 낙산사를 찾아가는 동안 소나무로 둘러싸인 울창한 숲과 예쁜 길들이 계속 나타난다. (O)
>
> 나무에선 연실 새들이 지저귀는 소리가 들린다. (O)

3 직접 보고 듣고 경험한 일을 중심으로 써요.

내가 쓰는 기행문은 그 누구도 아닌 내가 직접 경험한 일들에 대한 기록이에요.

> 낙산사에 들어서자 기대했던 단풍들은 이미 모두 지고 앙상한 가지만 남아 있었다. (O)
>
> 내 친구는 지난 주말에 강원도의 명승지 중 하나인 낙산사에 다녀왔다. (X)

3 기행문은 어떻게 구성하나요?

1 전체 구성

기행문은 여행을 떠난 이유와 기대하는 일을 쓰는 처음 부분, 여행 중에 겪은 일과 감상을 쓰는 가운데 부분, 그리고 여행을 마친 후 느낀 소감 등을 쓰는 끝 부분으로 나눌 수 있어요.

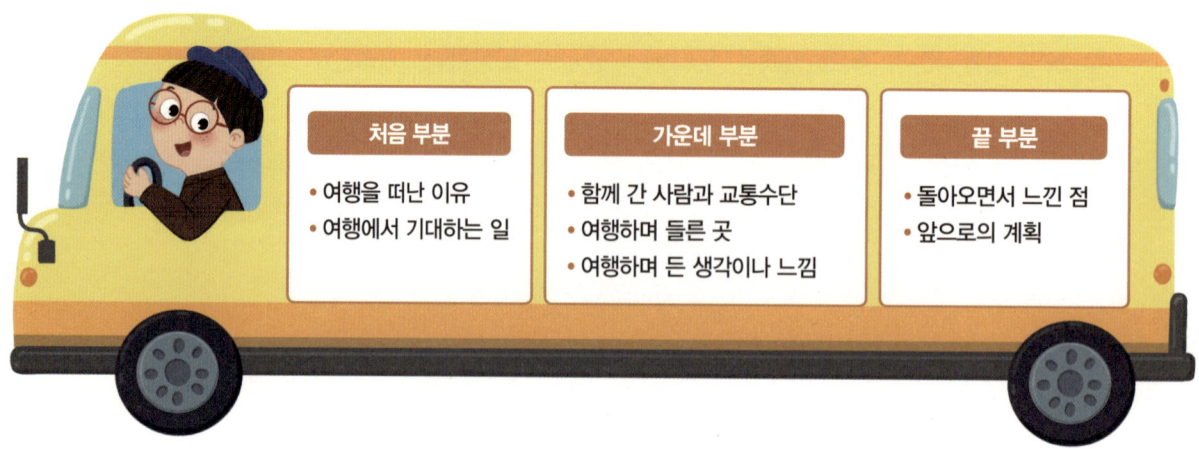

처음 부분
- 여행을 떠난 이유
- 여행에서 기대하는 일

가운데 부분
- 함께 간 사람과 교통수단
- 여행하며 들른 곳
- 여행하며 든 생각이나 느낌

끝 부분
- 돌아오면서 느낀 점
- 앞으로의 계획

★ 다음 주어진 글감은 기행문의 어느 부분에 쓰는 것이 좋을지 선을 그어 보세요.

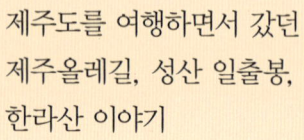 제주도를 여행하면서 갔던 제주올레길, 성산 일출봉, 한라산 이야기 • • 처음 부분

 제주도에서 집으로 돌아오는 비행기에서 들었던 생각 • • 가운데 부분

 제주도를 떠나기 전 찾아본 제주도 명소와 맛집에 대한 기대감 • • 끝 부분

2 기행문의 예시글

여행 전
다음 주에는 할머니께서 80세 생신을 맞이하신다. 우리 가족은 할머니의 80세 생신을 축하하며 평소에 할머니께서 가고 싶어하시던 통영 여행을 떠났다.

여행 중
①아빠가 운전하시는 승용차를 타고 할머니, 아빠, 엄마, 그리고 내 동생을 포함한 우리 가족은 시원한 고속도로를 달려 통영에 도착했다. 예약해 둔 호텔에 짐을 놔두고 우리는 먼저 통영시장에 갔다. 시장을 구경하며 특산물로 유명한 꿀빵을 사서 실컷 먹었다. ②동피랑 벽화마을에서는 가족 모두 다양한 포즈로 사진도 찍었다. ③다음 날에는 케이블카를 타고 미륵산에도 올라갔다. 미륵산에서 내려다본 통영 바다가 정말 너무 파랗고 시원해 보였다. 할머니께서 무척 기분이 좋아 보이셔서 덩달아 나도 기분이 좋았다.

여행 후
④나는 케이블카를 타고 미륵산에 갔던 일이 가장 기억에 남는다. 2박 3일의 여행을 마치고 돌아오는 길에 할머니와 종종 여행을 다녀야겠다고 생각했다.

❶ 윗글의 제목으로 가장 어울리는 것을 고르세요.

① 통영을 다녀온 후　　② 동피랑 벽화마을에서　　③ 미륵산에 올라

❷ 윗글의 밑줄 친 ① ~ ④ 중 성격이 다른 하나를 고르고 그 이유를 간단히 쓰세요.

3주 차 2일 12

기행문에 필요한 기법을 익혀요!

1. 기행문의 3대 요소(여정, 견문, 감상)는 필수!

기행문에는 여행하면서 다닌 곳, 여행하면서 보고 들은 것, 그리고 여행하면서 든 생각이나 느낌을 써야 해요.

여정	여행을 하면서 다닌 곳을 기록한 **여행의 일정** [예] 경주에 도착해 맨 처음 찾아간 곳은 첨성대였다.
견문	여행하면서 **보고 들은 것** [예] 첨성대는 신라시대에 하늘을 관측하는 곳이었다고 한다.
감상	여행하면서 든 **생각이나 느낀 점** [예] 천체 망원경도 없이 눈으로만 관측했다는 게 믿기지 않았다.

★ 위 내용을 떠올리며 빈칸을 채워 보세요.

기행문   여정   견문   감상

- 여행의 과정을 '＿＿＿＿＿'이라고 해.
- 여행하면서 보고 들은 걸 '＿＿＿＿＿'이라고 해.
- 여행하면서 느낀 점을 '＿＿＿＿＿'이라고 해.

★ 다음 기행문을 읽고 밑줄 친 문장이 여정, 견문, 감상 중 어느 것에 해당하는지 (   ) 안에 써 보세요.

경주에 다녀와서

여름 방학 동안 우리 가족은 경주에 갔다.

<u>경주에 도착해 처음 들른 곳은 국립경주박물관이었다.</u> 어마어마하게 크고 유물이 많아서 둘
(   )
러보는 데만도 한참 걸렸다. <u>국립경주박물관은 크게 신라역사관과 신라미술관, 월지관으로

나뉘어 있다. 소장유물이 8만여 점이라고 한다.</u> 유물이 너무 많아서 하루에 다 볼 수 없을 정
    (   )
도였다. 가장 기억에 남는 유물은 토기와 무기였다.

아래쪽이 뾰족해서 어떻게 썼을까 싶었는데, 아빠 말은 땅에 묻어 두고 쓰는 거라고 하셨다.

다음으로 좋았던 건 신라시대 무기를 본 것이다. <u>신라시대 무기라고 해서 크게 기대하지 않았

는데, 실제 대검을 보니 굉장히 멋있었다.</u> 대신 청동검은 너무 무거워 보였다.
        (   )

2 여행 자료를 활용해요

기행문을 쓸 때 여행지 입구에서 흔히 볼 수 있는 안내 책자나 여행 지도 등에서도 유용한 글감이나 정보들을 얻을 수 있어요.

★ 다음은 여행지에서 볼 수 있는 안내문이에요. 아래 안내문을 읽고 태호의 글을 참고해 기행문에 맞게 문장을 바꿔 보세요.

경주 불국사

주소: 경북 경주시 불국로 385

불국사는 신라 경덕왕 10년(751년)에 재상 김대성이 발원하여 개창되고, 혜공왕 10년(774년)에 완성되었다. <u>조선 선조 26년(1593년) 임진왜란 때 의병의 주둔지로 이용된 탓에 일본군에 의해 목조 건물이 모두 불타 버렸다.</u> 그 후 대웅전 등 일부를 다시 세웠고, 1965년~1973년까지 처음 건립 당시의 건물터를 발굴 조사하고 대대적으로 복원하여 현재의 모습을 갖추게 되었다.

동서로 길이 90m가 되는 석축과 청운교, 백운교 위에 자하문·대웅전·무설전이 남북으로 놓였고, 석가탑·다보탑이 서 있다. 그 서쪽에 연화교·칠보교·안양문과 여래좌상 금동아미타불을 모신 극락전이 있다. 무설전 뒤편에는 금동비로자나불좌상을 모신 비로전과 관음전이 있다.

<u>불국사는 화려하고 장엄한 부처의 나라를 이 땅에 세우기 위해 찬미하던 수도자들이 불도를 닦던 곳이다.</u> 풍부한 상상력과 예술적인 기량이 어우러진 신라 불교 미술의 정수로, 1995년 석굴암과 더불어 유네스코 세계문화유산 목록에 등재되었다.

태호의 글

정보 1 조선 선조 26년(1593년) 임진왜란 때 의병의 주둔지로 이용된 탓에 일본군에 의해 목조 건물이 모두 불타 버렸다.

견문 실제 불국사는 임진왜란 때 모두 불타 없어졌다고 한다.

감상 우리나라의 훌륭한 문화유산이 일본군에 의해 다 불타버린 사실이 너무 안타깝고 분한 마음이 들었다.

나의 글

정보 2 불국사는 화려하고 장엄한 부처의 나라를 이 땅에 세우기 위해 찬미하던 수도자들이 불도를 닦던 곳이다.

견문

감상

여행지에서의 생생함을 잘 묘사하기 위해 사진을 찍어두는 것도 좋은 방법이에요. 하지만 유적지나 박물관 등을 방문할 때는 사진 촬영이 가능한지를 미리 꼭 확인해 보세요.

기행문을 따라 써 봐요! ❶

1단계 제목을 어떻게 정하는지 알아봐요

기행문의 제목을 붙일 때는 여행지의 이름이나 목적을 살려 쓰는 것이 일반적이에요.

★ 제주도를 다녀온 태호가 제목을 어떻게 정했는지 알아볼까요?

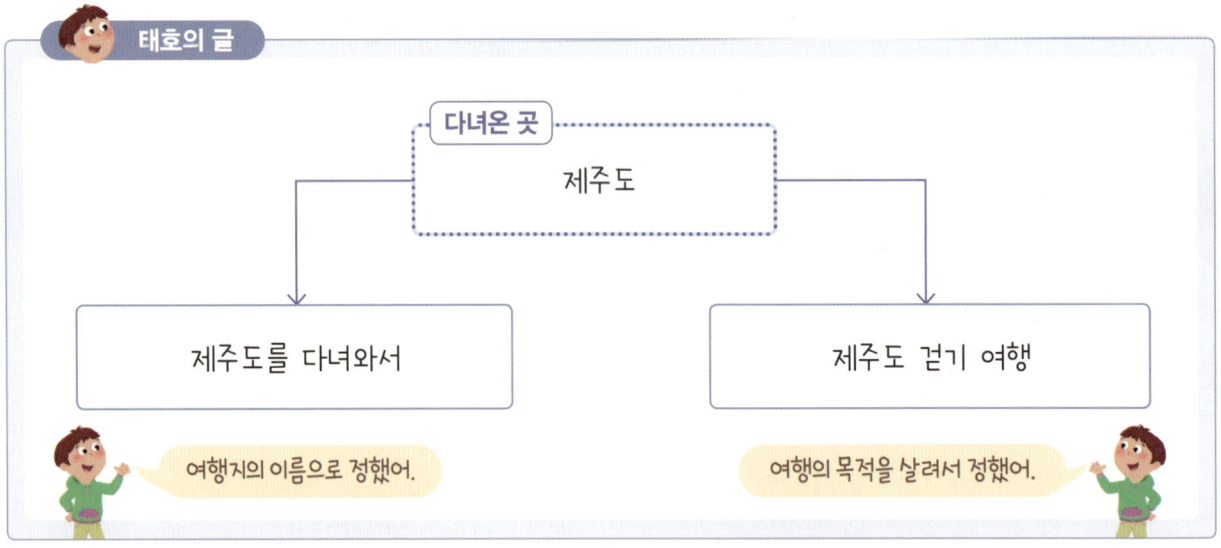

★ 최근에 자신이 여행했거나 다녀온 곳을 생각해 보고 제목을 정해 보세요.

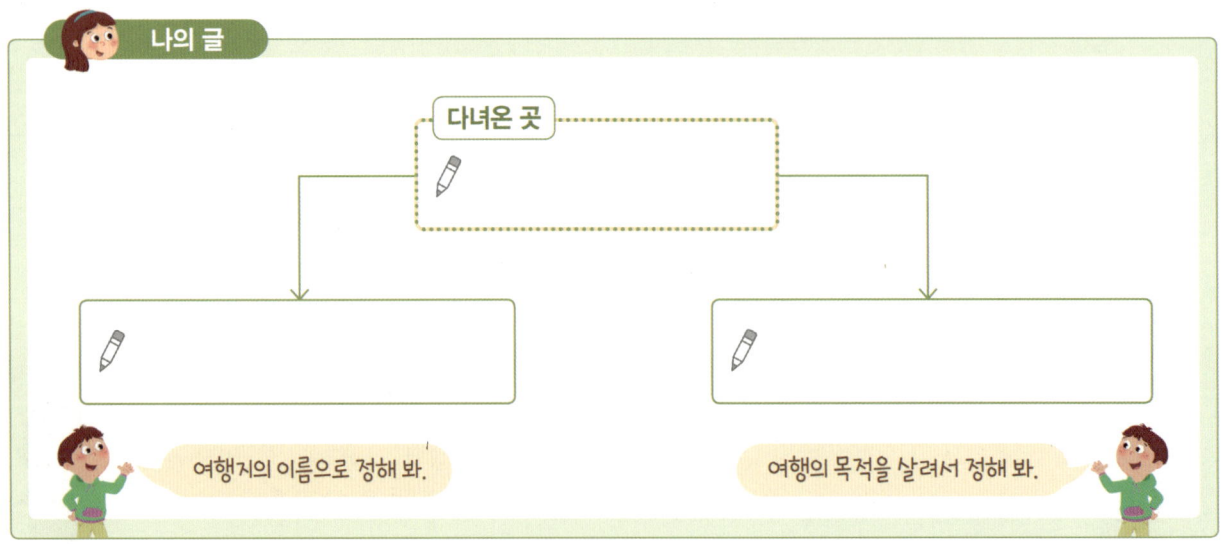

2단계 제목을 정해요

태호와 함께 자신이 쓰려고 하는 기행문의 제목을 떠올려 봐요.

태호의 글

★ 어디를 여행했나요?   경주

★ 여행지에서 무엇을 경험했나요?   국립경주박물관, 석굴암, 불국사 등 방문

★ 어떤 기준으로 제목을 정했나요?   여행지의 이름 이용

★ 제목은 무엇이 어울릴까요?   경주에 다녀와서

나의 글

★ 어디를 여행했나요?

★ 여행지에서 무엇을 경험했나요?

★ 어떤 기준으로 제목을 정했나요?

★ 제목은 무엇이 어울릴까요?

여행지만의 특징을 살려서 아래와 같이 제목을 붙일 수도 있어요.
· 여행한 곳: 경주
· 제목: 천년고도 신라의 흔적을 찾아서

3단계 생각 지도를 구상해요

여행했던 곳에 대한 자료를 준비하고 제목까지 정했다면 이제는 그 내용을 바탕으로 쓰고자 하는 내용의 생각 지도를 그려 봐요.

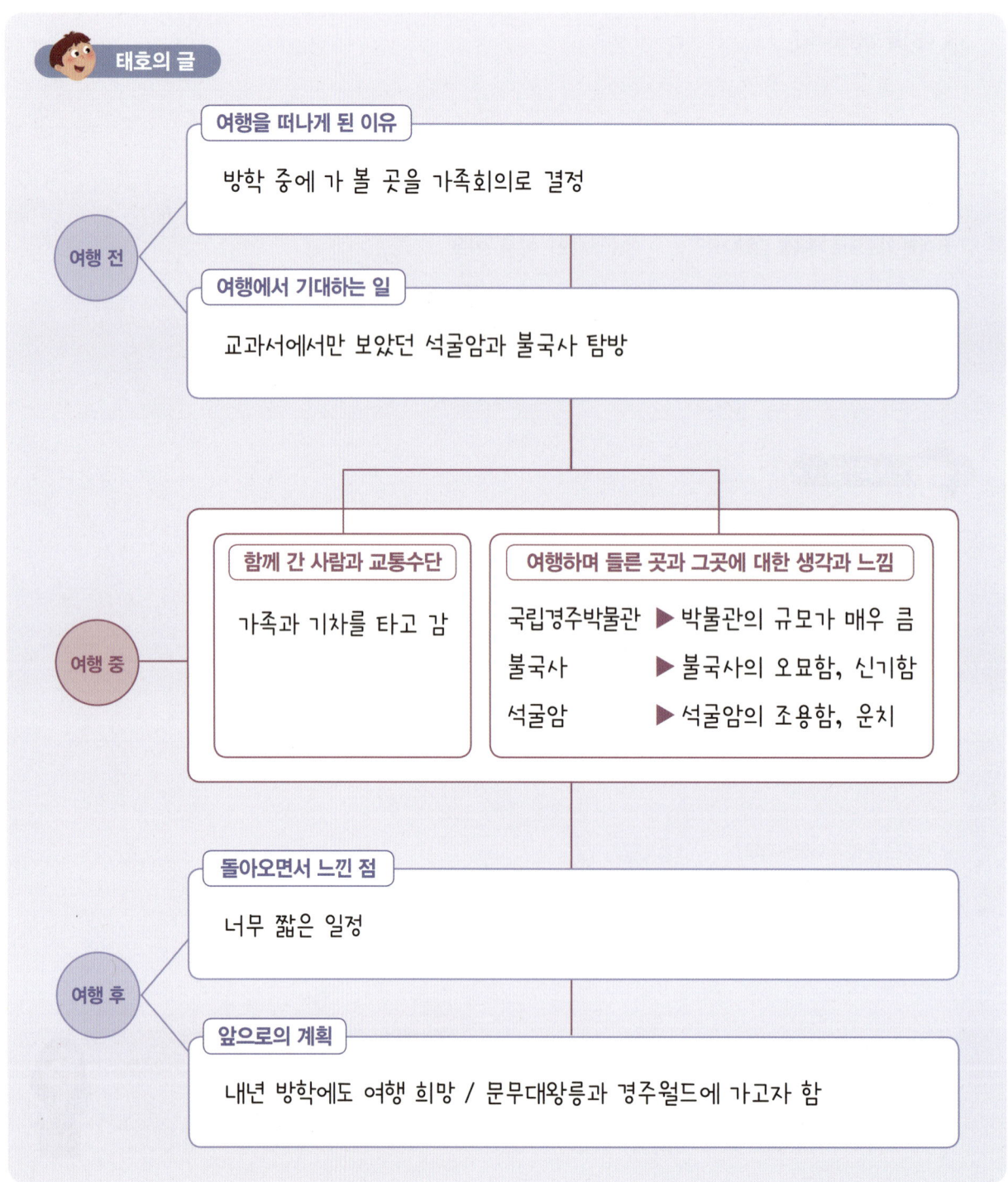

공부한 날 ○월 ○일

여행 전 – 여행 중 – 여행 후의
흐름으로 나누어 생각을 정리해 봐요.

나의 글

여행 전
- 여행을 떠나게 된 이유
- 여행에서 기대하는 일

여행 중
- 함께 간 사람과 교통수단
- 여행하며 들른 곳과 그곳에 대한 생각과 느낌
  ▶
  ▶
  ▶

여행 후
- 돌아오면서 느낀 점
- 앞으로의 계획

13 기행문을 따라 써 봐요! ❶ 65

기행문을 따라 써 봐요! ❷

그럼 지금부터 처음 부분, 가운데 부분, 끝 부분으로 나누어 직접 기행문을 써 봐요.

4단계 처음 부분을 써요

☆ 여행을 떠나게 된 이유를 밝혀요.
☆ 여행에서 기대하는 일을 소개해요.

 태호의 글

★ 여행을 떠나게 된 이유는 무엇인가요?
가족회의를 통해 방학 동안 가 볼 여행지로 경주를 정했다.

★ 여행에서 기대하는 일은 무엇인가요?
교과서에서 보았던 석굴암과 불국사를 볼 수 있는 곳이어서 꼭 가 보고 싶었다.

나의 글

★ 여행을 떠나게 된 이유는 무엇인가요?

★ 여행에서 기대하는 일은 무엇인가요?

5단계 가운데 부분을 써요

> ✿ 함께 간 사람과 무엇을 타고 갔는지 나타내요.
> ✿ 여행하며 차례차례 들른 여행지를 소개해요.
> ✿ 각 여행지에서 새로 알게 되었거나 느낀 점들이 있다면 함께 소개해요.

 태호의 글

★ 누구와 무엇을 타고 갔나요?

엄마, 아빠, 동생과 함께 기차를 타고 갔다.

★ 여행지에서 맨 처음 간 곳은 어디인가요?

경주에 있는 숙소에 짐을 가져다 놓은 후 제일 먼저 국립경주박물관으로 향했다.

★ 그곳에서 본 것은 무엇인가요?

경주와 경주 부근에서 나온 신라시대 유물들을 눈으로 직접 볼 수 있었다.

★ 그곳에서 어떤 생각이나 느낌이 들었나요?

박물관이 기대했던 것보다 훨씬 커서 놀랐다. 토기와 의복, 보물, 무기 등이 전시되어 있었는

데 금관이나 금잔을 보면서 옛날 그대로인 모습이 신기했다.

★ 또 방문한 곳이 있었나요?

경주하면 떠오르는 석굴암과 불국사에도 가보았다.

★ 그곳에서 어떤 느낌이나 생각이 들었나요?

석굴암에 있는 불상의 미소는 오묘하면서도 신기했다. 그리고 불국사는 매우 조용하고 운치가

있었다.

나의 글

★ 누구와 무엇을 타고 갔나요?

★ 여행지에서 맨 처음 간 곳은 어디인가요?

★ 그곳에서 본 것은 무엇인가요?

★ 그곳에서 어떤 생각이나 느낌이 들었나요?

★ 또 방문한 곳이 있었나요?

★ 그곳에서 어떤 느낌이나 생각이 들었나요?

들른 여행지가 많다면 그중 기억에 남는 곳 2~3군데에 대해서만 소개해요.

6단계 끝 부분을 써요

> ✿ 여행을 마친 후 전체적인 소감을 밝혀요.
> ✿ 앞으로의 계획을 나타내요.

태호의 글

★ 돌아올 때 무슨 생각을 했나요?

2박 3일 일정으로 경주를 모두 돌아볼 수 없어서 아쉬웠다.

★ 앞으로의 계획은 무엇인가요?

내년 방학에도 다시 한 번 경주에 가 보고 싶다. 다음에는 이번에 가 보지 못한 문무대왕릉과 경주월드에 들러 경주를 더 자세히 느껴 볼 것이다.

나의 글

★ 돌아올 때 무슨 생각을 했나요?

★ 앞으로의 계획은 무엇인가요?

도전! 스스로 기행문을 써요!

3주 차 5일 15

이제 앞에서 배운 내용을 바탕으로 나의 생각 지도를 만든 후, 나의 글을 써 보세요.

나의 생각 지도

여행 전
- 여행을 떠나게 된 이유
- 여행에서 기대하는 일

여행 중
- 함께 간 사람과 교통수단
- 여행하며 들른 곳과 그곳에 대한 생각과 느낌
  - ▶
  - ▶
  - ▶

여행 후
- 돌아오면서 느낀 점
- 앞으로의 계획

나의 글

제목

처음 부분
★ 여행을 떠나게 된 이유는 무엇인가요?

★ 여행에서 기대하는 일은 무엇인가요?

가운데 부분
★ 누구와 무엇을 타고 갔나요?

★ 가장 먼저 여행한 곳은 어디였으며, 느낌은 어떠했나요?

★ 그 다음에 여행한 곳은 어디였으며, 느낌은 어떠했나요?

끝 부분
★ 여행을 마치고 돌아오면서 느낀 점은 무엇인가요?

★ 앞으로의 여행 계획은 무엇인가요?

4장

꼼꼼히 살펴서 써요

관찰기록문

선물 받은 화분의 식물이 자라는 모습을 매일 확인한 적이 있나요? 공원에서 잡은 잠자리의 생김새를 유심히 들여다본 적은요? 이처럼 '사물을 있는 그대로 보는 것'을 '관찰'이라고 해요. 동식물을 기를 때, 그림을 그릴 때, 혹은 글을 쓸 때도 항상 관찰부터 제대로 해야 해요. 있는 그대로 정확히 관찰하고 기록하면서 새로운 것을 발견하는 힘을 길러 보세요.

---

16 4주 차 1일 : 관찰기록문에 대해 알아봐요!
17 4주 차 2일 : 관찰기록문에 필요한 기법을 익혀요!
18 4주 차 3일 : 관찰기록문을 따라 써 봐요! ❶
19 4주 차 4일 : 관찰기록문을 따라 써 봐요! ❷
20 4주 차 5일 : 도전! 스스로 관찰기록문을 써요!

관찰기록문에 대해 알아봐요!

4주 차 1일 16

1 관찰기록문이란 무엇일까요?

'관찰'은 동식물이나 사물, 또는 자연 현상 등을 자세하고 주의 깊게 들여다보는 활동을 의미해요. 관찰 대상의 성장과 변화, 움직임 등을 자세하게 관찰한 후 기록한 글을 '관찰기록문'이라고 해요.

> 관찰기록문은 동식물이나 사물, 또는 자연 현상 등을
> 자세하고 주의 깊게 관찰하여 있는 그대로 적은 글이에요.

★ 다음 중 관찰기록문을 가장 잘 설명한 친구에게 ○ 하세요.

나는 물이 담긴 컵에 양파뿌리를 담가두고 양파가 자라는 모습을 매일 써 보려고 해.

정인

나는 〈미운 아기 오리〉라는 동화를 읽고 오리에 대해 써 보려고 해.

태호

나는 학교의 점심시간을 왜 더 늘려야 하는지에 대해 써 보려고 해.

수빈

이것만은 꼭!
1. 많은 사람들에게 사랑받는 대표적인 관찰기록문으로는 〈파브르 곤충기〉와 〈시이튼 동물기〉가 있어요.
2. 관찰기록문은 사실을 최대한 정확하고 자세하고 관찰한 다음 써야 하며, 자신이 추측한 내용을 쓰지 않도록 주의해요.

공부한 날   월   일

2 관찰기록문은 어떻게 써야 하나요?

1 누구나 알 수 있게 정확한 표현을 써야 해요.

'기록'은 '어떤 사실을 적는다'는 뜻이에요. 기록문에 담긴 의미처럼 기록문은 항상 사실을 바탕으로 써야 하기 때문에 무엇보다 정확하게 쓰려고 노력해야 해요.

- 싹을 심은 지 5일째가 되자 강낭콩의 뿌리가 나오기 시작했습니다. (O)
- 강낭콩이 일주일 전보다 손톱만큼 더 큰 것 같습니다. (X)

2 관찰한 내용을 자세히 메모해야 해요.

관찰 시간은 관찰하려는 대상과 목적에 따라 달라요. 며칠 혹은 몇 달을 꾸준히 지켜봐야 할 수도 있지요. 따라서 오랜 기간 관찰해야 할 경우, 관찰 요일이나 시간을 정해두고 꾸준히 기록하세요.

- 강낭콩을 20일 동안 관찰했다. 관찰 5일째, 강낭콩이 서서히 부풀었다. 관찰 7일째, 뿌리가 나왔다. 관찰 10일째, 껍질이 벗겨지고 두 장의 떡잎이 나왔다. (O)
- 강낭콩이 약간 부풀어 올랐다가 뿌리가 나오더니 곧 떡잎이 나왔다. (X)

3 도표나 사진, 그림을 활용해요.

기록문의 특성상 관찰 대상의 사진이나 그림을 함께 수록할 수도 있어요. 또 관찰한 내용을 도표로 정리하면 훨씬 더 알아보기 쉽게 정리할 수 있어요.

일 수	강낭콩이 자라는 과정
1일	강낭콩이 아직은 딱딱해요.
3일 ~ 5일	강낭콩이 서서히 부풀어 올라요.
5일 ~ 7일	강낭콩의 뿌리가 나와요.
7일 ~ 10일	껍질이 벗겨지고 두 장의 떡잎이 나와요.
10일 ~ 11일	떡잎 사이로 본잎이 나와요.

3 관찰기록문은 어떻게 구성하나요?

1 전체 구성

관찰기록문은 처음 부분에 관찰 대상을 소개하면서 관찰하게 된 이유와 방법을, 가운데 부분에는 관찰한 내용을, 끝 부분에는 관찰 소감이나 앞으로의 계획 등을 쓰되, 되도록 정확하고 자세하게 써야 해요.

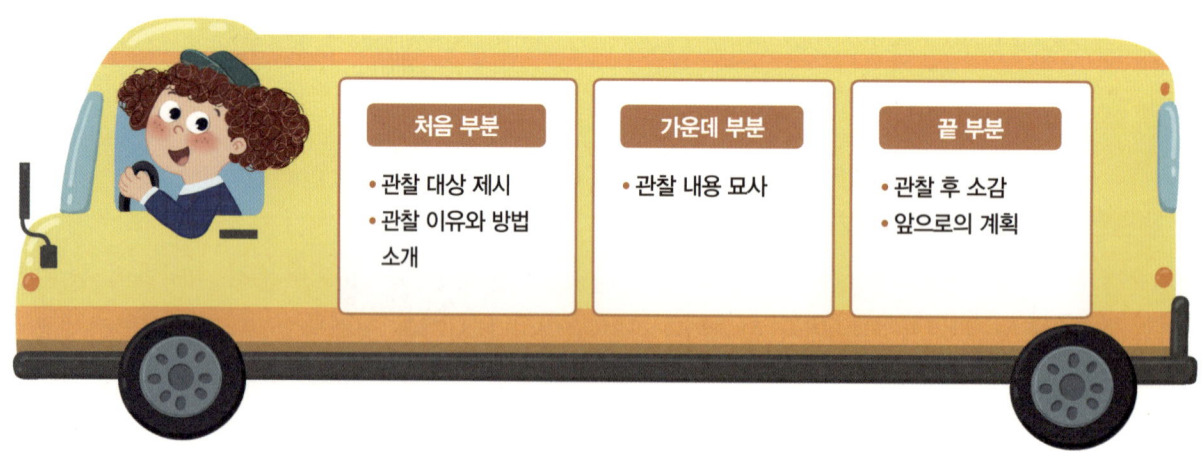

★ 다음 글이 관찰기록문의 어느 부분에 들어가면 좋을지 선을 그어 보세요.

여름방학을 맞아 선생님이 곤충에 대한 관찰기록문을 쓰라는 과제를 내주셨다. 나는 매미의 생김새를 관찰해 보기로 했다.	처음 부분
여름마다 듣는 매미 소리지만 관찰을 하고 나니 매미가 조금 더 특별하게 생각되었다. 앞으로는 하찮아 보이는 곤충이라도 소중히 여겨야겠다고 생각했다.	가운데 부분
매미채로 나무 위에 붙어 있던 매미를 잡아 생김새를 자세히 들여다보았다. 몸길이는 약 2cm 정도였고, 날개를 비빌 때 울음 소리가 났다.	끝 부분

2 관찰기록문의 예시글

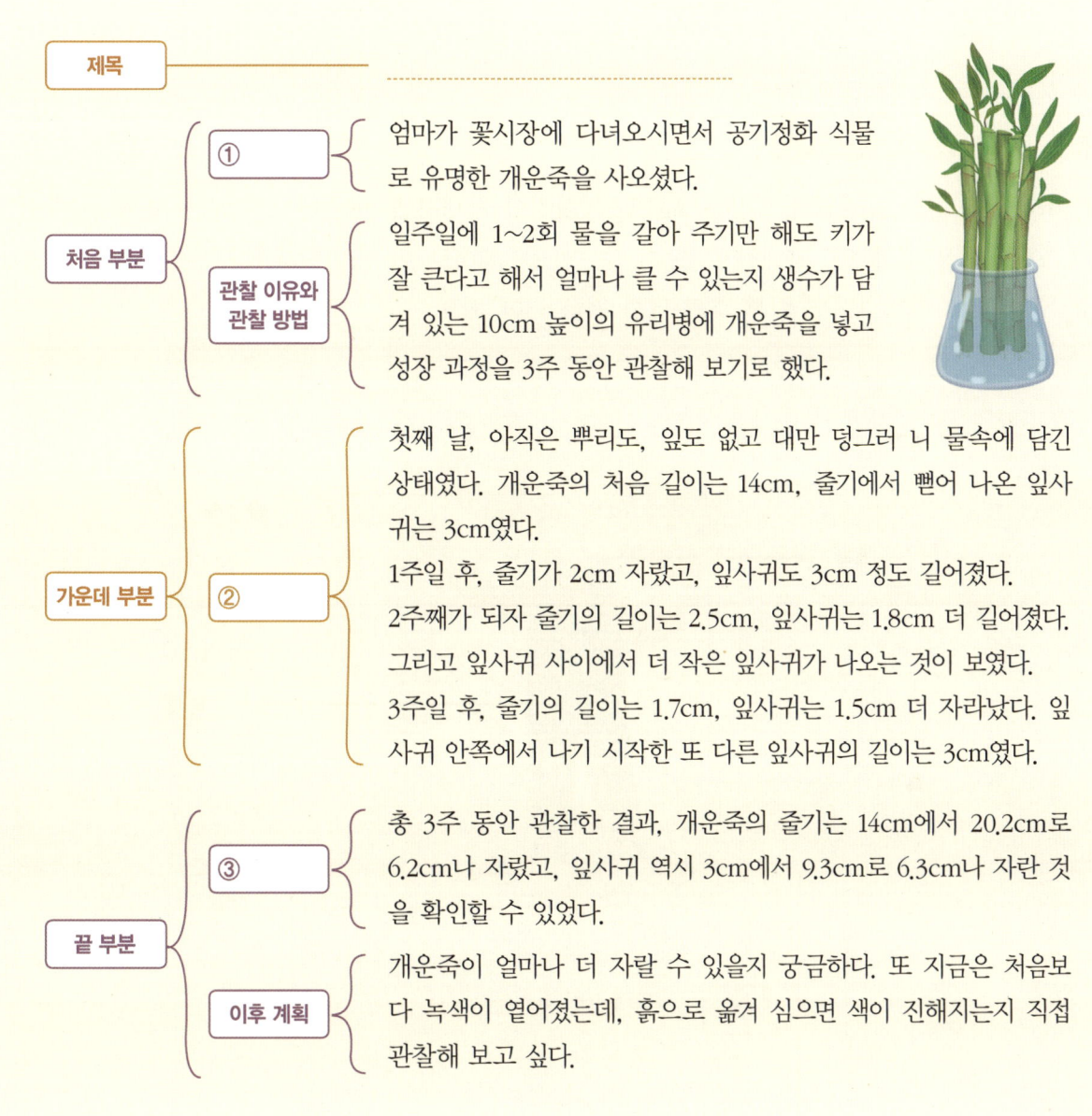

제목		
처음 부분	①	엄마가 꽃시장에 다녀오시면서 공기정화 식물로 유명한 개운죽을 사오셨다.
	관찰 이유와 관찰 방법	일주일에 1~2회 물을 갈아 주기만 해도 키가 잘 큰다고 해서 얼마나 클 수 있는지 생수가 담겨 있는 10cm 높이의 유리병에 개운죽을 넣고 성장 과정을 3주 동안 관찰해 보기로 했다.
가운데 부분	②	첫째 날, 아직은 뿌리도, 잎도 없고 대만 덩그러니 물속에 담긴 상태였다. 개운죽의 처음 길이는 14cm, 줄기에서 뻗어 나온 잎사귀는 3cm였다. 1주일 후, 줄기가 2cm 자랐고, 잎사귀도 3cm 정도 길어졌다. 2주째가 되자 줄기의 길이는 2.5cm, 잎사귀는 1.8cm 더 길어졌다. 그리고 잎사귀 사이에서 더 작은 잎사귀가 나오는 것이 보였다. 3주일 후, 줄기의 길이는 1.7cm, 잎사귀는 1.5cm 더 자라났다. 잎사귀 안쪽에서 나기 시작한 또 다른 잎사귀의 길이는 3cm였다.
끝 부분	③	총 3주 동안 관찰한 결과, 개운죽의 줄기는 14cm에서 20.2cm로 6.2cm나 자랐고, 잎사귀 역시 3cm에서 9.3cm로 6.3cm나 자란 것을 확인할 수 있었다.
	이후 계획	개운죽이 얼마나 더 자랄 수 있을지 궁금하다. 또 지금은 처음보다 녹색이 옅어졌는데, 흙으로 옮겨 심으면 색이 진해지는지 직접 관찰해 보고 싶다.

❶ 윗글의 제목으로 가장 어울리는 것을 고르세요.

① 개운죽의 성장 과정   ② 개운죽의 줄기와 잎   ③ 개운죽을 관찰한 이유

❷ 윗글의 ① ~ ③에 알맞은 용어를 〈보기〉에서 골라 쓰세요.

보기	관찰 내용 관찰 후 소감 관찰 대상

관찰기록문에 필요한 기법을 익혀요!

4주 차 2일 17

1 기본 관찰법: 오감 활용하기

관찰기록문은 '있는 그대로의 사실'을 최대한 정확하고 자세하게 써야 해요. 그럼 어떻게 하면 있는 그대로의 사실을 정확하고 자세하게 쓸 수 있을까요? 제대로 된 관찰을 위해서는 가장 먼저 보고, 듣고, 냄새 맡고, 맛보고, 만져 본 후의 느낀 점을 써야 해요.

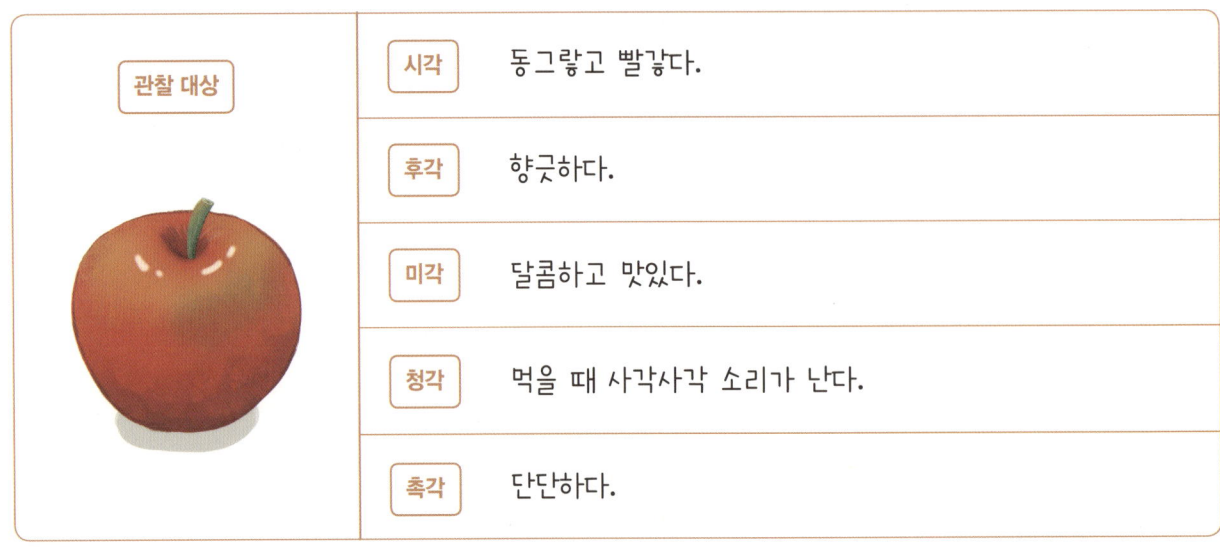

관찰 대상	시각	동그랗고 빨갛다.
	후각	향긋하다.
	미각	달콤하고 맛있다.
	청각	먹을 때 사각사각 소리가 난다.
	촉각	단단하다.

★ 지연이가 오감을 이용하여 얼음에 대해 관찰한 내용을 읽어 보세요.

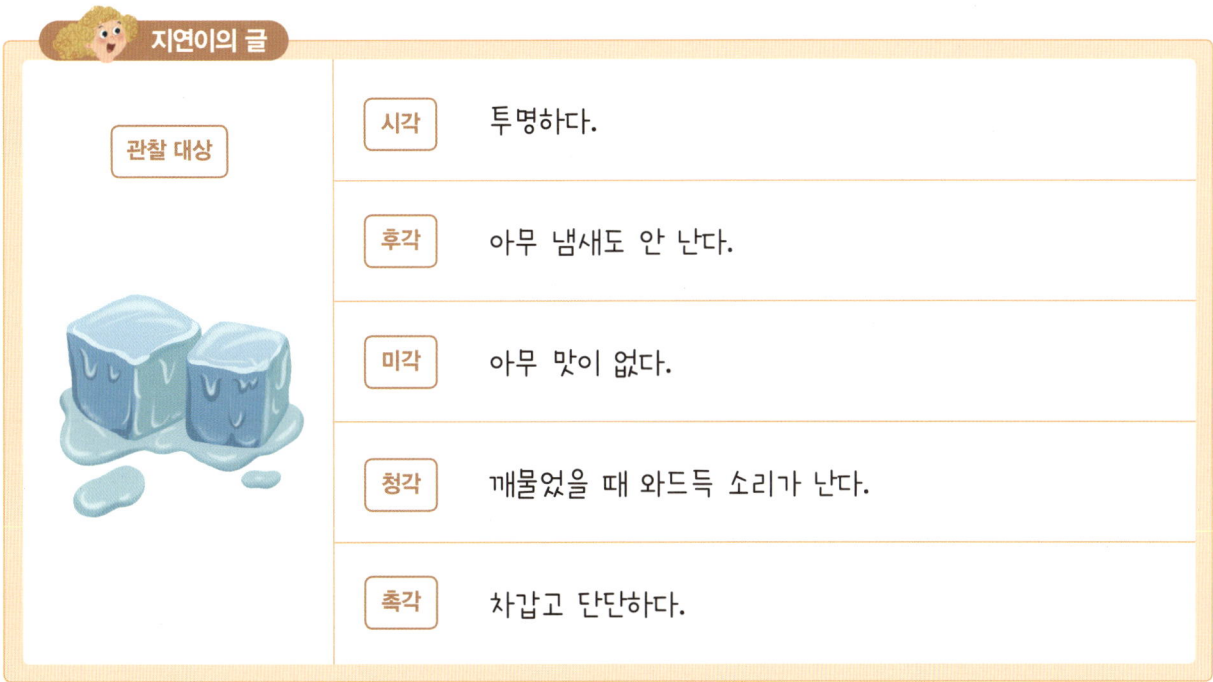

★ 여러분이 관찰하고 싶은 대상을 골라 간단히 그림을 그리고, 오감을 이용해 묘사해 보세요.

2 관찰 방법 정하기

관찰기록문의 기본이 눈, 코, 입, 귀, 피부 등 오감을 이용한 관찰이라면, 좀 더 깊이 있는 관찰을 위해 필요한 것이 바로 관찰의 '방법'을 생각하는 일이에요.
관찰하기 전 무엇을 중심으로 관찰할지 정한 다음 시작해야 관찰기록문이 겉핥기식으로 끝나지 않는답니다.

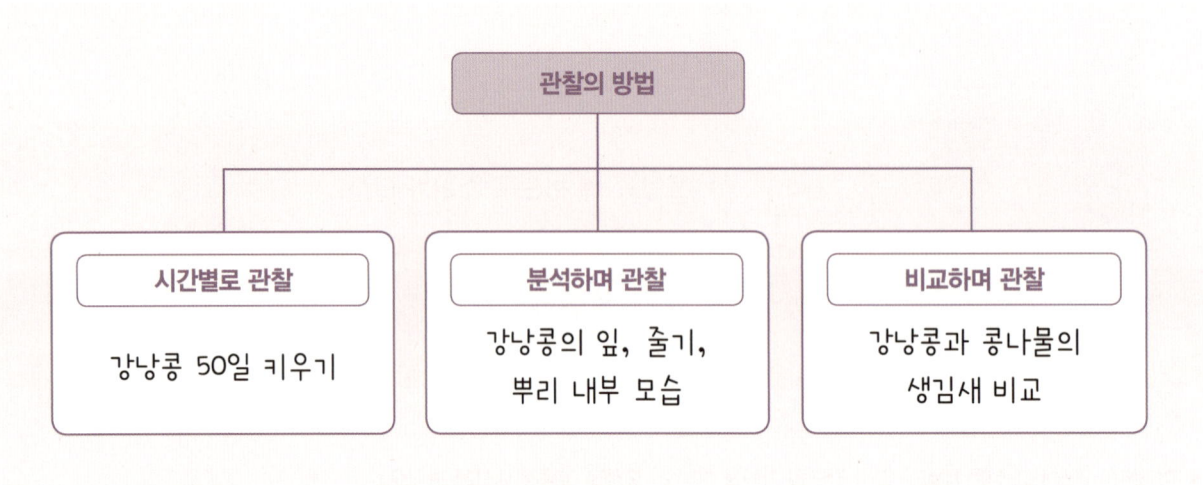

★ 아래 친구들이 정한 관찰 방법이 어디에 해당하는지 선을 그어 보세요.

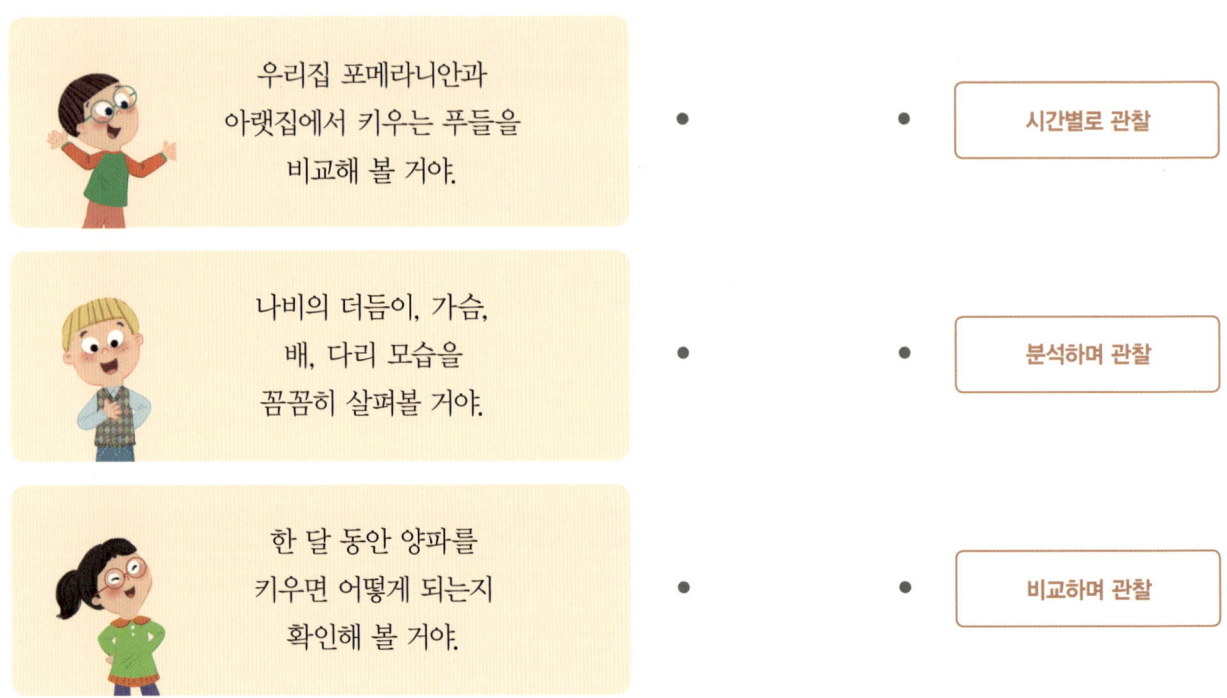

1 시간별로 관찰하기

관찰기록문을 쓸 때 가장 흔하게 쓰는 방식이에요. 일정한 기간·시간을 정해서 대상을 관찰한 다음, 관찰한 내용을 꾸준히 기록해요.

- 5일 째에 단단했던 강낭콩의 씨앗이 서서히 부풀어 올랐다.
- 7일 째에는 씨앗에서 서서히 뿌리가 나오기 시작했다.

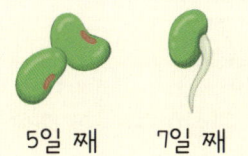
5일 째   7일 째

2 분석하며 관찰하기

관찰하려는 대상의 겉모습 또는 움직임을 중심에 두고 관찰하는 방식이에요. 작은 부분일지라도 보이는 대로 최대한 자세하고 정확하게 대상을 관찰해야 해요.

- 매미의 몸에는 더듬이, 겹눈, 홑눈, 다리, 그리고 날개 등이 있다.

3 비교하며 관찰하기

관찰하고자 하는 대상을 또 다른 대상과 비교하면서 차이점을 중심으로 기록하는 방식이에요. 이때 관찰 조건을 달리해서 비교할 수 있고, 아예 다른 대상을 비교해 볼 수도 있어요.

- 두 개의 컵에 양파를 담가두고 한 컵에는 매일 "사랑해", "행복해"를 말해 주고, 다른 한 컵에는 매일 "미워", "싫어"를 말하면서 한 달 동안 자라는 줄기의 길이를 관찰했다.

관찰대상의 특성에 따라 위 3가지의 관찰 방법 중 가장 적합한 방법을 선택해 보도록 해요.

관찰기록문을 따라 써 봐요! ❶

4주 차 3일
18

1단계 관찰 대상을 정해요

1 관찰이 가능한 대상이어야 해요.

관찰할 때 위험이 따르거나 관찰하기가 불가능한 대상이라면 당연히 관찰할 수 없겠죠? 관찰 대상을 정할 때는 먼저 우리 주변부터 살펴보도록 해요.

★ 관찰 대상으로 적절한 것을 골라 괄호 안에 ○ 하세요.

하이에나
(   )

애완견
(   )

2 관찰 범위가 너무 크거나 넓지 않아야 해요.

관찰을 할 때 대상이 넓으면 관찰할 부분이 많아 어려움이 생길 수 있어요. 따라서 자신이 관찰할 수 있는 범위 내에서만 대상을 정하도록 해요.

★ 관찰 대상으로 적절한 것을 골라 괄호 안에 ○ 하세요.

장미
(   )

소나무 숲
(   )

3 대상에 대해 정확하게 설명해야 해요.

관찰 대상은 누구나 알 수 있을 정도로 정확히 묘사되어야 해요. 너무 추상적이거나 자신만이 알고 있는 내용을 써서는 관찰 내용을 제대로 전달할 수 없어요.

★ 다음 중 관찰기록문에서 쓸 수 있는 표현에 ○ 하세요.

| 호박의 길이를 재보니 약 38cm나 되었다. | 호박의 길이가 내 동생 다리 길이만 하였다. |

2단계 관찰 계획을 세워요

관찰 대상을 정했다면 이제는 어떻게 관찰할지 관찰 계획을 세울 차례예요. 여러분 주변 사물이나 동식물 중에서 관찰하고 싶은 대상을 정하고 어떻게 관찰하면 좋을지 관찰 계획을 세워 보세요.

지연이의 관찰 계획

★ 지연이는 애완견 뭉치에 대해 분석에 따른 관찰을 해보기로 했어요.

관찰 대상	애완견 뭉치		
관찰 목적	뭉치의 행동 특성과 습성을 알아보기 위해		
관찰 장소	집, 동네 주변	관찰 시간	오후 1시 ~ 오후 4시
관찰 내용	노는 모습	관찰 방법	분석하며 관찰

나의 관찰 계획

★ 여러분도 관찰 대상을 정해 관찰을 해보고, 관찰 대상을 간단히 그려 보세요.

관찰 대상			
관찰 목적			
관찰 장소		관찰 시간	
관찰 내용		관찰 방법	

3단계 관찰 일지를 작성해요

관찰 계획을 작성한 지연이는 본격적으로 관찰 대상을 분석하며 관찰 일지를 작성해 보았어요.

지연이의 관찰 일지

★ 무엇을 관찰했나요?	애완견 뭉치
★ 관찰 이유는 무엇인가요?	뭉치의 행동 특성과 습성을 알아보기 위해
★ 관찰 방법은 무엇인가요?	뭉치와 함께 여러 가지 놀이를 함
★ 관찰한 내용은 무엇인가요?	(1) 첫 번째 놀이 : 산책 　- 쓰레기더미에 코를 킁킁거림 　- 길고양이에게 관심을 보임 　- 다른 개를 만나자 "왕왕" 짖음 (2) 두 번째 놀이 : 터그 놀이(장난감을 좌우로 당기는 놀이) 　- 뭉치가 가장 좋아하는 놀이 　- 30분을 했는데도 지친 기색이 없음
★ 관찰 후 소감은 무엇인가요?	뭉치는 생각했던 것보다 더 에너지가 넘치는 강아지
★ 이후 계획은 무엇인가요?	앞으로 자주 놀아 주려고 함

관찰 대상을 자세히 살펴보면서 자신의 관찰 일지를 기록해 보세요.

나의 관찰 일지

★ 무엇을 관찰했나요?

★ 관찰 이유는 무엇인가요?

★ 관찰 방법은 무엇인가요?

★ 관찰한 내용은 무엇인가요?

★ 관찰 후 소감은 무엇인가요?

★ 이후 계획은 무엇인가요?

19 관찰기록문을 따라 써 봐요! ❷

4주 차 4일

그럼 지금부터 처음 부분, 가운데 부분, 끝 부분으로 나누어 직접 관찰기록문을 써 봐요.

4단계 처음 부분을 써요

> ✿ 관찰 대상과 그 대상을 관찰하게 된 이유를 나타내요.
> ✿ 어떻게 관찰할지 관찰 방법을 밝혀요.

지연이의 글

★ 무엇을 관찰했고, 관찰하게 된 이유는 무엇인가요?

나는 우리 집 애완견 뭉치를 관찰해 보았다. 그 이유는 뭉치의 행동 특성과 습성을 알아보기 위해서였다.

★ 관찰 방법은 무엇인가요?

뭉치와 여러 가지 놀이를 함께 하며 뭉치의 습성을 알아보았다.

나의 글

★ 무엇을 관찰했고, 관찰하게 된 이유는 무엇인가요?

★ 관찰 방법은 무엇인가요?

5단계 가운데 부분을 써요

☆ 관찰 대상에 대해 관찰한 내용들을 차례차례 설명해요.

지연이의 글

★ 관찰한 내용은 무엇인가요?

우리 집 뭉치는 태어난 지 열 달 정도 되는 강아지이다.

무엇을 관찰할까 고민하다가 오늘은 뭉치가 놀이할 때 하는 행동을 관찰해 보기로 했다.

뭉치는 목줄을 하고 현관문을 나서자마자 기다렸다는 듯 앞서 달려나갔다. 어찌나 여기저기를 뛰어다니는지 따라다니느라 힘이 들었다.

산책을 하면서 관찰한 뭉치의 행동은 이랬다. 먼저 집 앞 작은 공원으로 가는 길에 보이는 쓰레기더미에 코를 킁킁댔다. 또 자동차 아래에 숨어 있던 고양이에게 살금살금 다가가 보다가 고양이가 달아나자 아쉬운 듯 쳐다보았다. 또 맞은편에서 대형견 시베리안허스키가 다가오자 "왕왕" 짖었는데, 시베리안허스키의 "컹컹"하고 짖는 소리에 놀라 도망을 치기도 했다.

집에 돌아온 다음에는 터그 놀이를 해주었다. 터그 놀이는 강아지가 물고 있는 장난감을 좌우로 당기며 놀아주는 건데, 뭉치가 가장 좋아하는 놀이이다. 20분 정도 터그 놀이까지 해주니 그제야 살짝 졸린 눈을 하고 자기가 좋아하는 방석 위에 올라가 앉아서 쉬었다.

나의 글

★ 관찰한 내용은 무엇인가요?

가운데 부분은 관찰한 내용을 쓰는 가장 중요한 부분이에요.
표나 그림이 필요하면 왼쪽 여백에 따로 그려 보세요.

6단계 끝 부분을 써요

☆ 관찰 후 소감을 나타내요.
☆ 관찰 대상과 관련된 앞으로의 계획을 알려요.

지연이의 글

★ 관찰한 후의 소감은 무엇인가요?

뭉치는 생각했던 것보다 더 호기심이 많고 에너지가 넘치는 강아지이다.

★ 관찰 이후의 계획은 무엇인가요?

앞으로는 매일 빠지지 않고 산책을 시켜 주고 놀아 주어야겠다고 생각했다.

나의 글

★ 관찰한 후의 소감은 무엇인가요?

★ 관찰 이후의 계획은 무엇인가요?

도전! 스스로 관찰기록문을 써요!

4주 차 5일
20

이제 앞에서 배운 내용을 바탕으로 나의 관찰 일지를 만든 후, 나의 글을 써 보세요.

나의 관찰 일지

★ 무엇을 관찰했나요?

★ 관찰 이유는 무엇인가요?

★ 관찰 방법은 무엇인가요?

★ 관찰한 내용은 무엇인가요?

★ 관찰 후 소감은 무엇인가요?

★ 이후 계획은 무엇인가요?

5장

책을 읽은 느낌과 생각을 정리해요

독서감상문

여러 번 읽었던 책이지만 이제는 무슨 내용이었는지, 왜 재미를 느꼈는지 기억에서 가물가물해졌나요? 책을 읽고 분명 뭔가 떠올랐는데 그게 무엇이었는지 잘 생각나지 않나요? 책은 우리에게 새로운 지식을 알려주거나 잊지 못할 감동을 선사하지만 무엇을 느끼고 배웠는지 글로 남기지 않으면 금세 잊어버리고 말아요. 재미있게 읽은 책이 있다면 독서감상문을 써 보세요. 책을 통해 얻은 교훈과 감동을 좀 더 오랫동안 간직할 수 있으니까요.

---

21 5주 차 1일 : 독서감상문에 대해 알아봐요!
22 5주 차 2일 : 독서감상문에 필요한 기법을 익혀요!
23 5주 차 3일 : 독서감상문을 따라 써 봐요! ❶
24 5주 차 4일 : 독서감상문을 따라 써 봐요! ❷
25 5주 차 5일 : 도전! 스스로 독서감상문을 써요!

독서감상문에 대해 알아봐요!

5주 차 1일
21

1 독서감상문이란 무엇일까요?

감상문의 '감상'은 한자어로 느끼고 생각한다는 뜻이에요. 따라서 독서감상문은 책을 읽은 후 자신이 느끼고 생각한 바를 자유롭게 적는 글이에요.

> 독서감상문은
> 책을 읽은 후 자신의 느낌이나 생각을 적은 글이에요.

★ 세 친구가 〈이순신 위인전〉을 읽었어요. 자신의 감상을 가장 잘 표현한 친구에게 ○ 하세요.

나라를 사랑하는 이순신 장군의 마음을 우리 모두 본받아야 해.

성민

이순신 장군은 명량해전에서 단 12척으로 수백 척의 왜군을 물리치셨어.

태호

이순신 장군이 "내 죽음을 알리지 말라"고 하시고 돌아가신 마지막 해전이 노량해전이야.

정인

이것만은 꼭!
1. 독서감상문을 쓰면 책에서 받은 감동을 오랫동안 기억하고 간직할 수 있어요.
2. 독서를 통해 새로운 지식이나 잊지 못할 삶의 교훈을 얻을 수 있어요.
3. 읽은 책의 내용을 쓰다 보면 글을 요약하고 정리하는 힘이 생겨요.

2 독서감상문은 어떻게 써야 하나요?

1 좋은 책을 골라요.

독서감상문을 쓰려면 좋은 책을 잘 골라 읽어야 해요. 퀴즈책, 만화책 등도 좋지만 그보다는 동시, 동화, 세계문학 등 많은 사람들에게 감동과 깨우침을 주는 책들을 찾아 읽어보는 것이 중요해요.

★ 다음 중 독서감상문을 쓰기에 적합한 책을 정한 친구를 모두 골라 ○ 하세요.

나는 평소 존경하던 〈세종대왕 위인전〉을 골랐어.

나는 유튜브에서 봤던 웃긴 캐릭터가 나오는 책을 골랐어.

나는 귀신을 소재로 한 만화책을 골랐어.

나는 우리 생활에 많은 교훈을 안겨줄 거 같아서 〈이솝 우화〉를 골랐어.

2 나의 생각과 감상을 놓치지 않아요.

독서감상문은 책을 읽은 후 그 내용에 대해 자신의 감상을 쓰는 글이에요. 책을 통해 얻은 나만의 생각과 감상을 놓치지 않고 또렷이 적을 수 있어야 하지요.

★ 다음 중 독서감상문에 대해 가장 잘 이해하고 있는 친구에게 ○ 하세요.

독서감상문에선 책을 읽고 자신이 느낀 점을 잘 표현하는 게 중요해.

지연

독서감상문에선 책의 줄거리를 얼마나 잘 정리하느냐가 가장 중요해.

성민

독서감상문에선 왜 내가 이 책을 읽게 되었는지 알리는 게 제일 중요해.

수빈

3 독서감상문은 어떻게 구성하나요?

1 전체 구성

독서감상문은 책을 읽게 된 계기와 어떤 내용인지를 간략하게 소개하는 처음 부분과 기억에 남는 장면, 자신의 느낌이나 생각 등을 나타내는 가운데 부분, 그리고 책에서 배운 점이나 나의 결심 등을 쓰는 끝 부분으로 나누어 쓸 수 있어요.

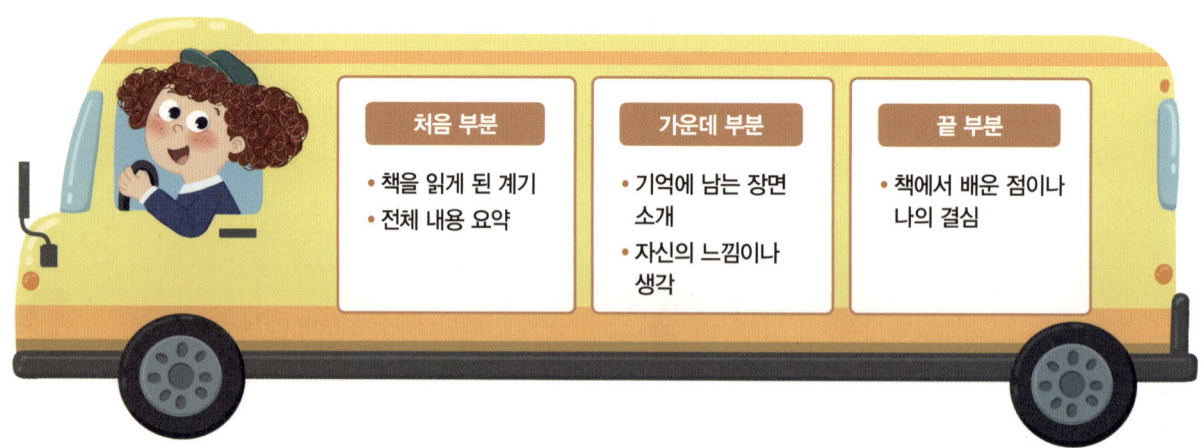

★ 다음 글이 독서감상문의 어느 부분에 들어가면 좋을지 선을 그어 보세요.

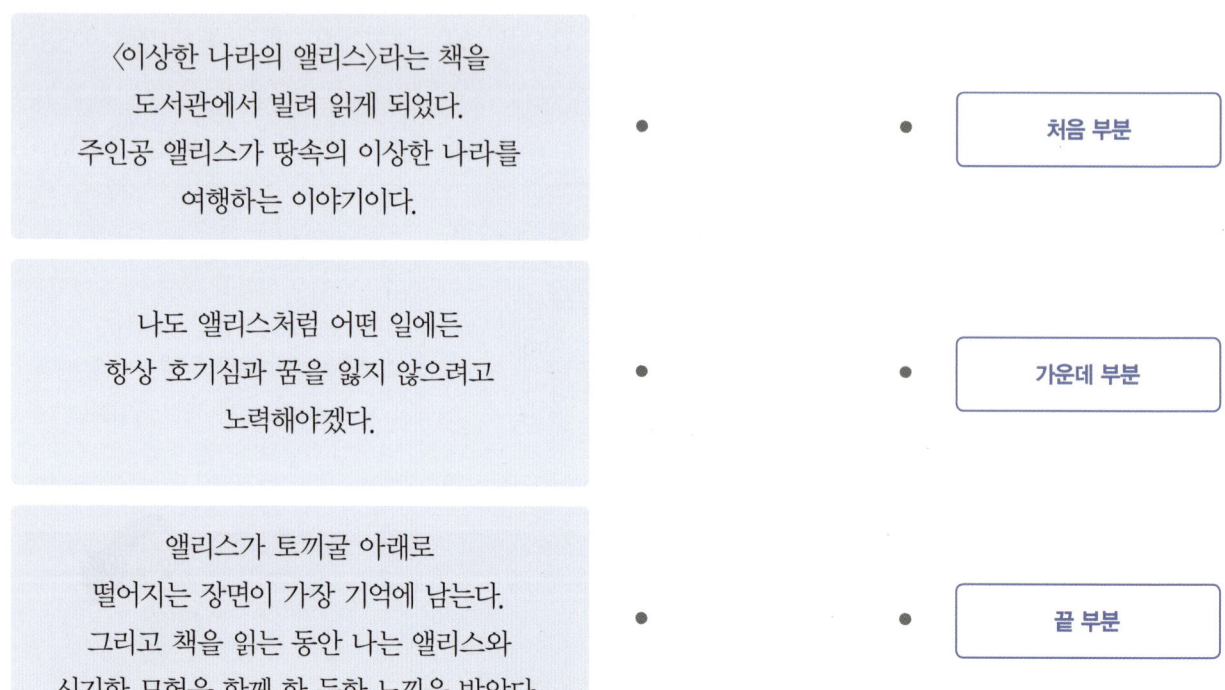

2 독서감상문의 예시글

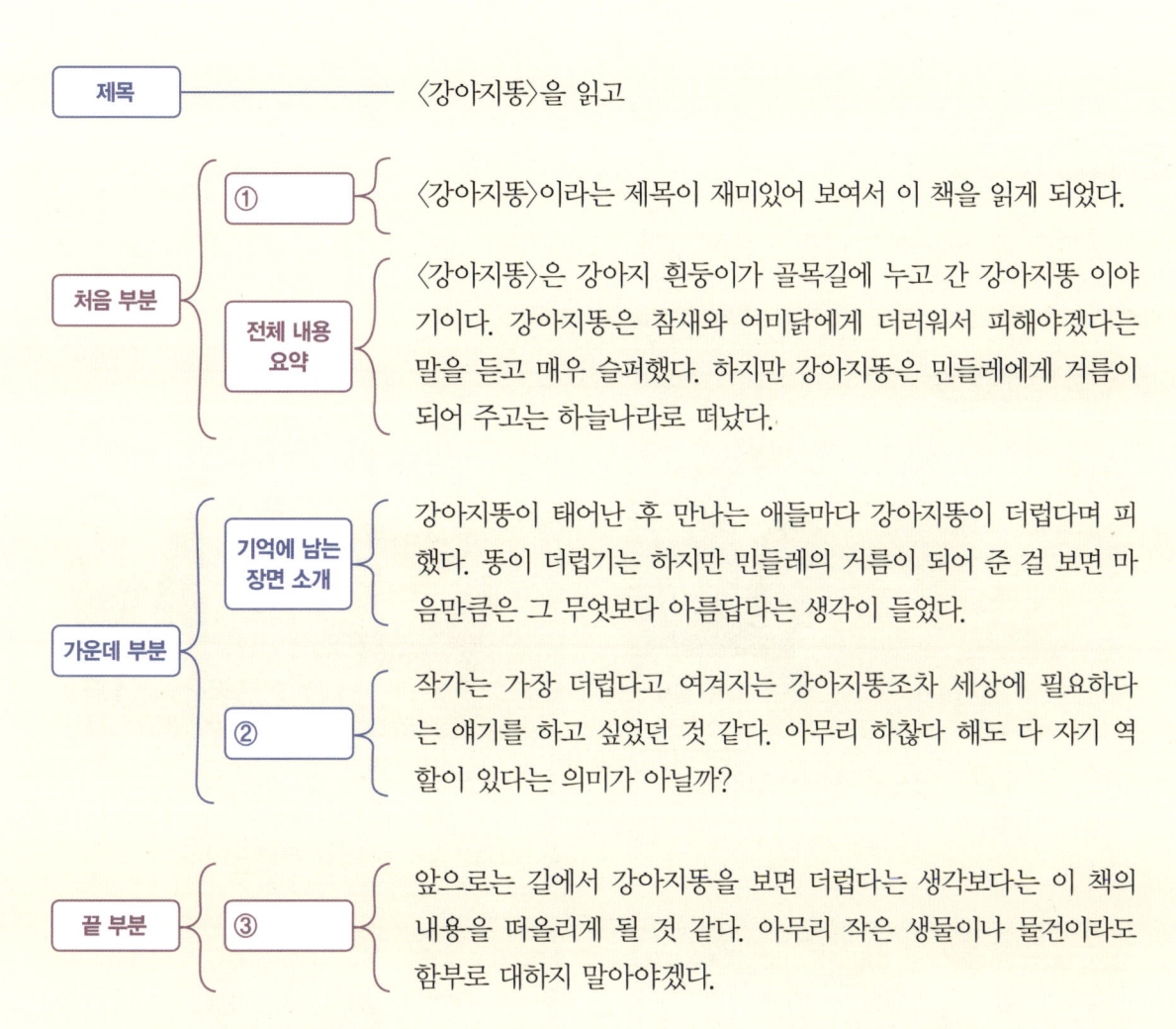

❶ 〈강아지똥〉의 주제로 알맞은 것을 고르세요.

① 더러운 강아지똥   ② 강아지똥의 모험   ③ 강아지똥의 희생

❷ 윗글의 ①, ②, ③에 어울리는 말을 〈보기〉에서 골라 쓰세요.

| 보기 | 책을 읽게 된 계기   책에서 배운 점   느낌이나 생각 |

5주 차 2일

22 독서감상문에 필요한 기법을 익혀요!

1 핵심 내용 파악하기

독서감상문을 쓸 때는 핵심 내용을 잘 파악하고 그에 대한 나의 느낌과 감상을 표현해요.

★ 호성이가 아래 그림을 보고 작성한 이야기의 내용과 느낀 점을 읽어 보세요.

*〈이솝 우화〉의 〈여우와 두루미〉 중에서

 호성이의 글

여우가 두루미를 집으로 초대했습니다.

그런데 음식이 담긴 접시가 납작해서 두루미가 음식을 먹지 못했습니다.

이번에는 두루미가 여우를 집으로 초대했습니다.

하지만 이번에는 음식이 호리병에 담겨 있어서 여우가 음식을 먹지 못했습니다.

★ 이 이야기를 보고 어떤 교훈을 얻었나요?

상대방 입장에서 생각하지 않으면 감사하는 마음보다는 싫은 마음이 들 수 있다는 생각이 들었다.

공부한 날　　월　　일

★ 아래 그림을 보고 이야기의 내용과 느낀 점을 자유롭게 써 보세요.

* 〈이솝 우화〉의 〈바람과 해〉 중에서

나의 글

★ 이 이야기를 보고 어떤 교훈을 얻었나요?

22 독서감상문에 필요한 기법을 익혀요!

2 자세하게 표현하기

독서감상문을 잘 쓰기 위해서는 나의 감정을 섬세하게 표현하는 연습이 필요해요. 평소에도 기분이 '좋다, 나쁘다'로 뭉뚱그려 말하는 대신, 좀 더 구체적으로 표현하는 연습을 해 보세요.

★ 아래 감정을 나타내는 말을 더 생각해 보고 빈칸을 채워 보세요.

기분 좋거나 편안한 감정
- 행복하다
- 멋있다
- 뿌듯하다
- 설레다
- 자랑스럽다
- 즐겁다
- 유쾌하다
- 포근하다

기분 나쁘거나 불편한 감정
- 속상하다
- 서럽다
- 안타깝다
- 걱정스럽다
- 괴롭다
- 당황스럽다
- 답답하다
- 미안하다

★ 호성이의 글을 참고하여 밑줄 친 감정을 좀 더 자세하게 표현하여 써 보세요.

호성이의 글

1 〈난중일기〉

이순신 장군이 노량해전에서 전사하실 때 <u>너무 슬펐다</u>.

이순신 장군이 노량해전에서 전사하실 때 <u>슬퍼서 눈물이 날 지경이었다</u>.

2 〈이상한 나라의 앨리스〉

토끼굴 아래로 떨어진 앨리스는 <u>놀랐을 것이다</u>.

토끼굴 아래로 떨어진 앨리스는 <u>생각지도 못한 일에 아주 무섭고 당황스러웠을 것이다</u>.

나의 글

1 〈마당을 나온 암탉〉

잎싹이 정성스럽게 품은 알 속에서 초록이가 깨어났을 때 나는 <u>너무 기뻤다</u>.

잎싹이 정성스럽게 품은 알 속에서 초록이가 깨어났을 때 나는 _____ .

2 〈강아지똥〉

모두들 더럽다고 강아지똥을 피할 때 강아지똥의 마음은 <u>슬펐을 것이다</u>.

모두들 더럽다고 강아지똥을 피할 때 강아지똥의 마음은 _____ .

독서감상문을 따라 써 봐요! ❶

5주 차 3일 23

1단계 제목을 어떻게 정하는지 알아봐요

독서감상문의 제목은 읽은 책의 제목을 그대로 쓰는 방법과 내 생각을 담아 쓰는 두 가지 방법이 있어요.

1 읽은 책의 제목 그대로 활용하기

가장 쉽게 붙일 수 있는 제목은 〈_____을 읽고〉처럼 자신이 읽은 책의 제목을 그대로 활용하는 거예요.

★ 읽은 책의 제목을 활용해 제목을 붙여 보세요.

❶ 〈위인전 시리즈 – 링컨〉	→	〈위인전 시리즈 – 링컨〉을 읽고
❷ 〈이상한 나라의 앨리스〉	→	

2 내 생각을 담아 제목 만들기

독서감상문의 제목을 위처럼 〈~을 읽고〉라고 하면 같은 책을 읽은 친구들의 글이 모두 같은 제목을 달게 되겠지요? 따라서 나만의 특별한 제목을 붙인다면 전하고자 하는 생각이 더 잘 드러나 보일 거예요.

예를 들어 〈링컨〉 위인전을 읽고 그가 한 일 중 가장 중요한 일이 '노예 해방'이었다고 생각했다면, '노예 해방'을 활용해 제목을 만들어 볼 수 있어요.

★ 나의 생각을 담아 제목을 만들어 보세요.

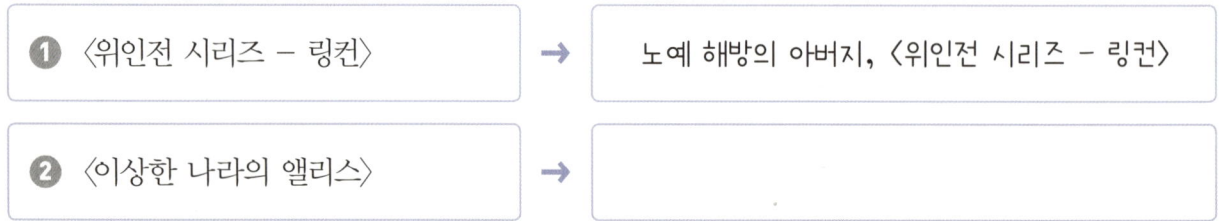

공부한 날   월   일

2단계 제목을 정해요

호성이와 함께 아래 질문에 답하면서 독서감상문의 제목을 정해 보아요.

호성이의 독서감상문 제목 정하기

★ 무슨 책을 읽었나요?

〈위인전 시리즈 - 김구〉

★ 무엇에 대한 내용이었나요?

나라의 독립을 위해 한평생 헌신하신 김구 선생님의 일대기

★ 읽은 책의 제목을 활용해 제목을 지어 볼까요?

〈위인전 시리즈 - 김구〉를 읽고

★ 내 생각을 담아 제목을 지어 볼까요?

독립운동의 정신적 지주, 〈위인전 시리즈 - 김구〉

나의 독서감상문 제목 정하기

★ 무슨 책을 읽었나요?

★ 무엇에 대한 내용이었나요?

★ 읽은 책의 제목을 활용해 제목을 지어 볼까요?

★ 내 생각을 담아 제목을 지어 볼까요?

3단계 생각 지도를 그려요

본격적으로 글을 쓰기에 앞서 전체 흐름에 따라 생각 지도를 먼저 구상해 보세요. 생각 지도를 바탕으로 글을 쓰게 되면 좀 더 짜임새 있고 완성도 높은 글이 될 수 있어요.

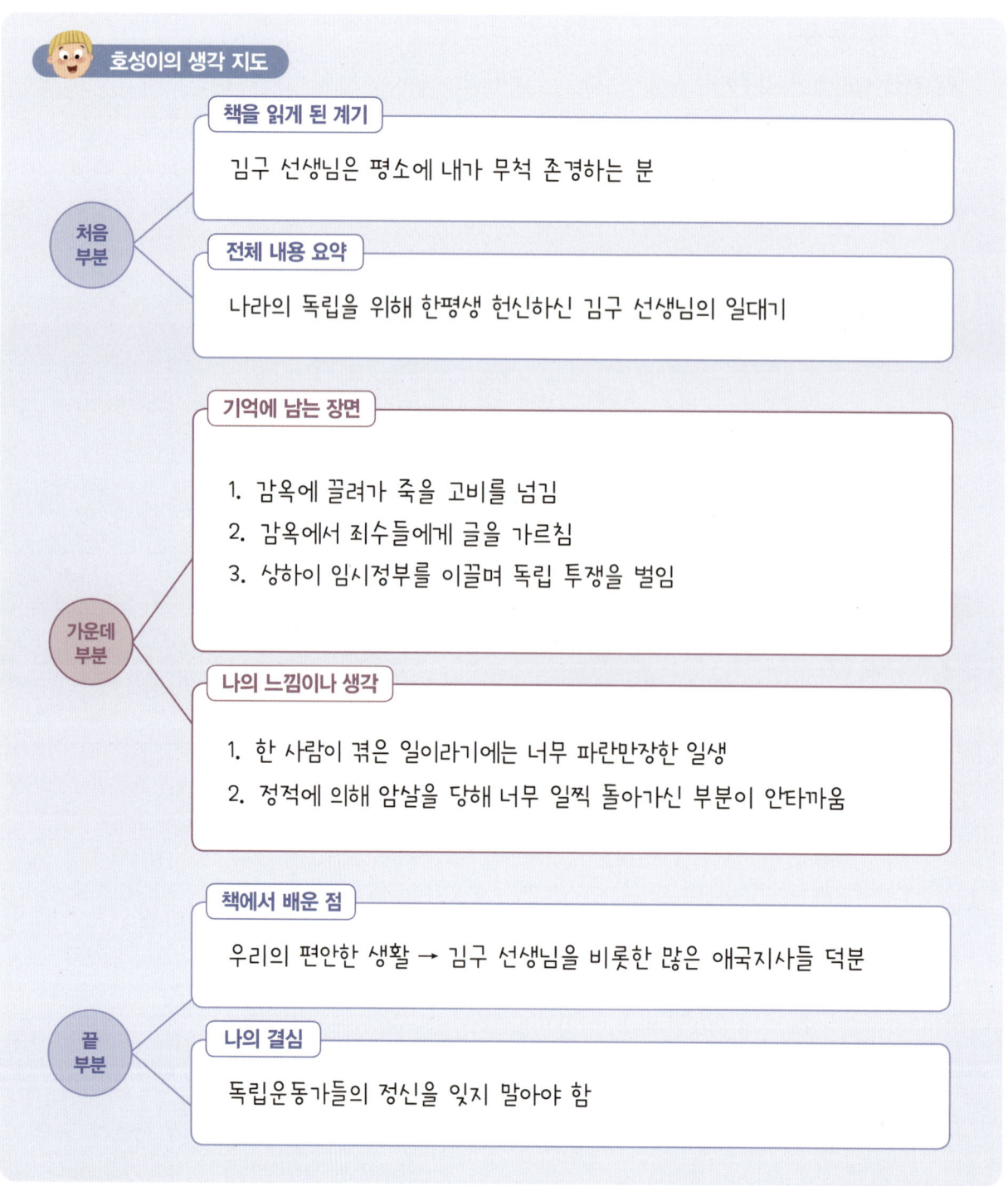

호성이의 생각 지도

처음 부분

- 책을 읽게 된 계기
  - 김구 선생님은 평소에 내가 무척 존경하는 분
- 전체 내용 요약
  - 나라의 독립을 위해 한평생 헌신하신 김구 선생님의 일대기

가운데 부분

- 기억에 남는 장면
  1. 감옥에 끌려가 죽을 고비를 넘김
  2. 감옥에서 죄수들에게 글을 가르침
  3. 상하이 임시정부를 이끌며 독립 투쟁을 벌임
- 나의 느낌이나 생각
  1. 한 사람이 겪은 일이라기에는 너무 파란만장한 일생
  2. 정적에 의해 암살을 당해 너무 일찍 돌아가신 부분이 안타까움

끝 부분

- 책에서 배운 점
  - 우리의 편안한 생활 → 김구 선생님을 비롯한 많은 애국지사들 덕분
- 나의 결심
  - 독립운동가들의 정신을 잊지 말아야 함

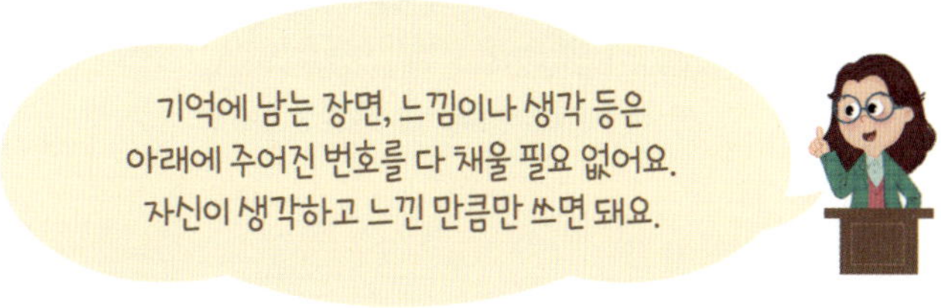

공부한 날　월　일

기억에 남는 장면, 느낌이나 생각 등은 아래에 주어진 번호를 다 채울 필요 없어요. 자신이 생각하고 느낀 만큼만 쓰면 돼요.

나의 생각 지도

처음 부분
- 책을 읽게 된 계기
- 전체 내용 요약

가운데 부분
- 기억에 남는 장면
  1.
  2.
  3.
  4.
- 나의 느낌이나 생각
  1.
  2.

끝 부분
- 책에서 배운 점
- 나의 결심

23 독서감상문을 따라 써 봐요! ❶

24 독서감상문을 따라 써 봐요! ❷

5주 차 4일

그럼 지금부터 처음 부분, 가운데 부분, 끝 부분으로 나누어 직접 독서감상문을 써 봐요.

4단계 처음 부분을 써요

> ☆ 이 책을 읽게 된 계기를 밝혀요.
> ☆ 어떤 내용인지 간략하게 소개해요.

호성이의 글

★ 이 책을 읽게 된 계기는 무엇인가요?

김구 선생님은 평소에 내가 무척 존경하는 분이다. 그래서 〈위인전 시리즈 - 김구〉를 읽으며 그분의 일생을 자세히 알고 싶었다.

★ 어떤 내용인가요?

〈위인전 시리즈 - 김구〉는 나라의 독립을 위해 한평생 헌신하신 김구 선생님의 일대기를 다룬 내용이다.

나의 글

★ 이 책을 읽게 된 계기는 무엇인가요?

★ 어떤 내용인가요?

5단계 가운데 부분을 써요

> ☆ 기억에 남는 장면들을 묘사해요.
> ☆ 장면, 인물, 사건 등에 대한 자신의 느낌이나 생각을 표현해요.

호성이의 글

★ 기억에 남는 장면들은 무엇인가요?

김구 선생님은 일제 시대에 감옥에 끌려가서 죽을 고비를 넘기기도 하였지만, 한편으론 감옥에 있는 죄수들에게 글을 가르치시기도 하였다.

무엇보다 김구 선생님이 상하이 임시정부를 이끌며 수많은 독립투사들과 독립 투쟁을 벌였던 일들이 가장 기억에 남는다.

★ 그 장면들에 대한 나의 느낌이나 생각은 무엇인가요?

김구 선생님의 일대기를 읽어 보니 진짜 한 사람이 모두 겪은 일이 맞는지 의심이 갈 정도로 많은 일들을 겪으셨다. 결국 김구 선생님은 그토록 바라던 독립을 맞았다. 하지만 조국이 다시 남과 북으로 나뉘고 정적에 의해 암살을 당하셨던 일이 너무 안타까웠다.

나의 글

★ 기억에 남는 장면들은 무엇인가요?

★ 그 장면들에 대한 나의 느낌이나 생각은 무엇인가요?

기억에 남는 장면들과 자신의 느낌이나 생각을 함께 섞어서 써도 상관없어요.

공부한 날   월   일

6단계 끝 부분을 써요

* 책에서 배운 점이나 읽은 후의 전체 소감을 밝혀요.
* 나의 결심이나 각오를 나타내요.

호성이의 글

★ 책에서 배운 점은 무엇인가요?

일제의 지배를 받다가 독립을 하고 우리가 이렇게 편안하게 살아갈 수 있는 것은 김구 선생님처럼 많은 독립운동가들의 희생 덕분이라는 걸 깨닫게 됐다.

★ 책을 읽고 결심한 내용은 무엇인가요?

하지만 우리 주위에 이런 사실을 아는 친구들이 많지 않을 것 같다. 먼저 나부터라도 독립운동가들의 정신을 잊지 말아야겠다.

나의 글

★ 책에서 배운 점은 무엇인가요?

★ 책을 읽고 결심한 내용은 무엇인가요?

24 독서감상문을 따라 써 봐요! ❷

5주 차 5일

25

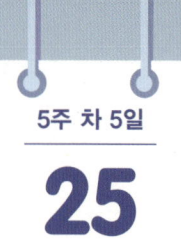

도전! 스스로 독서감상문을 써요!

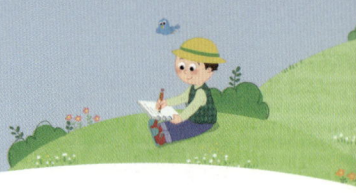

이제 앞에서 배운 내용을 바탕으로 나의 생각 지도를 만든 후, 나의 글을 써 보세요.

나의 생각 지도

처음 부분

책을 읽게 된 계기

전체 내용 요약

가운데 부분

기억에 남는 장면

1.

2.

나의 느낌이나 생각

1.

2.

끝 부분

책에서 배운 점

나의 결심

나의 글

제목

처음 부분
- ★ 이 책을 읽게 된 계기는 무엇인가요?
- ★ 어떤 내용인가요?

가운데 부분
- ★ 기억에 남는 장면들은 무엇인가요?
- ★ 그 장면들에 대한 나의 느낌이나 생각은 무엇인가요?

끝 부분
- ★ 책에서 배운 점은 무엇인가요?
- ★ 책을 읽고 결심한 내용은 무엇인가요?

6장

사실과 정보를 전달해요

설명문

책을 읽다가 모르는 단어가 나왔을 때 어떻게 해야 하나요? 새로운 물건의 포장을 뜯고 가장 먼저 하는 일은 무엇인가요? 놀이를 시작할 때 처음 해보는 친구에게 그 놀이에 대해 어떻게 알려주나요? 우리는 모르는 단어를 알기 위해 사전을 찾아보고, 새로운 물건의 쓰임새를 이해하기 위해 설명서를 읽어요. 처음 놀이를 해보는 친구에게 놀이의 규칙을 설명하기도 해요. 설명문은 우리 주변에서 아주 쉽게 찾아볼 수 있어요. 흔하게 볼 수 있는 글의 종류인 만큼 쓰는 법을 알아두면 아주 유용하답니다.

---

26   6주 차 1일 : 설명문에 대해 알아봐요!

27   6주 차 2일 : 설명문에 필요한 기법을 익혀요!

28   6주 차 3일 : 설명문을 따라 써 봐요! ❶

29   6주 차 4일 : 설명문을 따라 써 봐요! ❷

30   6주 차 5일 : 도전! 스스로 설명문을 써요!

6주 차 1일

26 설명문에 대해 알아봐요!

1 설명문이란 무엇일까요?

설명문은 무언가에 대해 알기 쉽게 설명해 주는 글을 말해요. 자신의 주장이나 생각보다는 여러 사람에게 확인된 내용이나 사실을 그대로 전달해야 해요.

> 설명문은 어떤 정보나 사실에 대한 객관적인 근거와 자료를 바탕으로 그 정보나 사실을 모르는 대상에게 알려주는 글이에요.

★ 어떤 사실에 대해 설명하는 문장을 가장 잘 표현한 친구에게 ○ 하세요.

우리 학교 급식은 아마 전국에서 제일 맛있을 거야.

혜지

우리 학교 선생님은 모두 합쳐 108명이야. 그중에 남자 선생님은 11명이지.

민준

나는 수업시간 중에서 체육 시간이 가장 길어야 한다고 생각해.

지연

이것만은 꼭!
1. 설명문은 무언가에 대해 알기 쉽게 설명하는 글이기 때문에 '풀이글'이나 '밝힘글'이라고도 해요.
2. 설명문에는 나의 주장이나 생각보다는 확인된 내용, 보이는 그대로의 모습을 적는 것이 중요해요.

2 설명문은 어떻게 써야 하나요?

1 주장보다는 사실, 정보 위주로 전해요.

내가 설명하고자 하는 대상이나 주제에 대한 사실이나 정보를 나만의 방식으로 전달해요.

★ 사실이나 정보에 근거해서 말한 친구에게 ○ 하세요.

> 스마트폰을 오래 하면 머리가 나빠진대.

> 최근 한 연구에 따르면 하루 7시간 이상 스마트폰을 한 어린이의 뇌가 변화하고, 사고력과 언어능력이 떨어진다는 결과가 있어.

2 알기 쉽게 풀어서 써야 해요.

설명문은 알기 쉽게 '설명'하는 글이기 때문에 쉽고 분명한 문장으로 표현해야 해요.

★ 쉽고 분명하게 풀어서 말한 친구에게 ○ 하세요.

> 코딩이란 컴퓨터가 이해할 수 있는 프로그래밍 언어를 사용해서 기계들이 작동할 수 있게 하는 과정이야.

> 코딩이란 C언어, 자바, 파이선 등으로 프로그램을 만드는 거야.

3 확인된 내용, 보이는 대로의 모습을 전하도록 노력해요.

확인되지 않은 사실이나 신뢰할 수 없는 정보는 설명문에 대한 신뢰감을 떨어트릴 수 있어요. 되도록 확인된 사실을 전하도록 해야 해요.

★ 확인된 내용을 가지고 말한 친구에게 ○ 하세요.

> 다리를 떨면 복이 나가.

> 다리 떨기는 혈액순환에 도움이 된다고 해. 앉은 자리에서 혈관의 압박을 풀어줘서 집중력에도 도움이 된다는 연구결과가 있어.

3 설명문은 어떻게 구성하나요?

1 전체 구성

설명문은 크게 설명하려는 대상에 대한 간단한 소개가 드러나는 처음 부분과 겉모습, 내용물, 특징, 하는 방법 등을 알려주는 가운데 부분, 그리고 설명을 통해 하고 싶은 말을 전하는 끝 부분으로 이루어져 있어요.

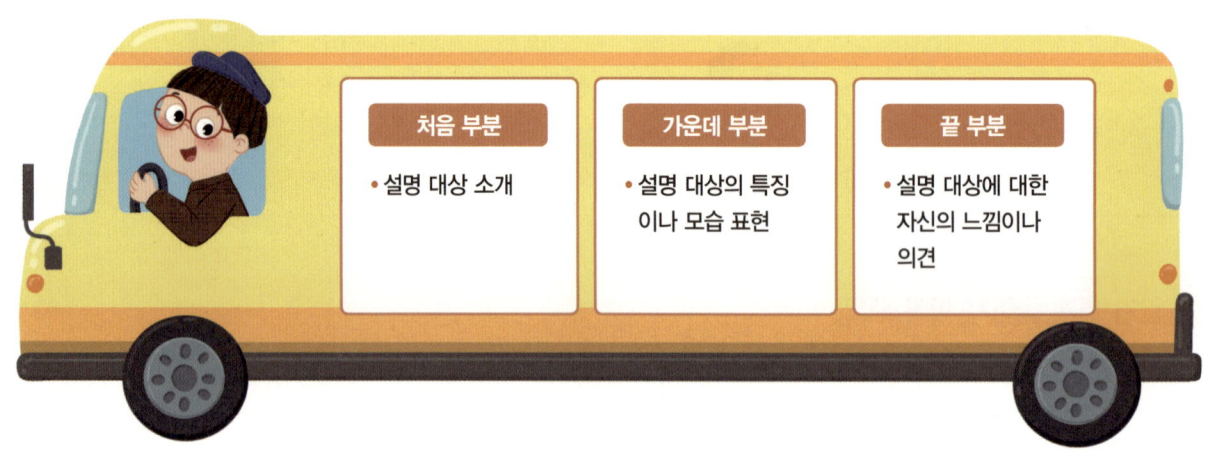

★ 다음 글이 설명문의 어느 부분에 들어가면 좋을지 선을 그어 보세요.

| 이렇게 해서 카드를 제일 많이 가진 사람이 최종 승자가 되는 게임이야. 해 보고 싶지 않니? | • | • | 처음 부분 |

| 〈할리갈리〉 게임은 굉장히 단순해. 한 번만 해 보면 바로 이해할 수 있을 정도로 쉬워. | • | • | 가운데 부분 |

| 먼저 상자에 들어있는 카드와 종을 꺼내서 바닥에 두고 카드를 참가자에게 똑같이 나눠줘. 카드를 뒤집었을 때 과일의 합이 5가 되면 재빨리 종을 치는 거야. | • | • | 끝 부분 |

2 설명문의 예시글

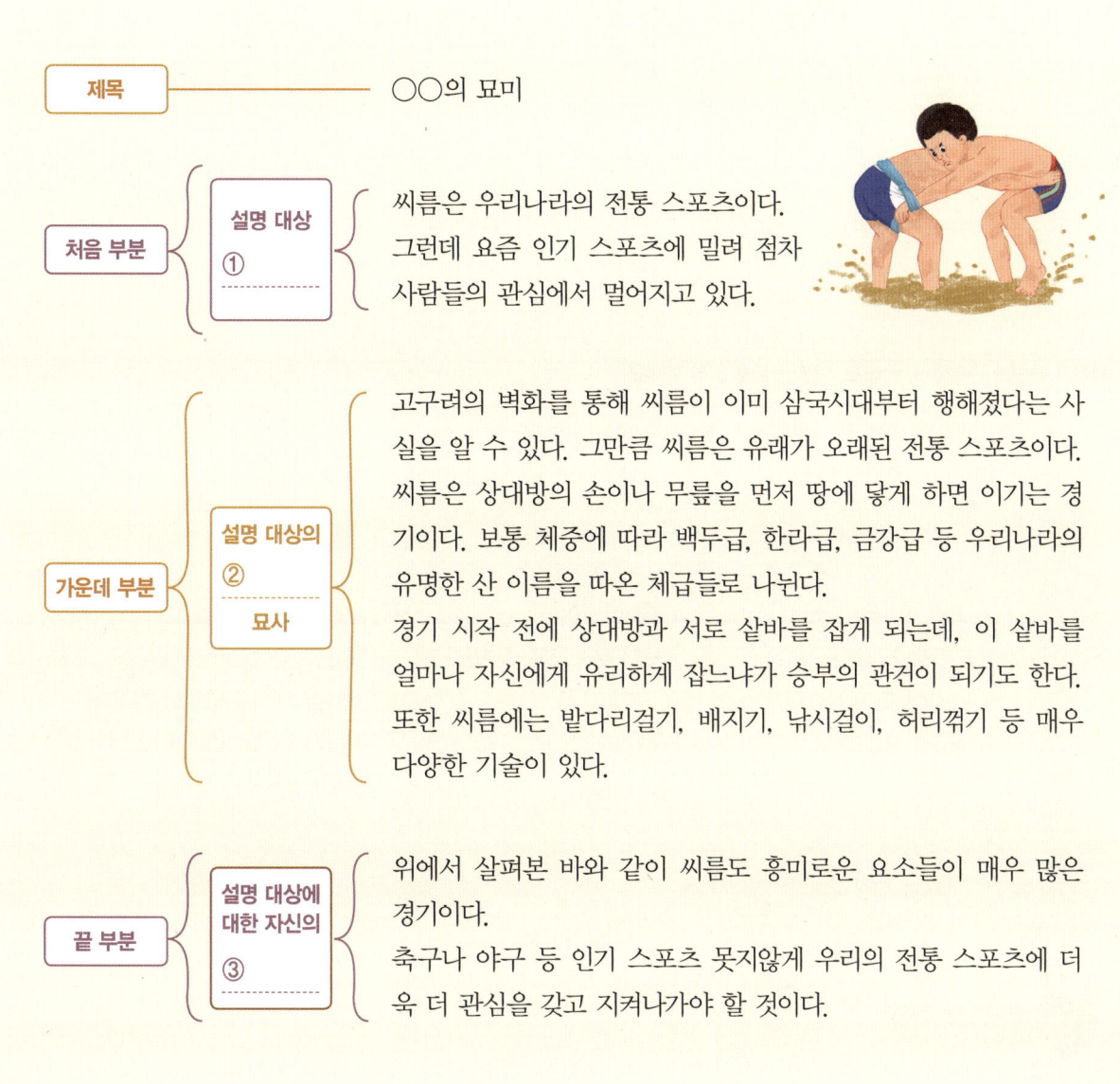

| 제목 | ○○의 묘미 |

처음 부분 — 설명 대상 ①
씨름은 우리나라의 전통 스포츠이다. 그런데 요즘 인기 스포츠에 밀려 점차 사람들의 관심에서 멀어지고 있다.

가운데 부분 — 설명 대상의 ② ___ 묘사
고구려의 벽화를 통해 씨름이 이미 삼국시대부터 행해졌다는 사실을 알 수 있다. 그만큼 씨름은 유래가 오래된 전통 스포츠이다.
씨름은 상대방의 손이나 무릎을 먼저 땅에 닿게 하면 이기는 경기이다. 보통 체중에 따라 백두급, 한라급, 금강급 등 우리나라의 유명한 산 이름을 따온 체급들로 나뉜다.
경기 시작 전에 상대방과 서로 샅바를 잡게 되는데, 이 샅바를 얼마나 자신에게 유리하게 잡느냐가 승부의 관건이 되기도 한다. 또한 씨름에는 밭다리걸기, 배지기, 낚시걸이, 허리꺾기 등 매우 다양한 기술이 있다.

끝 부분 — 설명 대상에 대한 자신의 ③
위에서 살펴본 바와 같이 씨름도 흥미로운 요소들이 매우 많은 경기이다.
축구나 야구 등 인기 스포츠 못지않게 우리의 전통 스포츠에 더욱 더 관심을 갖고 지켜나가야 할 것이다.

❶ ○○에 가장 알맞은 단어를 생각하여 써 보세요.

❷ ①, ②, ③에 어울리는 말을 〈보기〉에서 골라 쓰세요.

| 보기 | 소개   특징   느낌이나 의견 |

6주 차 2일

27 설명문에 필요한 기법을 익혀요!

1 비교와 대조

서로의 공통점을 찾아내는 방법을 '비교', 서로의 차이점을 찾아내는 방법을 '대조'라고 해요. 비교는 공통점을, 대조는 차이점을 찾는 것이지요.

★ 혜지가 라면과 국수를 서로 비교, 대조한 글을 읽어 보세요.

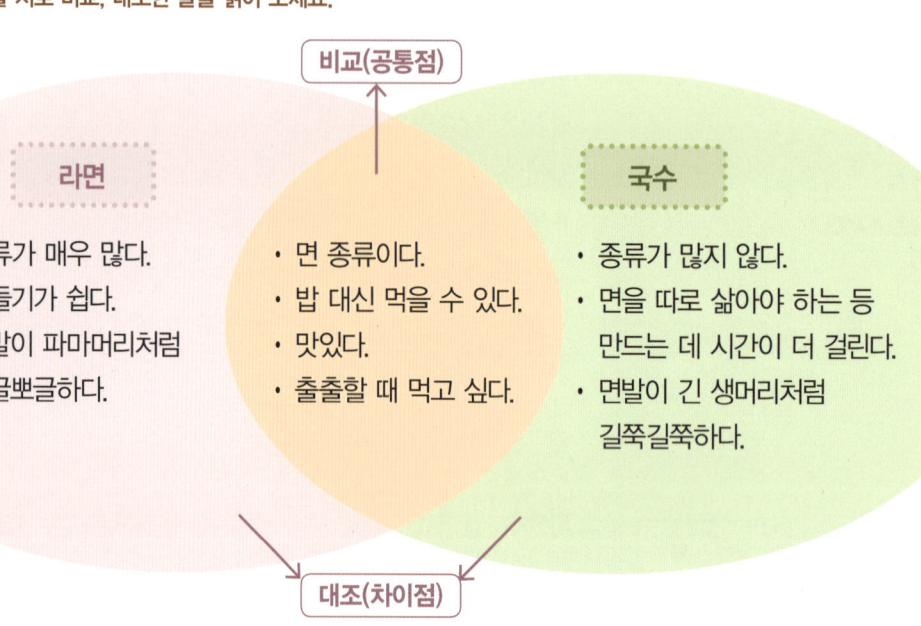

혜지의 글

공통점	라면과 국수는 모두 면이다. 밥 대신 먹을 수 있고 맛있다는 점에서는 똑같다.
차이점	하지만 라면은 종류가 많지만 국수는 많지 않다. 라면은 3~5분 정도면 만들 수 있지만 국수는 더 많은 시간이 걸린다. 면을 따로 삶아야 하기 때문이다. 또 라면은 면발이 파마머리처럼 뽀글뽀글하지만 국수는 긴 생머리처럼 쭉쭉 뻗어 있다.

★ 강아지와 고양이의 공통점과 차이점을 찾아 비교, 대조하는 글을 써 보세요.

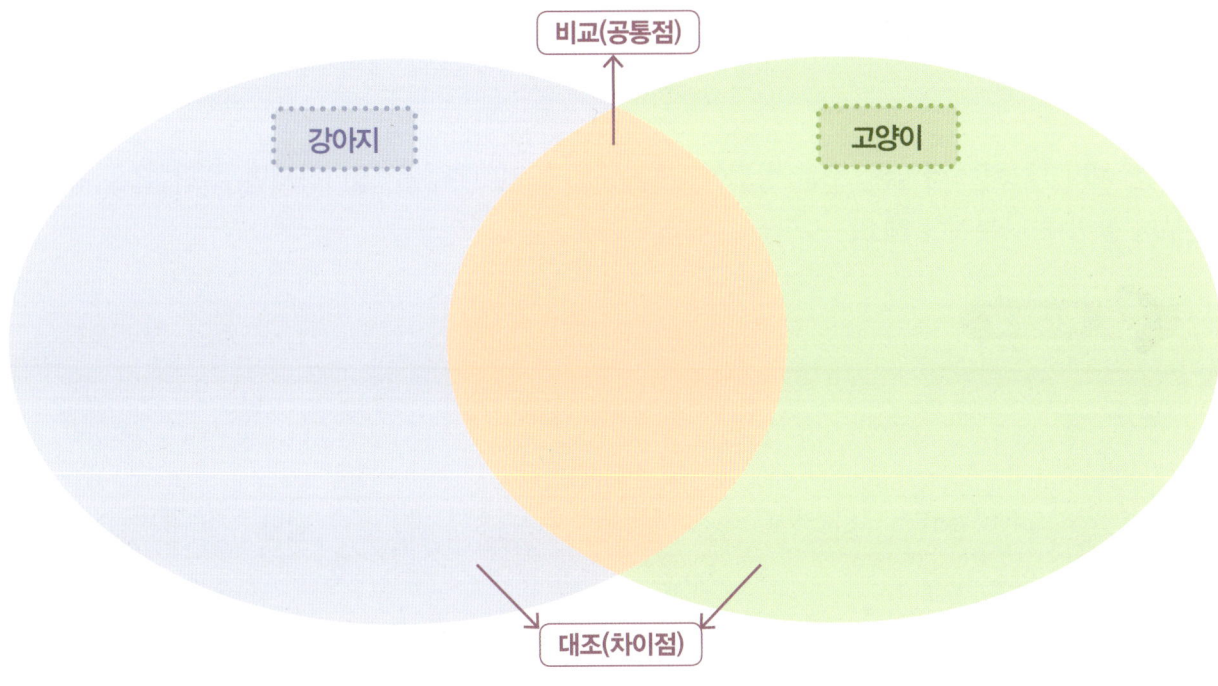

나의 글

공통점

✏️

차이점

✏️

2 분류와 분석

설명문을 쓰는 또 다른 방법은 대상을 분류하고 분석해 보는 거예요.

1 분류

분류는 여러 대상을 '나열해' 보는 방법이에요. 예를 들면, 옷장을 정리하려면 우선 같은 종류의 옷부터 골라내 나누어야 해요.

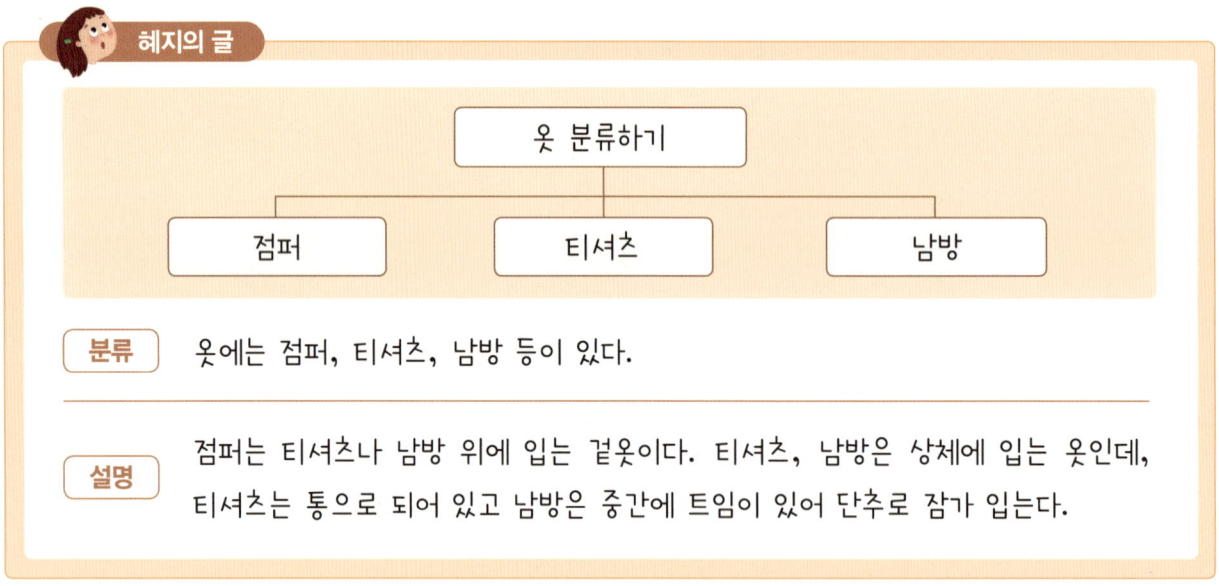

★ 내가 가지고 있는 학용품의 종류를 나열하고 설명을 써 보세요.

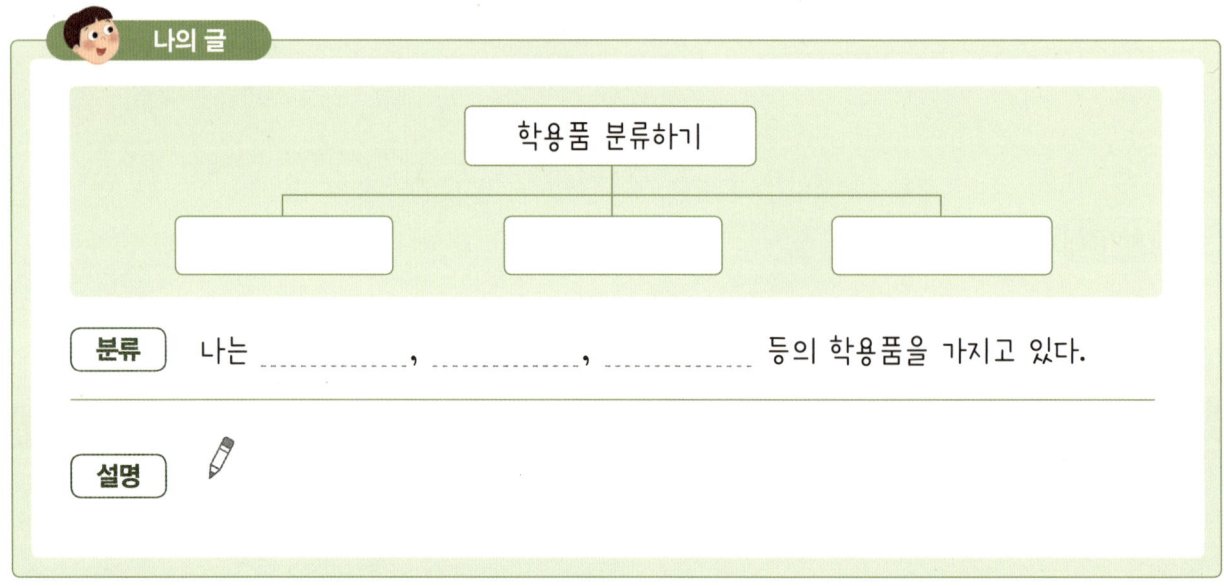

2 분석

여러 대상을 나열하는 게 분류의 설명법이라면 분석은 한 가지 대상을 '쪼개어' 보는 방법이에요. 분류한 옷 중 점퍼를 예로 들어 알아볼게요.

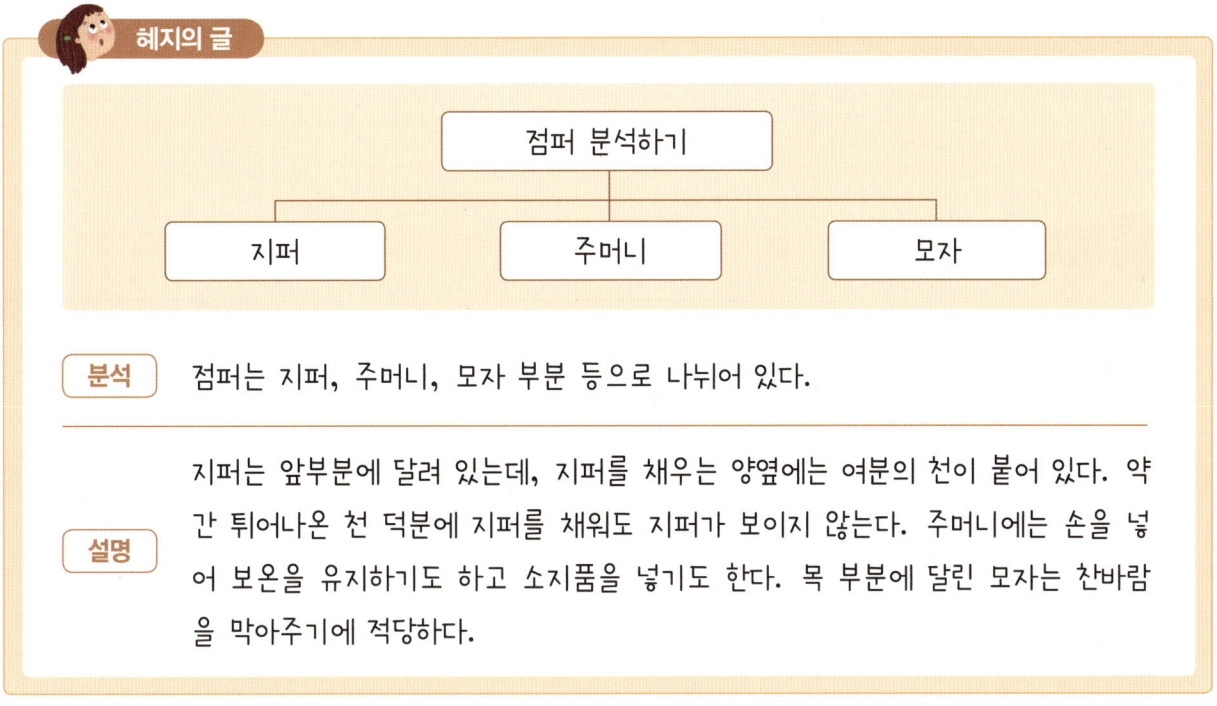

혜지의 글

점퍼 분석하기
- 지퍼
- 주머니
- 모자

분석 점퍼는 지퍼, 주머니, 모자 부분 등으로 나뉘어 있다.

설명 지퍼는 앞부분에 달려 있는데, 지퍼를 채우는 양옆에는 여분의 천이 붙어 있다. 약간 튀어나온 천 덕분에 지퍼를 채워도 지퍼가 보이지 않는다. 주머니에는 손을 넣어 보온을 유지하기도 하고 소지품을 넣기도 한다. 목 부분에 달린 모자는 찬바람을 막아주기에 적당하다.

★ 내가 가지고 있는 학용품 중 한 가지를 골라 분석하고 설명하는 글을 써 보세요.

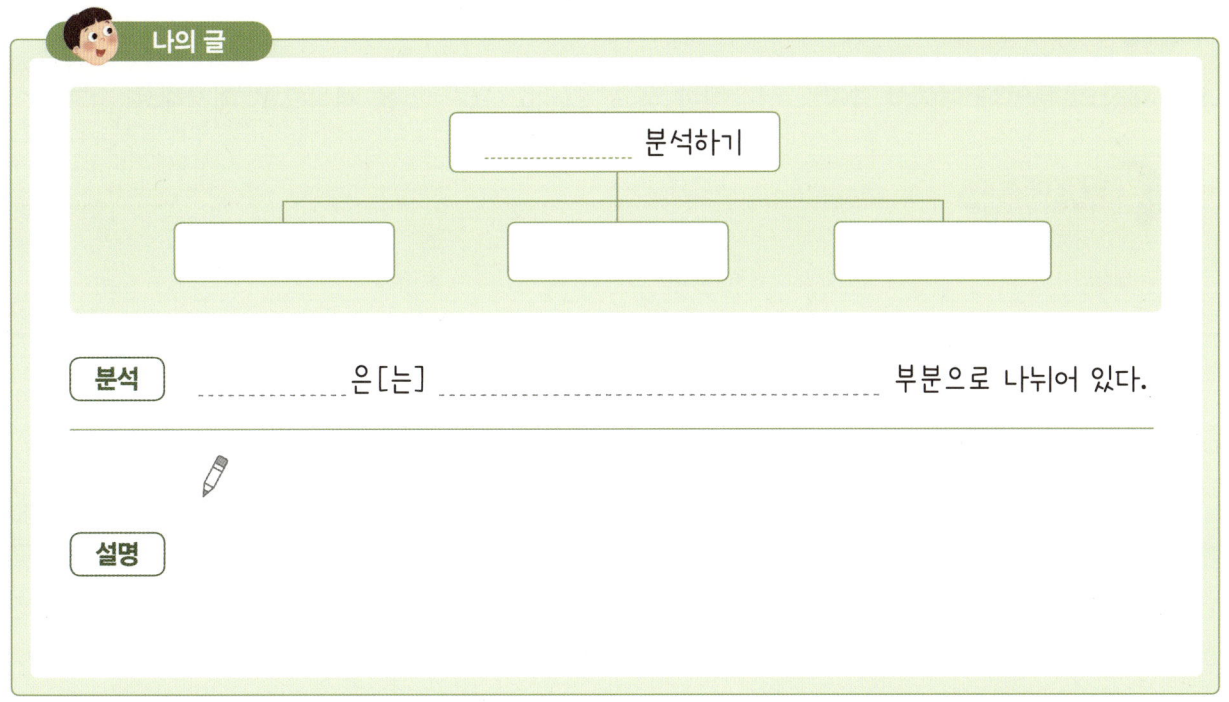

나의 글

_____ 분석하기

분석 _____은[는] _____ 부분으로 나뉘어 있다.

설명

28 설명문을 따라 써 봐요! ❶

6주 차 3일

1단계 설명 대상을 정해요

먼저 무엇에 대해 설명할지 '설명 대상'을 떠올려 보세요.

 혜지의 글

★ 설명하려는 대상은 무엇인가요?   우리 동네 향교

 나의 글

★ 설명하려는 대상은 무엇인가요?

2단계 제목을 정해요

설명 대상의 '무엇'에 대해서 쓸지도 생각해야 해요. 그리고 그 '무엇'을 제목으로 제시해요.

 혜지의 글

★ 대상의 어떤 점을 설명하려고 하나요?   향교의 구조와 특징

 나의 글

★ 대상의 어떤 점을 설명하려고 하나요?

3단계 자료를 찾아봐요

자료를 찾는 활동을 관찰하기, 찾아보기, 질문하기, 검색하기로 나누어 써 보세요.

혜지의 활동

★ 관찰하기 :
눈, 코, 입, 귀, 피부를 통해 있는 그대로 관찰해요.

양천향교를 직접 찾아가서 향교의 모습과 구조 등을 살펴보기

★ 찾아보기 :
도서관이나 서점에서 주제에 대한 책들을 살펴봐요.

향교와 관련된 책을 골라 읽어 보기

★ 질문하기 :
주제에 대해 잘 알고 있는 사람에게 여쭤봐요.

동네 할아버지께 우리 동네 양천향교의 유래에 대해 여쭤보기

★ 검색하기 :
인터넷에서 주제에 대한 관련 자료들을 검색해 봐요.

인터넷에서 향교의 역할에 대한 자료 검색하기

나의 활동

★ 관찰하기 :
눈, 코, 입, 귀, 피부를 통해 있는 그대로 관찰해요.

★ 찾아보기 :
도서관이나 서점에서 주제에 대한 책들을 살펴봐요.

★ 질문하기 :
주제에 대해 잘 알고 있는 사람에게 여쭤봐요.

★ 검색하기 :
인터넷에서 주제에 대한 관련 자료들을 검색해 봐요.

4단계 생각 지도를 그려요

설명 대상과 제목을 정했다면 그 다음으로는 앞에서 배운 내용을 바탕으로 쓰고자 하는 내용의 생각 지도를 그려 봐요.

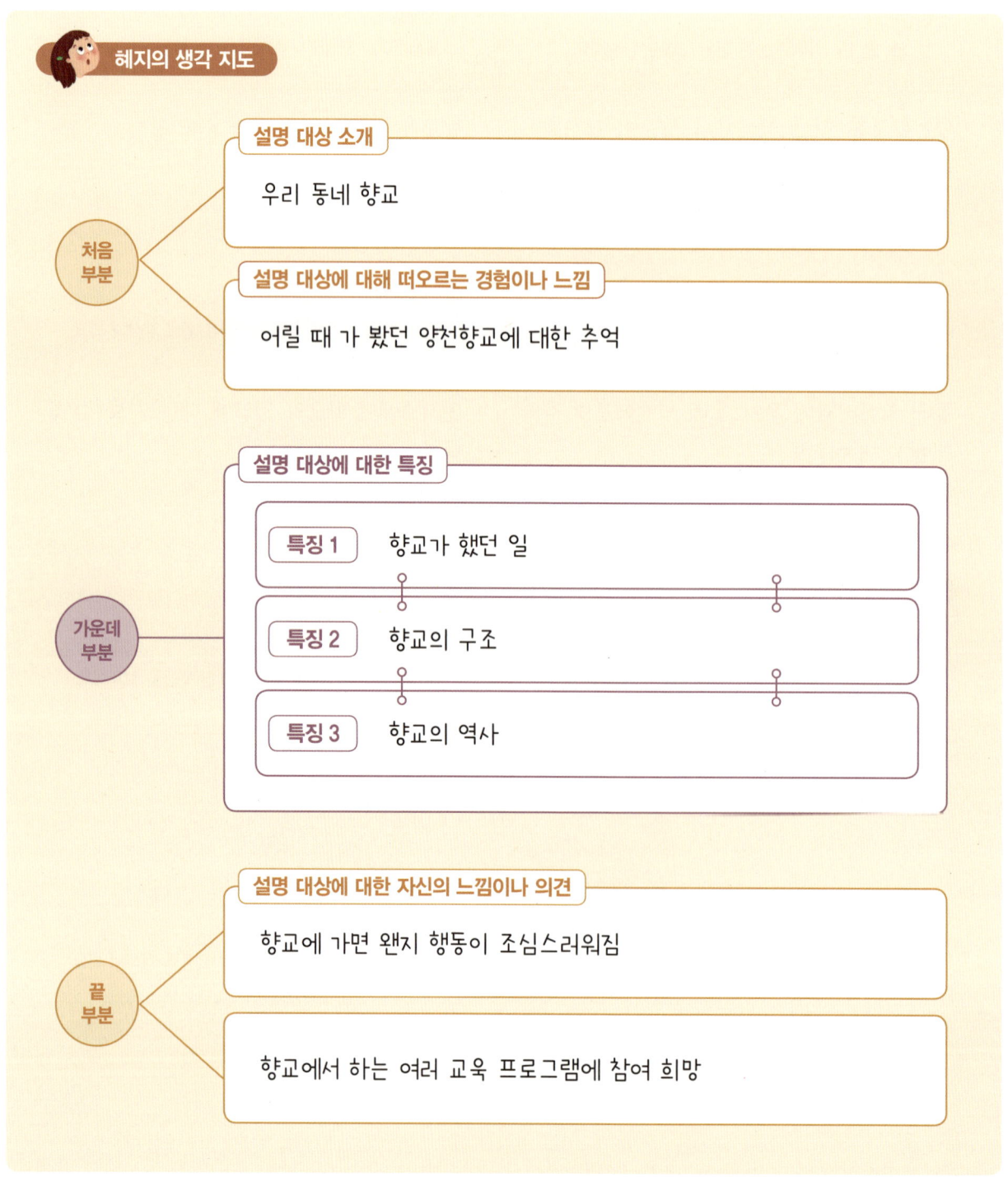

설명 대상에 대한 특징, 자신의 느낌이나 의견은 주어진 칸을 다 채울 필요 없어요. 생각나는 만큼만 쓰세요.

나의 생각 지도

처음 부분
- 설명 대상 소개
- 설명 대상에 대해 떠오르는 경험이나 느낌

가운데 부분
- 설명 대상에 대한 특징
  - 특징 1
  - 특징 2
  - 특징 3

끝 부분
- 설명 대상에 대한 자신의 느낌이나 의견

29 설명문을 따라 써 봐요! ❷

6주 차 4일

그럼 지금부터 처음 부분, 가운데 부분, 끝 부분으로 나누어 직접 설명문을 써 봐요.

5단계 처음 부분을 써요

> ✿ 설명 대상에 대해 소개해요.
> ✿ 설명 대상에 대해 떠오르는 경험이나 느낌을 설명해요.

혜지의 글

★ 무엇을 설명할 건가요?

우리 동네에는 서울에서 하나밖에 없는 향교가 있다.

★ 설명하려는 대상에 대한 경험이나 느낌은 무엇인가요?

그 향교의 이름은 양천향교이다. 양천향교는 어렸을 때 몇 번 가 본 적이 있지만 지금까지는 단순히 민속촌 같은 곳이라고만 생각했다.

나의 글

★ 무엇을 설명할 건가요?

★ 설명하려는 대상에 대한 경험이나 느낌은 무엇인가요?

6단계 가운데 부분을 써요

> ✿ 설명 대상에 대한 특징이나 모습을 설명해요.

1 설명 대상에 대한 자료를 수집해요.

혜지의 자료 수집 계획표

설명 대상	설명하고 싶은 내용	자료 수집 방법	설명 방법
우리 동네 향교	향교가 했던 일	책, 인터넷	비교, 대조
	향교의 구조	견학, 인터넷	분류
	향교의 역사	견학, 인터넷	나열

나의 자료 수집 계획표

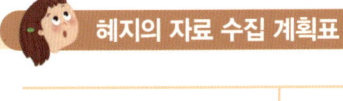

설명 대상	설명하고 싶은 내용	자료 수집 방법	설명 방법

29 설명문을 따라 써 봐요!

2 수집한 자료를 바탕으로 아래와 같이 내용을 정리해요.

혜지의 글

설명 대상의 특징	정리한 내용
향교가 했던 일	향교는 지금의 학교와 같은 고려와 조선의 교육기관이었다. 지금의 학교와 차이점은 유교 교육을 하면서 옛날 유교의 스승들에게 제사를 지낸다는 점일 것이다.
향교의 구조	양천향교는 크게 대성전, 동무와 서무, 명륜당, 그리고 동재와 서재로 나뉘어 있다. 대성전과 동무, 서무 등은 중국과 우리나라 유학자들에게 제사를 지내는 곳이다. 명륜당은 유생들이 유학을 공부하는 공간이다. 그리고 동재와 서재는 유생들의 기숙사이다.
향교의 역사	양천향교는 서기 1411년경에 설립돼 여러 차례 보수 공사를 거쳐 지금에 이르렀다. 지금은 예절교육, 목공예, 서예, 한국무용 등의 교육이 이루어지고 있다.

나의 글

설명 대상의 특징	정리한 내용

7단계 끝 부분을 써요

☆ 설명 대상에 대한 자신의 느낌이나 생각을 표현해요.

혜지의 글

★ 설명을 통해 전하고 싶은 말은 무엇인가요?

향교에 가면 왠지 예의를 잘 갖춰야 할 것 같고, 행동도 조심하게 된다. 양천향교를 방문했을 때는 나무에 둘러싸여 있어서인지 마음이 편안했다.

★ 마지막으로 남기고 싶은 의견은 무엇인가요?

이곳에 내가 참여할 수 있는 교육 프로그램이 많이 생겨서 더 자주 와 볼 수 있으면 좋겠다.

나의 글

★ 설명을 통해 전하고 싶은 말은 무엇인가요?

★ 마지막으로 남기고 싶은 의견은 무엇인가요?

설명문은 사실과 정보를 알려주는 글이긴 하지만 끝 부분에는 설명한 대상에 대해 자신의 느낌이나 의견을 간략하게 표현해 주세요.

30 도전! 스스로 설명문을 써요!

6주 차 5일

이제 앞에서 배운 내용을 바탕으로 나의 생각 지도를 만든 후, 나의 글을 써 보세요.

나의 생각 지도

처음 부분
- 설명 대상 소개
- 설명 대상에 대해 떠오르는 경험이나 생각

가운데 부분
- 설명 대상에 대한 특징
  - 특징 1
  - 특징 2

끝 부분
- 설명 대상에 대한 자신의 느낌이나 의견

나의 글

제목

처음 부분
- ★ 무엇을 설명할 건가요?
- ★ 설명하려는 대상에 대한 경험이나 느낌은 무엇인가요?

가운데 부분
- ★ 설명하려는 대상의 모습이나 특징은 무엇인가요?
- ★ 설명하려는 대상의 또 다른 특징이나 성격, 만드는 방법, 활용 방법 등은 무엇인가요?

끝 부분
- ★ 설명을 통해 전하고 싶은 말은 무엇인가요?
- ★ 마지막으로 남기고 싶은 의견은 무엇인가요?

7장

주장을 내세워요

논설문

다니던 학원을 그만두겠다거나, 새로운 학용품이 필요하다고 부모님을 설득해본 적이 있나요? 언니나 오빠, 동생과 의견이 달라 서로의 주장이 옳다고 온갖 이유를 대 본 적은요? 논설문은 상대에게 내 의견을 받아들이고, 상대의 생각이나 행동을 바꾸도록 하는 글로 '주장하는 글' 또는 '설득하는 글'이라고도 하지요. 논설문 쓰는 법을 익히면 내 의견을 더 잘 표현하고 상대방을 설득시킬 수 있는 방법을 배울 수 있어요.

---

31 7주 차 1일 : 논설문에 대해 알아봐요!
32 7주 차 2일 : 논설문에 필요한 기법을 익혀요!
33 7주 차 3일 : 논설문을 따라 써 봐요! ❶
34 7주 차 4일 : 논설문을 따라 써 봐요! ❷
35 7주 차 5일 : 도전! 스스로 논설문을 써요!

31 7주 차 1일

논설문에 대해 알아봐요!

1. 논설문이란 무엇일까요?

논설문은 상대방을 설득시키고자 쓰는 글이에요. 상대방을 설득하기 위해서는 자기만의 주장이 필요해요. '주장'은 한자어로 '자기 생각을 내세운다'는 뜻이에요.

> 논설문은 자신이 주장하는 바를 밝히고, 주장하는 이유와 근거를 제시하여 상대방을 설득시키고자 하는 글이에요.

★ 자신의 주장을 말한 친구에게 ○ 하세요.

정인: 우리 학교 4학년의 전체 학급 수는 6개야.

학생 수가 적은 학교는 다른 학교와 합쳐야 해.

태호

★ 두 친구 중 좀 더 설득력 있게 말한 친구에게 ○ 하세요.

수빈: 운동을 많이 하면 근육이 발달해.

산보다는 바다가 더 시원해.

민준

이것만은 꼭!
1. 논설문은 자신의 주장을 담은 글이라는 뜻에서 '주장하는 글', 또는 '설득하는 글'로 불려요.
2. 왜 그렇게 주장하는지에 대한 근거가 반드시 필요해요.

공부한 날　월　일

2 논설문은 어떻게 써야 하나요?

논설문을 쓰기 위해서는 우선 하고 싶은 말이 있어야 해요. 평소 생활하면서 고쳤으면 하는 일, 잘못이라 느꼈던 일들에 대해 자신의 의견을 말이나 글로 표현해 보세요.

1 주장을 명확하게 드러내야 해요.

논설문의 핵심은 자신의 주장이에요. 따라서 자신이 말하고자 하는 바를 명확히 드러낼 수 있어야 해요.

★ 아래 글 중 주장에 해당하는 문장에 ○, 그렇지 <u>않은</u> 문장에 X 하세요.

1. 우리는 평소에 책을 자주 읽어야 한다.　　　　　　　　　　(　　)
2. 친구를 따돌려서는 안 된다.　　　　　　　　　　　　　　　(　　)
3. 일기 검사는 없어져야 한다.　　　　　　　　　　　　　　　(　　)
4. 코로나19가 발생한 이후로 초등학생들의 스마트폰 사용량이 많이 늘었다.　(　　)

2 주장을 뒷받침할 이유나 근거를 분명히 제시해야 해요.

아무리 그럴듯한 주장이라 해도, 그 주장이 설득력을 가지려면 주장에 대한 이유나 근거가 뒷받침되어야 해요.

★ 아래 주장에 대한 근거가 명확한 문장에 ○, 그렇지 <u>않은</u> 문장에 X 하세요.

1. 주장: 초등학생들에게 스마트폰 사용 시간에 대한 제한이 필요하다.
   근거: 초등학생 시기는 통제력이 매우 약한 시기라는 연구 결과가 있다.

2. 주장: 학교 수업 후 쉬는 시간을 20분으로 늘려야 한다.
   근거: 왜냐하면 쉬는 시간이 너무 짧기 때문이다.

자신이 직접 경험하거나 관찰한 내용도 소중한 근거 자료가 될 수 있어요.

31 논설문에 대해 알아봐요! 135

3 논설문은 어떻게 구성하나요?

1 전체 구성

논설문은 나의 주장을 담은 '처음 부분', 자신의 주장을 뒷받침하는 근거와 사례를 밝히는 '가운데 부분', 앞에 나왔던 주장을 다시 한 번 강조하는 '끝 부분'으로 이루어져 있어요.

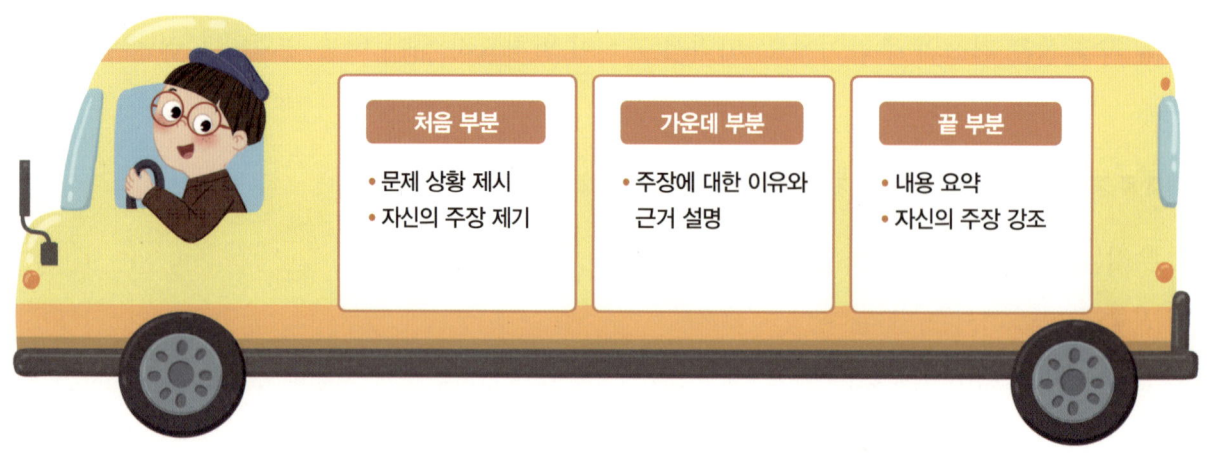

★ 다음 글이 논설문의 어느 부분에 들어가면 좋을지 선을 그어 보세요.

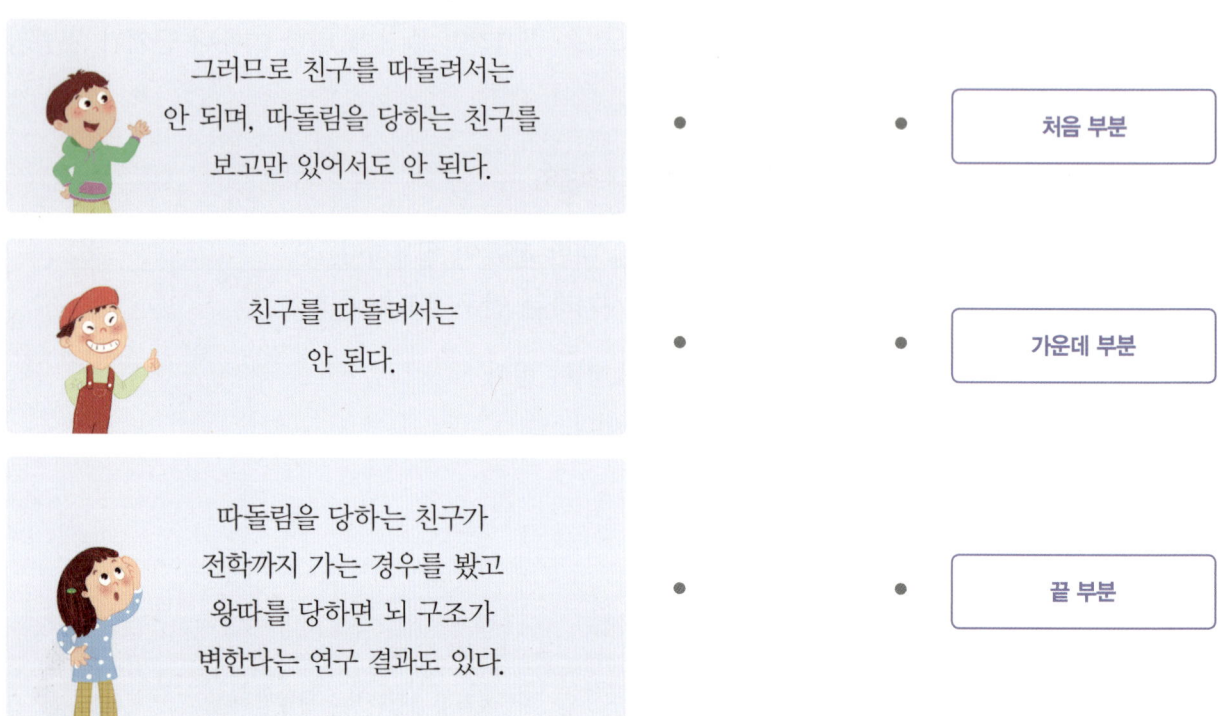

2 논설문의 예시글

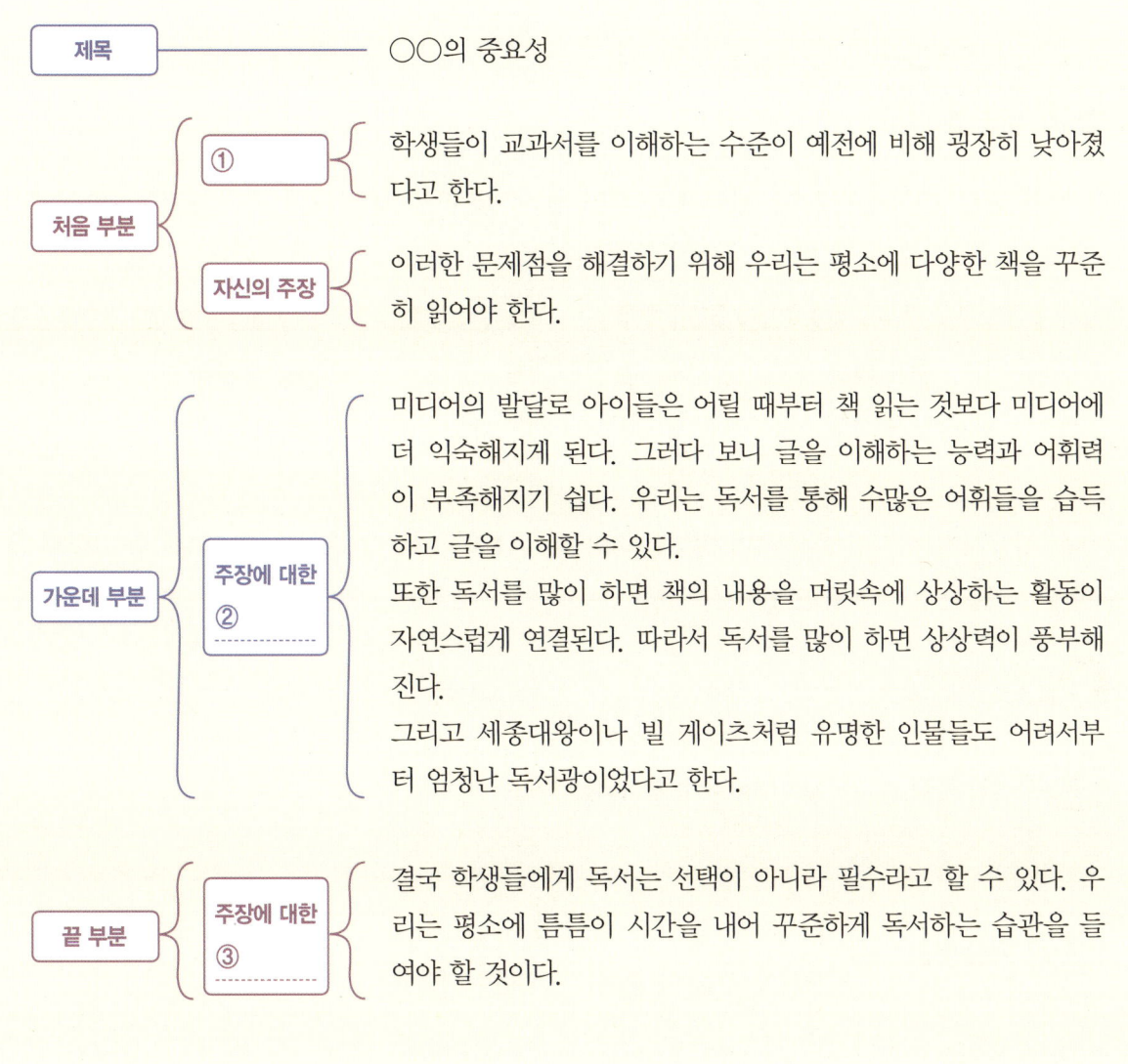

❶ ○○에 가장 알맞은 단어를 생각하여 써 보세요.

❷ ①, ②, ③에 어울리는 말을 〈보기〉에서 골라 쓰세요.

보기   요약 및 강조   이유와 근거   문제 상황

논설문에 필요한 기법을 익혀요!

1 주장과 근거 밝히기

논설문에서 중심 문장에는 나의 생각과 주장이 담겨 있어야 해요. 그에 비해 뒷받침 문장에서는 나의 주장을 뒷받침해 주는 사실, 즉 근거가 필요해요.

상대방을 설득시키는 가장 효과적인 방법은 자신이 주장하는 생각 문장을 먼저 쓴 후 그렇게 생각한 이유를 사실 문장으로 표현하는 것이에요.

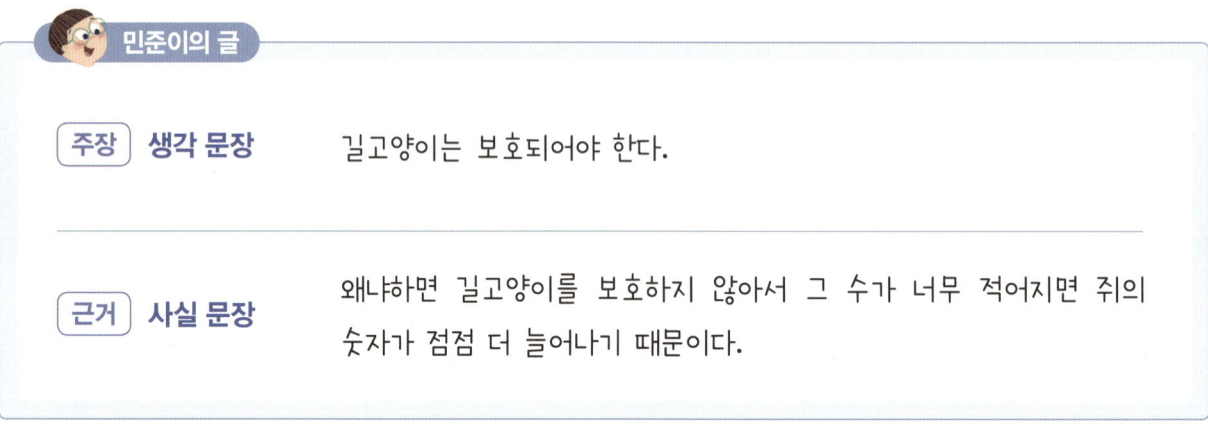

민준이의 글

| 주장 생각 문장 | 길고양이는 보호되어야 한다. |
| 근거 사실 문장 | 왜냐하면 길고양이를 보호하지 않아서 그 수가 너무 적어지면 쥐의 숫자가 점점 더 늘어나기 때문이다. |

나의 글

| 주장 생각 문장 | |
| 근거 사실 문장 | |

2 근거 자료 찾기

상대방을 설득시키기 위해서는 무엇보다 제대로 된 근거가 필요해요. 근거는 나의 경험이나 관찰에서 나올 수도 있지만, 통계 자료, 역사적 사실, 신문기사를 활용하면 훨씬 더 설득력이 높아져요.

1 인터넷이나 책에서 뽑은 통계 자료 활용

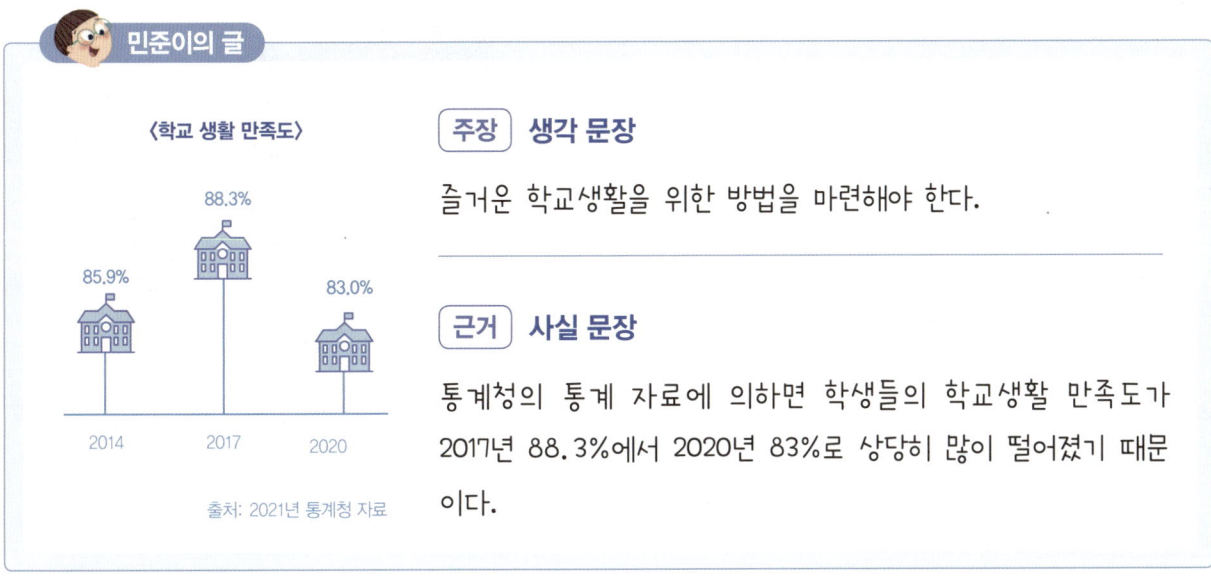

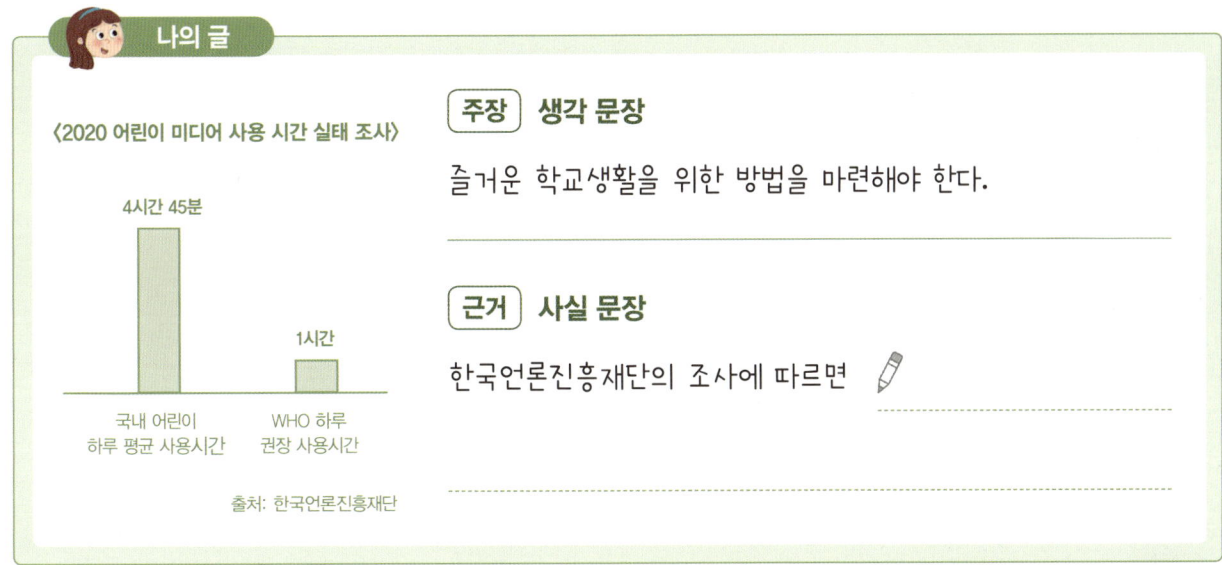

1. 통계 자료를 활용할 때는 통계 이름, 출처, 조사연도를 꼭 밝혀야 해요.
2. 노트나 수첩을 마련해 관심 있는 내용의 자료를 정리해 두고 활용하면 좋아요.

2 신문기사의 활용

"2020년생은 1960년생보다 폭염을 7배나 많이 겪을 것으로 예상"

2020년에 태어난 아이들은 60년 전 태어난 세대보다 평생 훨씬 많은 이상기후를 겪을 것이라는 분석이 나왔다.

스위스 취리히공대와 벨기에 브뤼셀자유대학 등 국제 공동연구팀은 연령대별로 극한 기후를 겪는 정도를 비교하는 연구를 처음 시도하여, 기후위기가 빚어내는 세대 간 불평등이 심각하다는 사실을 조명해냈다

고 밝혔다. 연구팀 논문은 유명 과학저널 〈사이언스〉지에 실리기도 하였다.

연구팀 분석으로는, 가령 2020년에 태어난 아이들은 현재 각 국가들이 제시한 온실가스 감축목표(NDC)를 달성한다 하더라도 평균적으로 일생 동안 30번의 심한 폭염을 겪을 것으로 추정됐다. 이는 1960년에 태어난 세대가 평생 겪는 폭염의 7배 수준이다.

 민준이의 글

주장 생각 문장	★ 자신이 주장하는 내용은 무엇인가요? 지구 온난화 문제가 날이 갈수록 심각해지고 있다. 세계 각국은 지구가 앓고 있는 지구 온난화 문제에 더욱 적극적으로 나서야 한다.
근거 사실 문장	★ 지구 온난화 문제가 심각한 이유는 무엇인가요? 얼마 전 어느 신문 기사에서 2020년에 태어난 아이들은 60년 전 태어난 사람들보다 평생 동안 훨씬 많은 이상 기후를 겪게 될 것이라고 한다. 이 내용은 〈사이언스〉지에도 실렸는데 내용을 보면 2020년에 태어난 아이들이 1960년에 태어난 사람들보다 7배나 많은 심한 폭염을 경험하게 될 것이라고 한다.

아동 청소년의 비만율, 10년 동안 약 6% 높아져

우리나라 아동·청소년의 비만율은 11.6%(2007년)에서 17.3%(2017년)로 점점 그 비율이 높아지고 있다. 소아 비만이 성인 비만으로 이어질 확률은 60%에서 80%에 이른다. 특히 비만해지면 성장 호르몬이 지방을 태우는 데 집중적으로 쓰여 그만큼 성장이 더뎌진다. 아동과 청소년 비만의 주원인은 편식, 과식, 야식 등 잘못된 식습관과 적은 활동량 탓에 섭취 에너지가 소모 에너지보다 많아져서다.

○○대병원 소아청소년과 ○○○ 교수는 "인스턴트 음식과 튀김, 당류를 피하고 통곡을 많이 섞은 잡곡밥과 신선한 과일이나 채소를 먹는 것만으로도 큰 도움이 된다"며 "여기에 연령에 맞는 신체 활동과 운동이 추가돼야 한다"고 말했다.

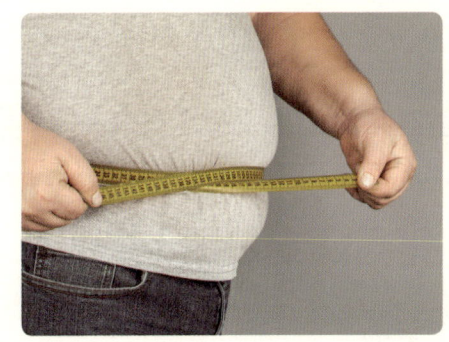

나의 글

주장 / 생각 문장

★ 자신이 주장하는 내용은 무엇인가요?

우리나라 아동과 청소년의 비만율이 점점 높아지고 있다. 우리는 비만해지지 않도록 평소에 꾸준한 건강관리가 필요하다.

근거 / 사실 문장

★ 비만의 문제점은 무엇인가요?

★ 비만을 해결하기 위한 대책은 무엇인가요?

논설문을 따라 써 봐요! ❶

7주 차 3일
33

1단계 주제를 정하는 방법을 알아봐요

자신의 주장이라 해서 남들이 이해하지 못하는 주제를 선정한다면 설득력이 약해지겠죠? 아래의 내용을 참조하여 논설문에 어울리는 주제를 정해 보세요.

1 상대를 설득할 수 있을 만한 내용이어야 해요.

주장을 펼치는 글이라고 해서 무조건 우기는 글이 되어서는 안 돼요.

★ 납득할 만한 주장을 하는 친구에게 ○ 하세요.

| 게임을 많이 하면 머리가 좋아져요.  | 책을 많이 읽으면 상상력이 풍부해져요.  |

2 또래 친구들도 잘 알고 있는 내용이 좋아요.

이해하기 어려운 내용보다는 친구들도 쉽게 이해할 수 있는 주제를 골라요.

★ 나와 친구들이 잘 알 만한 내용을 말하는 친구에게 ○ 하세요.

| 스콜라철학의 의미와 사상가들  | 독서의 필요성  |

3 막연한 주제보다는 자신의 생활과 가까운 주제를 선택하는 것이 좋아요.

쓰고자 하는 주제의 범위가 넓을수록 글의 초점이 흐려질 수 있어요. 따라서 주제의 범위를 나의 일상생활과 관련이 있는 정도로 좁혀 보세요.

★ 좀 더 적절한 논설문의 주제를 말하는 친구에게 ○ 하세요.

| 행복이란 무엇인가?  | 저축을 열심히 하자!  |

2단계 주제를 정해요

자신이 주장하고자 하는 내용의 중심 생각을 떠올려 보세요.

민준이의 글

★ 무엇에 대해 주장할 건가요?   보호받지 못하는 길고양이들에 대한 대책이 필요하다.

★ 근거는 어떻게 마련했나요?   인터넷에서 신문기사 검색

나의 글

★ 무엇에 대해 주장할 건가요?

★ 근거는 어떻게 마련했나요?

3단계 제목을 정해요

쓰고 싶은 주제를 정했다면 다음으로는 그에 어울리는 제목을 붙여 보아야 합니다. 논설문의 제목은 주장하는 바를 확실히 알 수 있게 정하는 편이 좋아요.

민준이의 글

★ 제목을 떠올려 보세요.   길고양이를 보호하자!

나의 글

★ 제목을 떠올려 보세요.

4단계 생각 지도를 그려요

주제와 제목을 정했다면 그 다음으로는 앞에서 배운 내용을 바탕으로 쓰고자 하는 내용의 생각 지도를 그려 봐요.

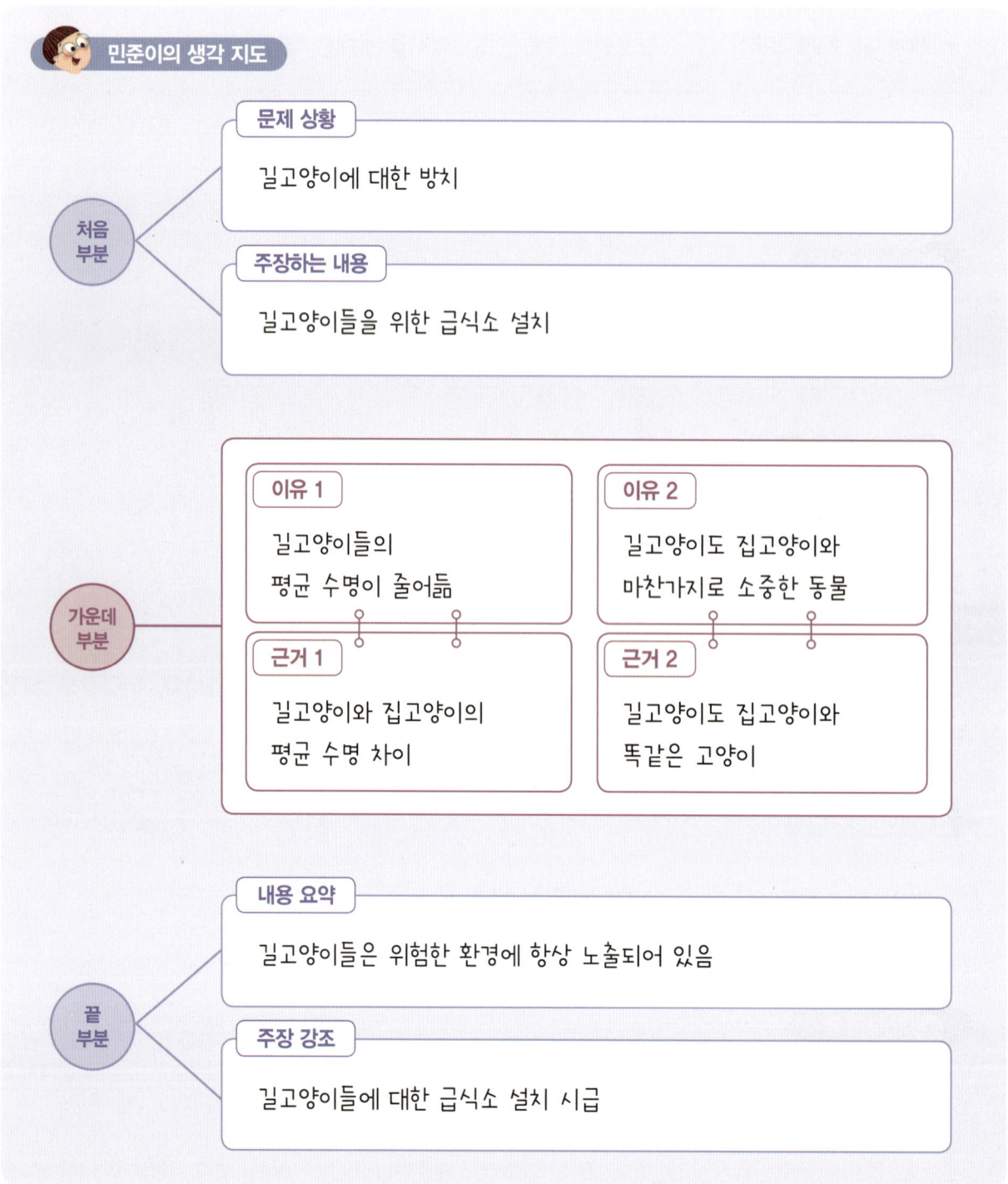

공부한 날 ⬤ 월 ⬤ 일

문제 상황 – 자신의 주장 – 이유와 근거 – 주장 강조의 흐름으로 생각을 정리해 봐요.

나의 생각 지도

처음 부분
- 문제 상황
- 주장하는 내용

가운데 부분
- 이유 1
- 이유 2
- 근거 1
- 근거 2

끝 부분
- 내용 요약
- 주장 강조

33 논설문을 따라 써 봐요! ❶ 145

34 논설문을 따라 써 봐요! ❷

7주 차 4일

그럼 지금부터 처음 부분, 가운데 부분, 끝 부분으로 나누어 직접 논설문을 써 봐요.

5단계 처음 부분을 써요

> ✿ 자신이 생각하는 문제 상황이 무엇인지 밝혀요.
> ✿ 문제 상황에 대한 자신의 해결책을 주장해요.

민준이의 글

★ 문제라고 여기는 상황이 무엇인가요?

우리는 가끔 동네를 돌아다니는 길고양이를 볼 때가 있다. 길고양이들은 먹을 것을 구하기가 어려워 종종 음식물 쓰레기통을 뒤지곤 한다.

★ 주장하는 내용이 무엇인가요?

배고프고 불쌍한 길고양이들을 위해 동네마다 길고양이를 위한 급식소가 있어야 한다.

나의 글

★ 문제라고 여기는 상황이 무엇인가요?

★ 주장하는 내용이 무엇인가요?

6단계 가운데 부분을 써요

☆ 자신의 주장을 뒷받침하는 이유와 근거를 제시해요.

 민준이의 글

★ 첫 번째 이유와 근거는 무엇인가요?

일정한 거처가 없는 길고양이들은 집고양이들에 비해 평균 수명이 훨씬 짧다. 자료에 의하면 집에서 생활하는 집고양이들의 평균 수명은 2021년 현재 약 15~20년에 이른다고 한다. 이에 반해 길고양이들의 수명은 평균 3~4년 정도로, 집고양이 수명의 절반에도 미치지 못한다. 그 이유는 주로 음식을 충분히 먹지 못하고 길이나 쓰레기통에 버려진 상한 음식을 먹어서일 것이다.

★ 두 번째 이유와 근거는 무엇인가요?

또한 우리는 집에서 기르는 개나 고양이를 자신의 가족처럼 소중히 여긴다. 하지만 길고양이 역시 우리와 함께 살아가는 소중한 생명체이다. 왜냐하면 길고양이도 집고양이와 똑같은 고양이기 때문이다. 길고양이에게 급식소를 마련해 주면 쓰레기통을 뒤지지 않아 거리가 지저분해지지 않고 길고양이의 수명도 늘어나는 효과를 볼 수 있다.

나의 글

★ 첫 번째 이유와 근거는 무엇인가요?

★ 두 번째 이유와 근거는 무엇인가요?

주장에 대한 근거나 사례를 꼭 여러 개 보여줄 필요는 없어요. 분량과 상관없이 상대방을 설득할 수 있는 내용이면 충분해요.

7단계 끝 부분을 써요

☆ 처음 부분에서 주장한 내용을 간단히 요약해요.
☆ 자신의 주장을 다시 한 번 강하게 강조해요.

민준이의 글

★ 주장의 요약 내용은 무엇인가요?

길고양이의 수명을 늘리고, 꾸준히 먹이를 줄 수 있는 급식소 운영이 필요하다.

★ 다시 한 번 주장하려는 내용은 무엇인가요?

그래서 하루속히 길고양이를 위한 급식소를 동네마다 만들어야 한다.

나의 글

★ 주장의 요약 내용은 무엇인가요?

★ 다시 한 번 주장하려는 내용은 무엇인가요?

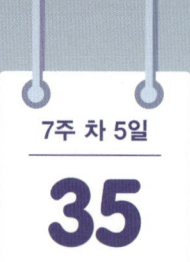

도전! 스스로 논설문을 써요!

7주 차 5일 · 35

이제 앞에서 배운 내용을 바탕으로 나의 생각 지도를 만든 후, 나의 글을 써 보세요.

나의 생각 지도

처음 부분
- 문제 상황
- 주장하는 내용

가운데 부분
- 이유 1
- 이유 2
- 근거 1
- 근거 2

끝 부분
- 내용 요약
- 주장 강조

나의 글

제목

처음 부분
- ★ 문제라고 여기는 상황이 무엇인가요?
- ★ 주장하는 내용이 무엇인가요?

가운데 부분
- ★ 주장에 대한 이유와 근거는 무엇인가요?

끝 부분
- ★ 주장의 요약 내용은 무엇인가요?
- ★ 다시 한 번 주장하려는 내용은 무엇인가요?

8장

상상의 나래를 펼쳐요

상상문

푸른 하늘 위에 떠있는 구름을 보고 동물의 모양 같다고 느낀 적이 있나요? 옷에 묻은 얼룩이 사람 얼굴처럼 보인 적은요? 강아지나 고양이를 보면서 자신이 동물이라면 어떨지 상상해 본 일은 있나요? 실제로는 없거나 보이지 않는 걸 머릿속에서 떠올리는 걸 '상상'이라고 해요. 상상은 생각을 하거나 감정을 느끼는 일처럼 인간만이 할 수 있는 놀라운 능력이랍니다. 흔히들 21세기는 상상력의 시대라고 하는데요. 상상의 세계를 쓰는 상상문 쓰기로 글쓰기 실력과 상상력을 함께 키워 보세요.

36　8주 차 1일 : 상상문에 대해 알아봐요!
37　8주 차 2일 : 상상문에 필요한 기법을 익혀요!
38　8주 차 3일 : 상상문을 따라 써 봐요! ❶
39　8주 차 4일 : 상상문을 따라 써 봐요! ❷
40　8주 차 5일 : 도전! 스스로 상상문을 써요!

36 상상문에 대해 알아봐요!

8주 차 1일

1 상상문이란 무엇일까요?

'상상문'은 실제로는 없는 이야기를 상상해서 쓴 글이에요. 현실에는 없지만 있을 법한 이야기를 쓰거나, 있을 법하지 않은 이야기를 쓴 것 모두 상상문이라고 할 수 있어요.

> 상상문은 실제로는 일어나지 않았거나 일어날 수 없는,
> 상상의 세계에서만 일어나는 일에 대해 쓴 글이에요.

★ 아래 친구들이 무엇을 상상해서 말한 것인지 선을 그어 보세요.

안녕? 나는 수민이의 양말이야. 오늘도 나를 뒤집어 놓았지 뭐야. 그럴 때마다 진짜 내 속도 뒤집힌다니까.

•   • 공상과학의 세계를 상상

오늘도 드론택시를 타고 병원으로 출근했다. 나는 의사인데 요즘 수술은 거의 대부분 로봇에게 맡기고 있다.

•   • 물건을 사람이라고 상상

화성에 도착한 지구인들은 서로 땅을 차지하기 위해 다툼을 벌였다. 화성은 이제 그들의 고향이 되었다.

•   • 20년 후 나의 미래를 상상

2 상상문은 어떻게 써야 하나요?

1 배경, 인물, 사건을 상상해요.

동화, 소설, 드라마, 영화, 연극 등 우리가 흔히 접하는 이야기는 모두 사람의 상상력에서 시작되었어요. 이들 이야기에서 빠지지 않는 것은 무엇일까요? 바로 배경, 인물, 사건이에요. 바꿔 말하면 모든 이야기에는 배경, 인물, 사건이 있다는 의미이지요.

> 예 전래동화 〈해와 달이 된 오누이〉
>
> | 배경 | 옛날 옛적 호랑이가 담배 피우던 시절 |
> | 인물 | 사이좋은 오누이 |
> | 사건 | 호랑이가 쫓아옴 |

2 인물이 사건을 해결하는 과정을 그려요.

여러분이 좋아하는 이야기를 한번 떠올려 볼까요? 전 세계인의 사랑을 받은 〈명탐정 셜록 홈즈〉 시리즈는 탐정인 셜록 홈즈가 사건을 해결하는 이야기로 이루어져 있어요. 셜록 홈즈뿐만 아니에요. 우리가 알고 있는 거의 모든 이야기는 인물이 사건을 해결하는 과정을 보여주는 것이랍니다.

> 예 명작동화 〈왕자와 거지〉
>
> | 사건 | 거지인 톰이 왕자인 에드워드를 만나 서로 옷을 바꿔 입는다. |
> | 해결 방법 | 거지 취급을 받던 에드워드 왕자가 고생 끝에 왕위 대관식에 도착해 자신이 왕이라고 소리를 지른다. |

위에서 소개된 〈해와 달이 된 오누이〉와 〈왕자와 거지〉의 책을 찾아 읽어 보세요.

3 상상문은 어떻게 구성하나요?

1 전체 구성

상상문을 쓸 때 가장 참고할 만한 것은 바로 동화책이에요. 동화책은 실제 일어난 이야기를 바탕으로 쓴 책을 제외하고는 모두 작가의 상상에서 비롯된 이야기라고 할 수 있어요.
동화나 상상문도 어떤 이야기를 묘사하고 있기 때문에 '발단 – 전개 – 절정 – 결말'의 방식을 이용해요.

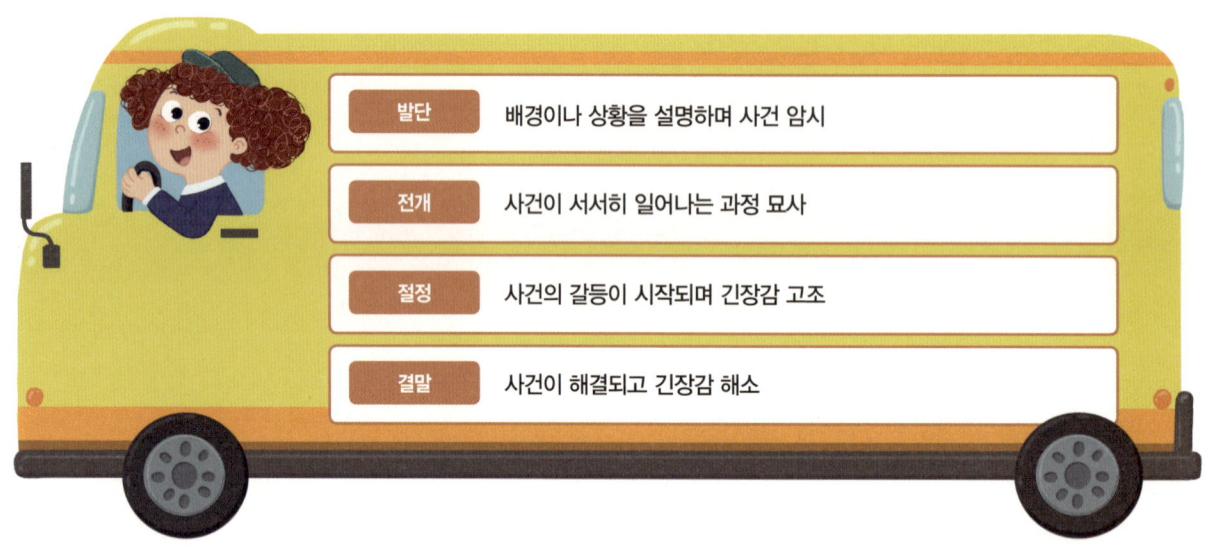

- 발단: 배경이나 상황을 설명하며 사건 암시
- 전개: 사건이 서서히 일어나는 과정 묘사
- 절정: 사건의 갈등이 시작되며 긴장감 고조
- 결말: 사건이 해결되고 긴장감 해소

★ 다음 글이 상상문의 어느 부분에 들어가면 좋을지 선을 그어 보세요.

외계생명체들은 막강한 무기를 앞세워 지구를 공격하기 시작했다.	•	•	발단
평화롭던 지구에 외계생명체의 우주선이 몰려들었다.	•	•	전개
마침내 외계생명체들은 떠나고 지구에 다시 평화가 찾아왔다.	•	•	절정
지구의 로봇 경찰들과 외계생명체들은 치열한 전투를 벌였다.	•	•	결말

2 상상문의 예시글

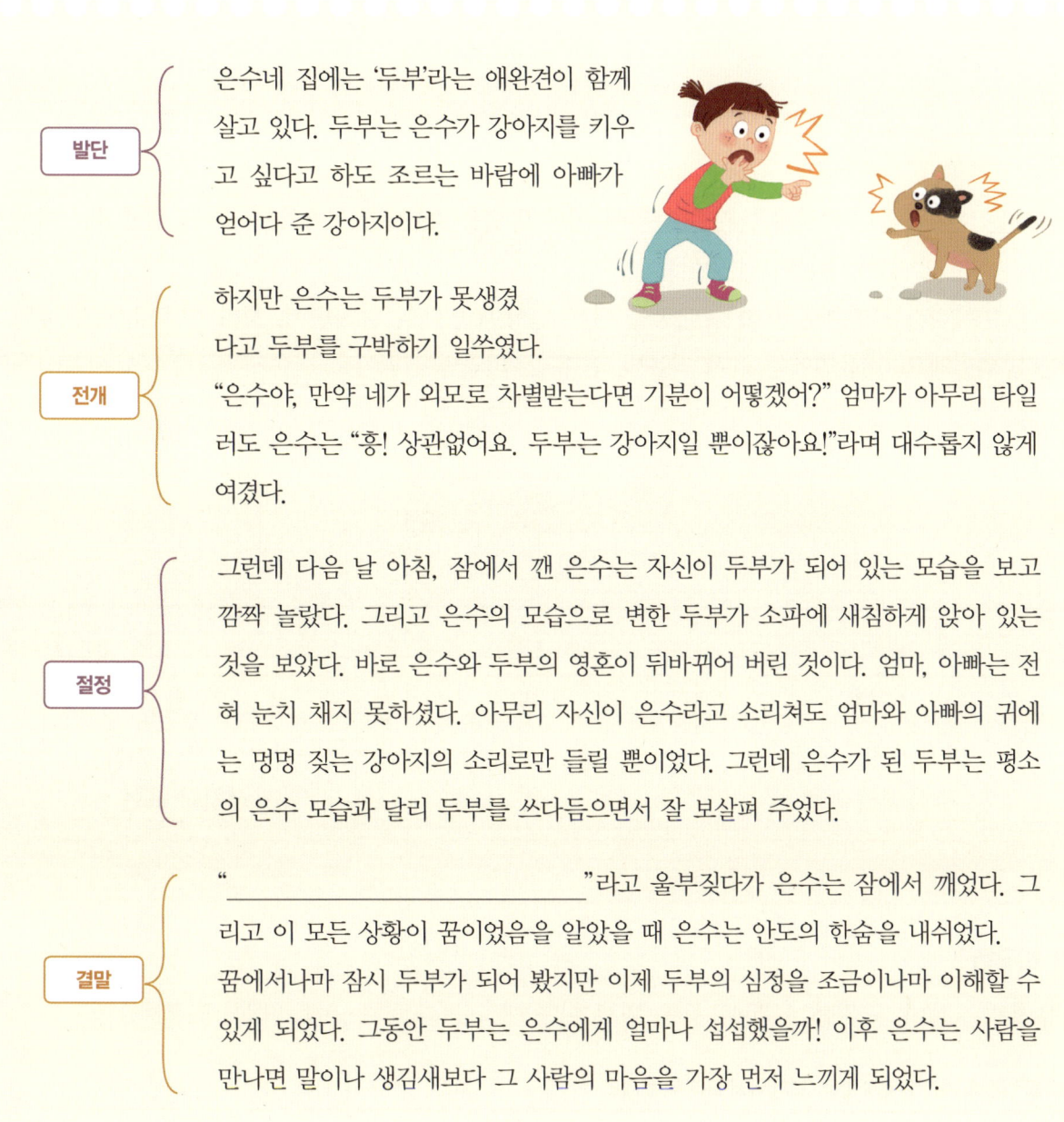

발단 〔 은수네 집에는 '두부'라는 애완견이 함께 살고 있다. 두부는 은수가 강아지를 키우고 싶다고 하도 조르는 바람에 아빠가 얻어다 준 강아지이다.

전개 〔 하지만 은수는 두부가 못생겼다고 두부를 구박하기 일쑤였다.
"은수야, 만약 네가 외모로 차별받는다면 기분이 어떻겠어?" 엄마가 아무리 타일러도 은수는 "흥! 상관없어요. 두부는 강아지일 뿐이잖아요!"라며 대수롭지 않게 여겼다.

절정 〔 그런데 다음 날 아침, 잠에서 깬 은수는 자신이 두부가 되어 있는 모습을 보고 깜짝 놀랐다. 그리고 은수의 모습으로 변한 두부가 소파에 새침하게 앉아 있는 것을 보았다. 바로 은수와 두부의 영혼이 뒤바뀌어 버린 것이다. 엄마, 아빠는 전혀 눈치 채지 못하셨다. 아무리 자신이 은수라고 소리쳐도 엄마와 아빠의 귀에는 멍멍 짖는 강아지의 소리로만 들릴 뿐이었다. 그런데 은수가 된 두부는 평소의 은수 모습과 달리 두부를 쓰다듬으면서 잘 보살펴 주었다.

결말 〔 "_____"라고 울부짖다가 은수는 잠에서 깨었다. 그리고 이 모든 상황이 꿈이었음을 알았을 때 은수는 안도의 한숨을 내쉬었다. 꿈에서나마 잠시 두부가 되어 봤지만 이제 두부의 심정을 조금이나마 이해할 수 있게 되었다. 그동안 두부는 은수에게 얼마나 섭섭했을까! 이후 은수는 사람을 만나면 말이나 생김새보다 그 사람의 마음을 가장 먼저 느끼게 되었다.

❶ 윗글의 제목으로 가장 어울리는 것을 고르세요.

① 두부의 변신　　② 맛있는 두부　　③ 두부가 된 은수

❷ 자신이 강아지로 바뀐 은수였다면 밑줄 친 곳에 어떤 말을 했을지 상상해보고 자유롭게 쓰세요.

37 상상문에 필요한 기법을 익혀요!

8주 차 2일

1 빗대어 확 와 닿게

여러분은 이야기를 재미있게 들려주기 위해 어떤 방법을 쓰나요? 이야기를 좀 더 생생하고 재미있게 들려주는 방법에는 비유법이 있어요.

비유법은 우리가 표현하려고 하는 대상을 다른 대상에 빗대어 말하면서, 보다 실감나게 와 닿도록 하는 방법이에요. 비유법에는 크게 직유법, 은유법, 의인법이 있어요.

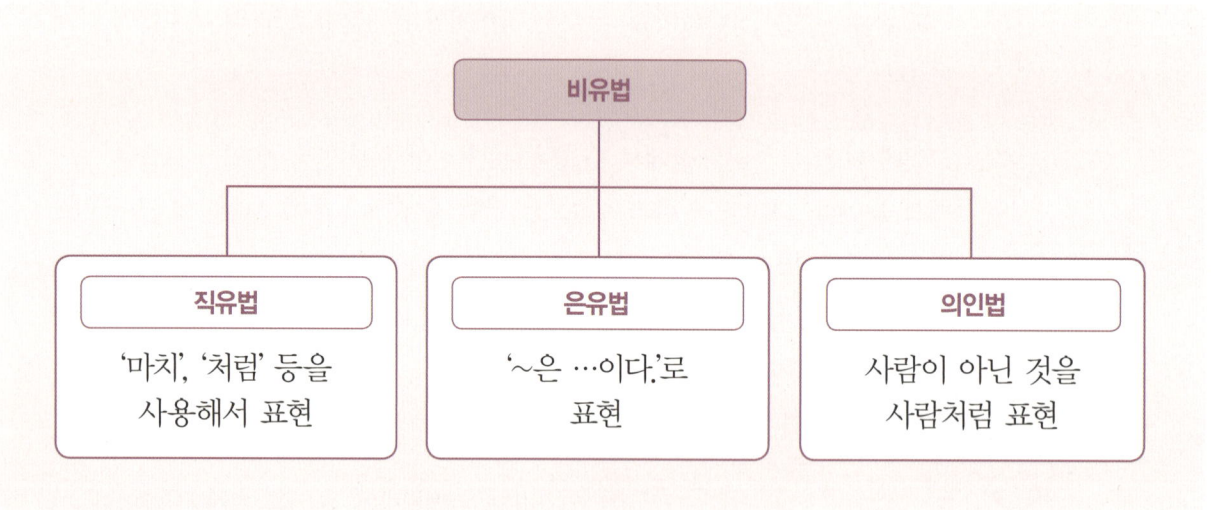

1 직유법

직유법은 '~같이', '~처럼', '~듯이' 등을 써서 어떤 대상을 다른 대상에 빗대어 표현해요.

★ 다음 빈칸에 가장 알맞은 말을 〈보기〉에서 골라 써 보세요.

| 보기 | 집어삼킬 듯이   솜뭉치처럼   화살처럼 |

① _____ 보송보송한 구름을 이불 삼아 덮고 싶다.

② 시간이 _____ 빨리 지나간다.

③ 배고픈 형이 밥그릇을 _____ 허겁지겁 먹는다.

2 은유법

은유법은 어떤 대상을 다른 대상에 빗대어 표현하는 방법이에요. '시간은 금이다.'라고 할 때처럼 '~은 …이다.'라고 표현할 수 있어요.

★ 다음 대상을 빗대어 표현할 때 가장 어울리는 또 다른 대상을 찾아 선을 그어 보세요.

너의 눈은	•	•	모두의 고향이다.
아이들은	•	•	투명한 호수다.
자연은	•	•	세상의 소금이다.

3 의인법

동식물, 사물, 자연처럼 사람이 아닌 것을 사람처럼 표현하는 방법을 의인법이라고 해요.

★ 다음 중 의인법을 써서 표현한 문장에 ○ 하세요.

- 강물이 오랜 세월 변치 않고 흘렀다.
- 저 강물은 말도 없이 오천 년을 흘렀네.
- 산할아버지 구름 모자 썼네.
- 산꼭대기에 구름이 걸린 모습이 한 폭의 그림 같다.
- 밤새 벌레 우는 소리가 시끄럽게 들렸다.
- 밤새워 우는 벌레는 자기가 부끄러운 모양이다.

2 흉내 내어 생생하게

엄마가 싱크대 안에 숨겨 놓은 바삭바삭한 과자를 살금살금 다가가 몰래 아그작아그작 씹어 먹어 본 적 있나요? 어쩐지 생각만 해도 침이 꼴깍 넘어가죠?

상상문은 실제로 일어나지 않은 이야기, 있을 법하지 않은 이야기를 쓰는데요. 그런 만큼 흉내 내는 말을 활용해 눈앞에 그려지듯 생생하게 써 보세요. 글을 읽는 재미가 두 배로 커질 테니까요.

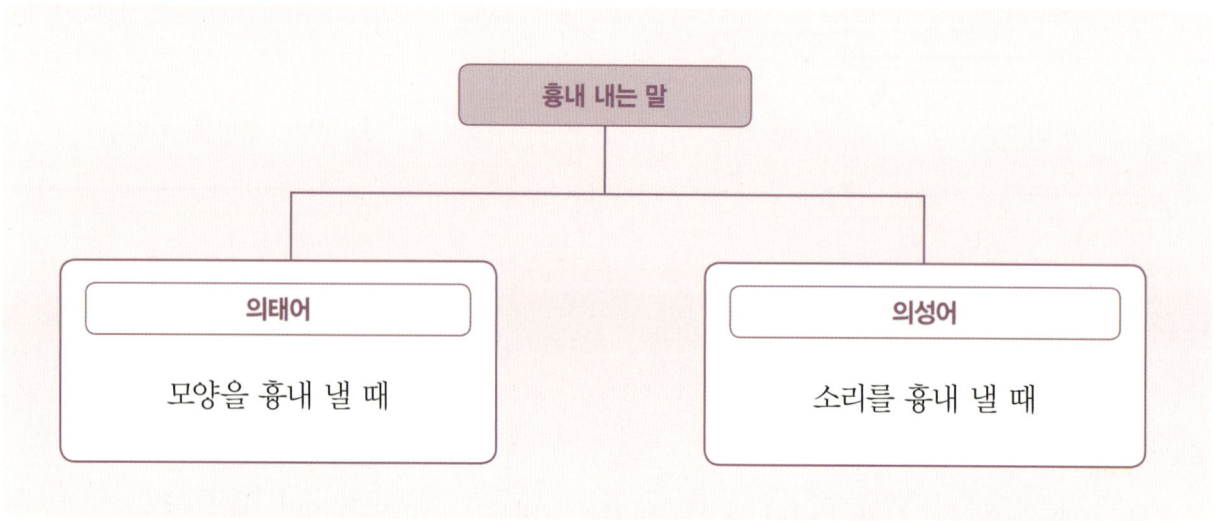

1 의태어

모양을 흉내 내는 말을 의태어라고 해요.

★ 다음 빈칸에 가장 알맞은 의태어를 〈보기〉에서 골라 써 보세요.

| 보기 | 깍둑깍둑   그렁그렁   뉘엿뉘엿   굼지럭굼지럭 |

① 애벌레가 _____ 기어간다.

② 엄마에게 혼이 난 동생의 눈에 눈물이 _____ 맺혀 있다.

③ 할머니는 깍두기를 담그기 위해 무를 _____ 썰었다.

④ 어느새 해가 산 너머로 _____ 지고 있다.

2 의성어

소리를 흉내 내는 말을 의성어라고 해요.

★ 다음 빈칸에 가장 알맞은 의성어를 〈보기〉에서 골라 써 보세요.

| 보기 | 퐁당퐁당   후드득   타닥타닥 |

① 갑자기 하늘이 어두워지더니 빗방울이 _____ 떨어진다.
② 찬율이가 개울가에 _____ 조약돌을 던진다.
③ 벽난로에 넣은 나무 장작이 _____ 타고 있다.

★ 다음 상상문에 들어갈 의태어, 의성어를 〈보기〉에서 골라 써 보세요.

| 보기 | 우물우물   겅중겅중   우락부락   개굴개굴   폴짝폴짝 |

어느 작은 개울가에 검은 점박이 개구리 한 마리가 살았어. 그 개구리는 유난히 목청이 커서 울기만 해도 근처에 있던 새들이 깜짝 놀라 날아가 버리지 뭐니.
게다가 친구들도 검은 점박이 개구리의 소리가 시끄럽다며 "넌 목청만 크면 다니?"하고 면박을 주기 일쑤였지.
어느 날인가부터 개구리는 입만 _____ 할 뿐 울지 않으려 애썼어.
분명히 _____ 뛰어다니는 개구리지만 울지는 않았던 거야.
하루는 개구리네 동네에 몸집이 크고 _____ 하게 생긴 황소개구리가 나타났어.
모두들 겁에 질려 피해 다녔지. 그때 검은 점박이 개구리가 목청껏 _____ 울었더니 황소개구리가 깜짝 놀라 _____ 뛰며 도망갔다네.
그 후로 검은 점박이 개구리를 놀리는 개구리는 아무도 없었대.

38 상상문을 따라 써 봐요! ❶

8주 차 3일

1단계 주제를 정해요

다른 글의 종류와 마찬가지로 상상문도 주제를 먼저 정해야 해요.

1 사물을 사람처럼 상상하기

사람이 아니지만 사람처럼 생각하고, 말하고, 행동한다고 상상하는 것을 '의인화'라고 해요.

강아지똥이 생각하고 말한다면?

★ 지금부터 딱 한 시간 동안 변할 수 있다면 무엇으로 변하고 싶은가요? 그 이유는 무엇인가요?

2 공상과학의 세계 상상하기

미래의 모습을 상상하며 그림을 그려 본 적 있나요? 인공지능 로봇, 날아다니는 자동차… 또 무엇이 우리의 삶을 바꿀까요? 미래 사회나 우주 여행과 같은 공상과학의 세계를 상상해서 써 봐요.

우주 전쟁이 일어난다면 무슨 일이 생길까?

★ 상상하는 건 무엇이든 만들어 주는 3D 프린터를 선물 받았다면 가장 먼저 어떤 걸 상상할 건가요? 그 이유는 무엇인가요?

3 사람이 다른 대상으로 변하는 상상하기

만약 하루아침에 벌레가 된다면 어떨까요? 혹은 모든 걸 작게 만드는 레이저에 맞아 개미만한 크기로 작아진다면요? 사람이 아주 작아지거나 아주 커지는 일, 벌레나 동물로 변하거나 투명 인간으로 변하는 상상은 언제 해 봐도 재미있어요.

어느 날 갑자기 벌레가 된다면?

★ 투명 인간이 된다면 어디에 가서 무엇을 하고 싶나요?

4 다른 세상을 만나는 상상하기

최근 새롭게 주목받는 과학 이론인 평행 우주 이론에서 우리가 사는 세계는 하나가 아니라 여러 개라고 해요. 이 이론에 따르면 우주 어디에선가 또 다른 내가 살아가고 있을지도 모른답니다. 또 다른 내가 살아가는 세계는 어떨지, 또는 만약 타임머신을 타고 과거로 갈 수 있다면 어떨지 상상해 보는 건 어떨까요?

과거로 돌아간다면?

★ 여러분이 타임머신을 타고 언제, 어디든 갈 수 있다면 언제, 어디로 가 보고 싶은가요? 그 이유는 무엇인가요?

2단계 생각 지도를 그려요

시간의 흐름에 따라 쓰고자 하는 순서대로 생각 지도를 먼저 그려 봐요.

수빈이의 글

★ 어떤 상상 이야기를 쓰기로 했나요?

주인공이 다른 세상을 만나는 상상 이야기를 써 보기로 했어요.

★ 이야기의 구조를 나눠 볼까요?

발단
- 나는 게임을 좋아하는 초등학교 4학년 학생
- 하루 종일 게임만 하다가 엄마에게 핀잔을 들음

전개
- 늦잠을 자고 일어나 보니 게임 세상에 와 있는 나를 발견
- 레이싱 카를 타고 다른 레이싱 카들과 출발선 앞에 서 있음

절정
- 다른 레이싱 카들과 신나는 경주를 벌임
- 멀미가 찾아옴

결말
- 엄마가 부르는 소리에 잠이 깸
- 오늘 밤 꿈에는 다른 게임 속에 들어가기를 희망

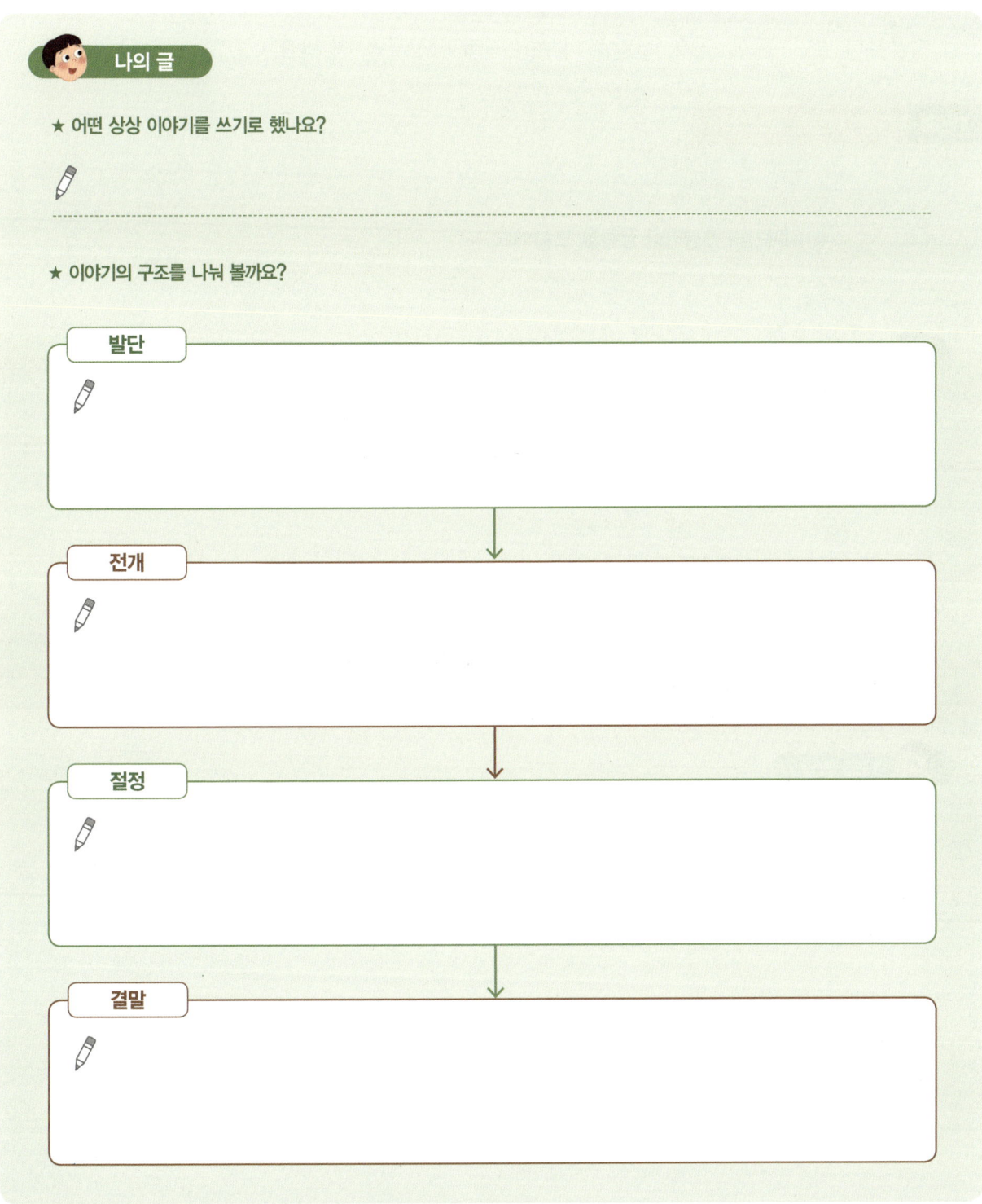

39 상상문을 따라 써 봐요! ❷

8주 차 4일

그럼 지금부터 발단, 전개, 절정, 결말로 나누어 직접 상상문을 써 봐요.

3단계 발단 부분을 구성해요

✿ 이야기의 배경이나 상황을 묘사해요.

수빈이의 발단

나는 초등학교 4학년이다. 게임을 좋아하는 나는 언젠가부터 하루 종일 게임만 하면서 살고 싶다는 생각을 한다. "아예 게임 속에 들어가 살아라, 살아!" 게임을 하느라 정신이 팔린 내게 엄마가 말씀하셨다. '진짜 게임 속에 들어가서 살면 좋겠다…' 나는 엄마의 핀잔을 들으며, 게임기 전원을 껐다.

나의 발단

4단계 전개 부분을 구성해요

☆ 이야기의 내용을 본격적으로 펼쳐요.

수빈이의 전개

다음 날 아침 나는 늦잠을 잤다. 아니, 늦잠을 잔 줄 알았는데 아무도 깨우지 않아서 놀랐다.

'엄마는? 누나는?' 나는 주위를 둘러보고는 깜짝 놀랐다. 내가 진짜 게임 세상에 있었기

때문이다. 정확하게 말하면 레이싱 게임 속이었다. 나는 순식간에 레이싱 카에 태워졌다.

부릉부릉 소리를 내는 차들 사이에 내가 탄 레이싱 카도 출발선 앞에 섰다. "출발!"

출발 신호를 나타내는 깃발이 올라가자 차들이 정신없이 질주하기 시작했다. 내가 탄 레이

싱 카만 멈춰 서 있었다.

나의 전개

5단계 절정 부분을 구성해요

☆ 이야기의 갈등이 되는 내용을 묘사해요.
☆ 이야기의 긴장감을 고조시켜요.

수빈이의 절정

'아, 맞다!'

나는 뒤늦게 가속 페달을 밟으며 앞으로 튀어나갔다. 게임을 워낙 많이 한 덕인지 뒤늦은 출발에도 나는 다른 차들을 쭉쭉 앞서 나갔다. 게임을 할 때와 다른 점이 있다면 레이싱 카 속에서는 속이 뒤집힐 만큼 속도가 빠르게 느껴진다는 점이었다. 속이 울렁거렸다. 멀미가 난 것이다. 그야말로 게임 인생 최대의 위기였다.

나의 절정

6단계 결말 부분을 구성해요

☆ 갈등이 일어났던 사건이 해결돼요.
☆ 사건의 긴장감이 해소돼요.

수빈이의 결말

"시훈아!" 엄마가 부르는 소리에 잠이 깼다.

"조금만 더 빨리 달리면 1등인데!"

아쉬운 듯 말을 내뱉었지만 사실은 다행스러웠다. 머리가 어질어질하고 눈이 침침했던 참이었기 때문이다.

'와, 꿈이지만 정말 흥미진진한 세상이었어!'

나는 오늘 밤에는 다른 게임 속에 들어가 있는 꿈을 꾸고 싶다고 생각했다.

나의 결말

40 도전! 스스로 상상문을 써요!

8주 차 5일

이제 앞에서 배운 내용을 바탕으로 나의 생각 지도를 만든 후, 나의 글을 써 보세요.

나의 생각 지도

발단

전개

절정

결말

초등 글쓰기? 하나도 어렵지 않아요!
무작정 따라하다 보면 자신의 생각대로 3문장이 완성돼요!

주어부터 3문장까지 초등 기초 글쓰기 완벽 훈련!

초등 글쓰기 무작정 따라하기 첫걸음 편
최승한 지음 | 136쪽 | 12,800원
특별 부록 | 글쓰기 훈련집 · 정답 및 참고답안집

주어부터 시작하여 3문장까지
논리적으로 연결할 수 있는 글쓰기 능력을 길러줘요!

1. 주어부터 3문장까지 단계적으로 문장을 구성하는 능력 함양!
주어부터 3문장까지 자신의 생각을 논리적으로 연결하는 훈련을 합니다.

2. 부족한 글쓰기 훈련을 메워 줄 <글쓰기 훈련집> 제공!
본책의 학습이 끝나면 별도의 훈련집으로 기초 글쓰기를 더욱 폭넓게 익힐 수 있습니다.

3. 문장 구성 능력을 풍부하게 만드는 <정답 및 참고 답안집> 제공!
<정답 및 참고 답안집>은 또 하나의 교재! 예시로 수록된 글들을 읽으며 좀 더 창의적이고 상상력이 풍부한 생각들을 다듬을 수 있습니다.

일기부터 상상문까지 초등 갈래별 글쓰기 완벽 훈련!

초등 글쓰기

손상민 지음

무작정 따라하기 〔글의 종류 편〕

글쓰기 훈련집

초등 교과 과정의
8가지 갈래글
완벽 훈련!

어떠한 갈래글도
자신 있게 쓸 수 있는
글쓰기 구성의 정석!

초등학생들이
꼭 알아야 할 갈래글의
정보와 지식 제공!

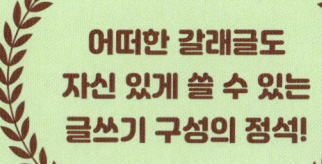

일기부터 상상문까지 초등 갈래별 글쓰기 완벽 훈련!

초등 글쓰기
무작정 따라하기

글의 종류 편

글쓰기 훈련집

길벗스쿨

차례

01 일기에 대해 알아봐요! … 4

02 일기에 필요한 기법을 익혀요! … 5

03 일기를 따라 써 봐요! ❶ … 6

04 일기를 따라 써 봐요! ❷ … 7

05 도전! 스스로 일기를 써요! … 8

06 생활문에 대해 알아봐요! … 9

07 생활문에 필요한 기법을 익혀요! … 10

08 생활문을 따라 써 봐요! ❶ … 11

09 생활문을 따라 써 봐요! ❷ … 12

10 도전! 스스로 생활문을 써요! … 13

11 기행문에 대해 알아봐요! … 14

12 기행문에 필요한 기법을 익혀요! … 15

13 기행문을 따라 써 봐요! ❶ … 16

14 기행문을 따라 써 봐요! ❷ … 17

15 도전! 스스로 기행문을 써요! … 18

16 관찰기록문에 대해 알아봐요! … 19

17 관찰기록문에 필요한 기법을 익혀요! … 20

18 관찰기록문을 따라 써 봐요! ❶ … 21

19 관찰기록문을 따라 써 봐요! ❷ … 22

20 도전! 스스로 관찰기록문을 써요! … 23

이 책은 본책에서 배운 내용에 대한 문제를 풀며 글쓰기를 연습해 보는 교재예요. 영어 교재로 비유하자면 〈WORKBOOK〉의 역할이라고 보면 돼요. 본책의 하루 분량을 다 끝낸 후에는 바로 이어서 이 훈련집을 풀어 보세요. 본책에 수록된 내용들을 훨씬 더 잘 이해하게 될 거예요.

21 독서감상문에 대해 알아봐요!	24
22 독서감상문에 필요한 기법을 익혀요!	25
23 독서감상문을 따라 써 봐요! ❶	26
24 독서감상문을 따라 써 봐요! ❷	27
25 도전! 스스로 독서감상문을 써요!	28
26 설명문에 대해 알아봐요!	29
27 설명문에 필요한 기법을 익혀요!	30
28 설명문을 따라 써 봐요! ❶	31
29 설명문을 따라 써 봐요! ❷	32
30 도전! 스스로 설명문을 써요!	33

31 논설문에 대해 알아봐요!	34
32 논설문에 필요한 기법을 익혀요!	35
33 논설문을 따라 써 봐요! ❶	36
34 논설문을 따라 써 봐요! ❷	37
35 도전! 스스로 논설문을 써요!	38
36 상상문에 대해 알아봐요!	39
37 상상문에 필요한 기법을 익혀요!	40
38 상상문을 따라 써 봐요! ❶	41
39 상상문을 따라 써 봐요! ❷	42
40 도전! 스스로 상상문을 써요!	43

공부한 날   월   일

01 일기에 대해 알아봐요!
1주 차 1일

1 본책을 참고하여 빈칸에 알맞은 말을 써 보세요.

> 일기는 _____ 동안 있었던 일들 중에서 가장 _____에 남는 일에 대해 자신의 _____을 솔직하게 담아 쓰는 글이에요.

2 일기를 쓰는 방법으로 맞는 것에 ○, 틀린 것에 ✕ 하세요.

① 자신의 하루 일과를 빠짐없이 기록해야 해요. (   )
② 하루 중 기억에 남는 일에 대한 자신의 느낌과 생각을 표현해야 해요. (   )
③ 일기는 하루를 다 보낸 뒤 꼭 잠자기 전에 써야 해요. (   )
④ 일기를 쓰기 전에 날짜와 요일, 그리고 날씨를 기록해야 해요. (   )

3 다음 글이 일기의 어느 부분에 들어가면 좋을지 선을 그어 보세요.

엄마는 동생을 울렸다며 나를 엄청   •   • 처음 부분
야단치셨다. 나는 너무 억울했다.

나는 화가 나서 동생의 머리를 때렸고,   •   • 가운데 부분
동생은 이내 울음을 터뜨렸다.

학교에서 집에 돌아와 보니 동생이   •   • 끝 부분
내가 아껴둔 과자를 다 먹어치웠다.

02 일기에 필요한 기법을 익혀요!

1주 차 2일

1 아래 일기에서 사실 문장과 생각 문장에 해당하는 것을 골라 알맞은 칸에 번호를 쓰세요.

> 1 미술학원에 새로운 친구가 왔는데, 누군가하고 봤더니 우리 반의 가현이었다.
> 2 학원에서 우리 반 친구를 만나니 나는 새삼 너무 반가웠다.
> 3 우리는 책상에 나란히 앉아서 그림을 그렸다.
> 4 "너 이거 알아?" 내가 만화 캐릭터를 그려서 보여주자 가현이가 고개를 끄덕였다.
> 5 가현이도 자기가 아는 만화 캐릭터를 그려서 나한테 보여줬다.
> 6 오늘 가현이랑 친해진 것 같아서 기분이 좋았다.
> 7 앞으로 가현이랑 더 친해져서 같이 그림을 더 많이 그렸으면 좋겠다.

사실 문장	생각 문장
1,	2,

2 하루 중 자신이 한 일, 본 일, 들은 일을 한 가지씩 적고, 그 일에 대한 느낌을 자유롭게 써 보세요.

① 한 일　　　　② 본 일　　　　③ 들은 일

↓　　　　↓　　　　↓

〈느낌〉　　〈느낌〉　　〈느낌〉

| 공부한 날 | 월 | 일 |

1주 차 3일
03 일기를 따라 써 봐요! ❶

1 아래의 일들을 실제로 겪었다고 가정하고, 그에 대한 자신의 느낌이 어땠을지 써 보세요.

① 아침부터 비가 세차게 내렸다.
→ _____

② 가끔 천둥과 번개가 치기도 했다.
→ _____

③ 집에 돌아오는 길에 우산을 썼지만 옷이 흠뻑 다 젖었다.
→ _____

2 아래 내용을 보고 무엇에 관한 설명인지 〈보기〉에서 골라 써 보세요.

| 보기 | 제목 붙이기   글감 정하기   나의 하루 돌아보기 |

일기를 막상 쓰려고 하면 뭘 써야 할지 금방 떠오르지 않아. 그럴 때는 하루 중 있었던 일들을 하나씩 떠올려 보면 정하기가 쉬워.	
제목을 먼저 쓰고 내용을 쓰면 하고 싶은 얘기에 집중해서 쓸 수 있어. 반대로 내용을 다 쓰고 제목을 쓰는 것도 좋지. 내용을 쓰고 제목을 붙이면 내용에 가장 어울리는 제목을 붙일 수 있거든.	
하루 동안에도 수많은 일들이 일어나지만, 나에게 어떤 생각이나 느낌을 불러일으킨 일은 쉽게 잊혀지지 않아. 그렇게 가장 기억에 남는 일을 쓰다 보면 나에 대해 더 잘 알 수 있지.	

04 일기를 따라 써 봐요! ❷

1주 차 4일

공부한 날 　월　 　일

1 아래 빈칸에 알맞은 말을 〈보기〉에서 골라 써 보세요.

보기　　　　날씨　　결심　　기억　　언제

날짜, 요일, 날씨	먼저 날짜, 요일 그리고 _____를 써요.
처음 부분	_____, 어디서 일어난 일이며, 어떤 상황이었는지 설명해요.
가운데 부분	_____에 남는 일을 묘사하고 내가 어떻게 했는지 써요.
끝 부분	자신의 생각이나 _____ 등을 밝혀요.

2 성민이가 쓴 일기를 순서에 맞게 배열해 보세요.

(　　) → (　　) → (　　) → (　　) → (　　) → (　　)

가. 나는 할머니를 도와드리길 무척 잘했다는 생각이 들었다.

나. 나는 폐지 줍는 할머니를 보았다.

다. 나는 '할머니를 도와드려야겠다.'고 마음먹고 할머니에게 다가갔다.

라. 할머니는 폐지를 잔뜩 실은 리어카를 끌면서 힘겹게 언덕길을 올라가고 계셨다.

마. 학교 수업을 마치고 집으로 돌아가는 길이었다.

바. 할머니는 고맙다며 웃음을 지으셨고, 나는 뒤에서 힘껏 리어카를 밀었다.

공부한 날   월   일

1주 차 5일
05 도전! 스스로 일기를 써요!

◆ 본책에서 자신이 쓴 글을 다시 한 번 정리하여 써 보세요.

날짜, 요일, 날씨

제목

06 생활문에 대해 알아봐요!

1 본책을 참고하여 빈칸에 알맞은 말을 써 보세요.

> 생활문은 _____에서 보고, 듣고, 겪은 일에 대해 자세하고 _____하게 쓰는 글이에요.

2 생활문을 쓰는 방법으로 맞는 것에 ○, 틀린 것에 × 하세요.

① 생활문은 일상생활 중 있었던 일을 소재로 쓰는 글이에요. ( )
② 이전에 쓴 일기를 보면서 생활문의 글감을 찾아볼 수 있어요. ( )
③ 쉼표나 마침표 없이 문장을 최대한 길게 쓸수록 잘 쓴 글로 보여요. ( )
④ 한 가지 생활문에서 가급적 여러 사건을 한꺼번에 다뤄주면 좋아요. ( )

3 다음 글이 생활문의 어느 부분에 들어가면 좋을지 선을 그어 보세요.

지금도 한 번씩 상장을 볼 때마다 상을 드렸을 때 흐뭇해하시던 엄마의 표정을 잊을 수가 없다. •   • 처음 부분

방학식 날, 3학년 전체 친구들 앞에서 교장선생님으로부터 상장을 받았다. 전교생 중에서 독서 일기를 가장 잘 쓴 학생에게 주는 상이었다. •   • 가운데 부분

상을 받고 집으로 가자마자 엄마에게 보여드렸다. 엄마는 상장을 액자에 넣어 안방 벽에 걸어두셨다. •   • 끝 부분

공부한 날   월   일

2주 차 2일
07 생활문에 필요한 기법을 익혀요!

1 아래 글을 읽고 빈칸을 대화문으로 바꿔 써 보세요.

> 나는 엄마에게 왜 민우에게만 운동화를 사줬냐며 서운함을 나타냈다. 하지만 엄마는 항상 민우가 내 옷과 물건을 물려 입고 써 왔다며 내 항의에 아랑곳하지 않았다.

→ 나는 엄마에게 "＿＿＿＿＿＿＿＿＿＿＿＿＿＿＿＿＿"라고 말하며 서운함을 나타냈다. 하지만 엄마는 "＿＿＿＿＿＿＿＿＿＿＿＿＿＿＿＿＿"라고 하시며 내 항의에 아랑곳하지 않았다.

2 아래 글을 읽고 육하원칙에 맞춰 묘사해 보세요.

> 나는 학교 수업을 마친 후 친구와 놀이터 근처를 지나가다가 다리를 다친 새끼 고양이를 보았다. 다친 고양이를 외면할 수 없어서 나와 친구는 얼른 새끼 고양이를 안고 동물병원으로 향했다.

① 누가 한 일인가요?　＿＿＿＿＿＿＿＿＿＿

② 언제 있었던 일인가요?　＿＿＿＿＿＿＿＿＿＿

③ 어디서 있었던 일인가요?　＿＿＿＿＿＿＿＿＿＿

④ 무엇을 했나요?　＿＿＿＿＿＿＿＿＿＿

⑤ 어떻게 했나요?　＿＿＿＿＿＿＿＿＿＿

⑥ 왜 그렇게 했나요?　＿＿＿＿＿＿＿＿＿＿

08 생활문을 따라 써 봐요! ❶

2주 차 3일

1 아래 글을 읽고 질문에 알맞은 답을 쓰세요.

1. 우리 학교 운동회 때 일어난 일이었다. 어느덧 운동회의 모든 순서가 끝나고, 이어달리기만이 남게 되었다.
2. 나는 청군 소속으로, 총 10명의 주자 중 여섯 번째 주자로 뛰게 되었다.
3. 경기가 시작되었으나, 내 차례가 돌아오기 전까지도 우리는 백군에 약 10미터나 뒤처져 있었다.
4. 드디어 내 차례가 되었고, 나는 상대 주자를 따라잡기 위해 안간힘을 썼다.
5. 그런데 갑자기 백군 주자가 달리다가 그만 넘어지는 게 아닌가.
6. 처음에는 하늘이 나를 도왔다고 생각했으나 한편으로는 백군 주자가 걱정이 되어 뒤를 돌아보았다.
7. 그런데 그 친구는 발목을 다쳤는지 넘어진 상태에서 일어나지 못했다.
8. 나는 잠시 고민하다가 그 친구를 일으켜 준 후에 부축하여 함께 달렸다.
9. 결국 우리는 백군에게 지고 말았고, 나는 우리 팀 친구들로부터 비난을 받았다.
10. 모든 경기가 끝나고 이어서 시상식이 열렸다.
11. 교장 선생님이 차례로 시상을 하셨고, 이제 남은 상은 운동회의 MVP만이 남았다.
12. 그런데 뜻밖에도 교장 선생님은 오늘의 MVP로 내 이름을 부르셨다.
13. 나는 얼떨떨한 표정을 지으며 단상으로 올라가 상을 받았다.
14. 교장 선생님은 앞으로도 오늘처럼 남을 배려하는 마음을 간직하라고 말씀하셨다.
15. 나는 너무 감동해서 끝내 참았던 눈물을 터뜨리고 말았다.

① 윗글의 제목을 상상하여 자유롭게 써 보세요.

----

② 윗글을 처음, 가운데, 끝 부분으로 나누어 각 칸에 알맞은 번호를 써 보세요.

처음 부분: 1~2 → 가운데 부분: → 끝 부분:

09 생활문을 따라 써 봐요! ❷

2주 차 4일

1 아래 빈칸에 알맞은 말을 〈보기〉에서 골라 써 보세요.

| 보기 | 느낀 점   해결   배경 |

처음 부분   사건이 일어나기 전의 _____이나 상황을 설명해요.

가운데 부분 어떤 사건이 일어났는지 구체적으로 묘사해요.

끝 부분   사건이 _____된 후 자신이 _____이 무엇인지 나타내요.

2 정인이가 쓴 생활문을 순서에 맞게 배열해 보세요.

( ) → ( ) → ( ) → ( ) → ( ) → ( )

가. 나는 여름 방학을 맞아 시골에 계신 할머니 댁에 놀러 갔다.

나. 그런데 계곡에서 수영을 하고 있던 남자아이가 허우적대기 시작했다.

다. 날씨가 너무 더워 나는 근처 계곡에 수영을 하러 갔다.

라. 나도 커서 그 대학생 오빠처럼 남이 위급할 때 도와주는 사람이 되어야겠다고 다짐했다.

마. 근처를 지나가던 어떤 대학생 오빠가 곧바로 물에 뛰어들었다.

바. 그 오빠는 남자아이를 안고 서서히 얕은 곳으로 이동했다.

10 도전! 스스로 생활문을 써요!

2주 차 5일

공부한 날   월   일

◆ 본책에서 자신이 쓴 글을 다시 한 번 정리하여 써 보세요.

제목

공부한 날　월　일

기행문에 대해 알아봐요!

1 본책을 참고하여 빈칸에 알맞은 말을 써 보세요.

기행문은 _____을 다녀온 후, 보고, 듣고, 겪은 일들과 그에 대한 나의 느낌이나 _____을 적은 글이에요.

2 기행문을 쓰는 방법으로 맞는 것에 ○, 틀린 것에 ✕ 하세요.

① 시간과 장소를 자세하게 적어요. (　　)
② 여행하며 들른 곳들의 특징을 메모해 두면 좋아요. (　　)
③ 여행했던 과정에 대해 쓰는 글이므로 꼭 과거형으로만 묘사해야 해요. (　　)
④ 직접 경험하지 않고 남이 여행했던 이야기를 듣고 써도 상관없어요. (　　)

3 다음 글이 기행문의 어느 부분에 들어가면 좋을지 선을 그어 보세요.

우리 가족은 임진각과 평화누리공원, 그리고 헤이리문화예술 마을 등을 구경했다.　•　　　•　처음 부분

주말을 맞아 가족과 함께 파주 여행을 다녀왔다.　•　　　•　가운데 부분

모두 다 둘러보지는 못했지만 다음에는 조금 더 천천히 여유 있게 둘러보고 싶다.　•　　　•　끝 부분

12 기행문에 필요한 기법을 익혀요!

3주 차 2일

1 아래 내용을 보고 서로 연관된 것끼리 선을 그어 보세요.

| 부산에 도착해 맨 처음 찾아간 곳은 동래 성이었다. | • | • 견문 |

| 결국 왜군에 의해 함락되었다는 이야기를 듣고 가슴이 먹먹해졌다. | • | • 여정 |

| 이곳은 임진왜란 때 부사 송상현을 중심으로 왜적에 맞서 싸운 곳이라고 한다. | • | • 감상 |

2 다음 안내 표지판에서 발췌한 정보를 읽고 '견문'과 '감상'에 맞게 문장을 바꿔 보세요.

> **정보** 장영실 과학 동산은 조선시대 최고의 과학자였던 장영실 선생의 업적을 기리고, 과학 대한민국의 꿈을 키우기 위해 선생이 만든 해시계 등 고천문의기 19점을 전시하기 위해 2009년 11월 개장하였다.

 견문

 감상

13 기행문을 따라 써 봐요! ❶

3주 차 3일

◆ 아래 기행문을 읽고 질문에 답해 보세요.

우리 가족은 아빠의 휴가를 맞아 경주 여행을 떠나기로 하였다. 경주 여행을 떠나기 전 내 마음은 매우 설레었다.

아빠가 운전하시는 승용차를 타고 경주에 도착해 맨 처음 찾아간 곳은 첨성대였다. 첨성대는 신라시대 하늘을 관측하는 곳이었다고 한다. 9미터 정도 높이로 창문처럼 중간에 문이 뚫려 있다. 아빠 말로는 창문처럼 생긴 곳에 들어가서 관측했을 거라고 한다. 렌즈 같은 것도 달려있지 않는데 그냥 눈으로만 관측했다는 게 믿기지 않았다.

우리는 첨성대를 둘러본 다음 근처 대릉원에 가보았다. 대릉원에는 그 유명한 천마총이 있다.

천마총에서 나와 경주 황리단길의 유명한 맛집에서 점심을 먹었다. 어느새 해가 졌고 우리는 야경이 멋지기로 소문난 동궁과 월지로 갔다. 서서히 조명들이 건물에 빛을 비추기 시작하니 고즈넉했던 건물들이 일제히 화려하게 반짝이기 시작했고, 그 분위기는 너무 환상적이었다.

이튿날 경주 여행의 하이라이트인 불국사와 석굴암까지 돌아본 후 점심 무렵에 우리는 서울로 발길을 돌렸다. 아빠의 약속 때문에 불국사와 석굴암을 충분히 둘러보지 못한 점이 내내 아쉽다. 다음 번 가족 여행 때는 꼭 불국사와 석굴암부터 가보려고 한다.

1 어디를 여행했나요?

2 첨성대는 무엇을 했던 곳인가요?

3 제목은 무엇이 어울릴까요?

14 기행문을 따라 써 봐요! ❷

3주 차 4일

1 아래 빈칸에 알맞은 말을 〈보기〉에서 골라 써 보세요.

보기   느낌   이유   기대   계획

처음 부분	여행을 떠나게 된 _____와 여행에서 _____하는 일을 밝혀요.
가운데 부분	여행하며 차례차례 들른 곳과 그곳에 대한 _____ 등을 묘사해요.
끝 부분	여행을 마친 후 전체적인 소감과 앞으로의 _____ 등을 나타내요.

2 태호가 쓴 기행문을 순서에 맞게 배열해 보세요.

(   ) → (   ) → (   ) → (   )

가. 박물관이 기대했던 것보다 훨씬 커서 놀랐다. 토기와 의복, 보물, 무기 등이 전시되어 있었는데 금관이나 금잔을 보면서 옛날 그대로인 모습이 신기했다.

나. 가족회의를 통해 방학 동안 가 볼 여행지로 경주를 정했다. 엄마, 아빠, 동생과 함께 기차를 타고 경주에 도착한 후, 먼저 국립경주박물관으로 향했다.

다. 다음날에는 석굴암과 불국사에도 가 보았다. 석굴암에 있는 불상의 미소는 오묘하면서도 신기했다. 그리고 불국사는 매우 조용하고 운치가 있는 곳이었다.

라. 1박 2일 일정으로 경주를 모두 돌아볼 수 없어서 아쉬웠다. 내년 방학에도 다시 한 번 경주에 가 보고 싶다.

15 도전! 스스로 기행문을 써요!

3주 차 5일

공부한 날   월   일

◆ 본책에서 자신이 쓴 글을 다시 한 번 정리하여 써 보세요.

제목

16 관찰기록문에 대해 알아봐요!

1 본책을 참고하여 빈칸에 알맞은 말을 써 보세요.

> 관찰기록문은 _____이나 사물, 또는 자연 현상 등을 자세하고 주의 깊게 _____하여 있는 그대로 적은 글이에요.

2 관찰기록문을 쓰는 방법으로 맞는 것에 ○, 틀린 것에 ✕ 하세요.

① 관찰할 내용을 자세히 메모해야 해요. ( )
② 반드시 두 달 이상은 관찰해야 해요. ( )
③ 도표나 사진, 그림 등을 이용할 수 있어요. ( )
④ 자신이 추측한 내용을 기록해도 상관없어요. ( )

3 다음 글이 관찰기록문의 어느 부분에 들어가면 좋을지 선을 그어 보세요.

3일이 지나자 양파 뿌리가 약 1cm, 싹은 2cm가 더 자랐다.
7일이 지나자 양파 뿌리가 약 2cm, 싹은 3cm가 더 자랐다.

• • 처음 부분

시간이 지날수록 싹이 쑥쑥 더 잘 자랐다. 한 달 정도 더 관찰해 보고 얼마나 클 수 있는지 확인해 보려 한다.

• • 가운데 부분

엄마가 싹이 살짝 올라온 양파를 키워보라고 하여 양파 키우기를 시작했다.
1주일 동안 뿌리와 싹이 얼마나 크는지 확인하기로 했다.

• • 끝 부분

관찰기록문에 필요한 기법을 익혀요!

1 아래는 오감을 활용한 관찰법으로 얼음을 관찰한 내용이에요. 잘 보고 서로 연관된 것끼리 선을 그어 보세요.

촉각 •　　　　　　　• 투명하다.

청각 •　　　　　　　• 아무 냄새도 안 난다.

미각 •　　　　　　　• 아무 맛이 없다.

후각 •　　　　　　　• 깨물었을 때 와드득 소리가 난다.

시각 •　　　　　　　• 차갑고 단단하다.

2 아래 내용이 어떤 관찰 방법인지 〈보기〉에서 골라 써 보세요.

보기　　시간별로 관찰　　비교하며 관찰　　분석하며 관찰

| | ▶ 강아지와 고양이의 비교 |

| | ▶ 벼의 성장 과정 |

| | ▶ 논의 특성 |

4주 차 3일 18 관찰기록문을 따라 써 봐요! ❶

1 다음 중 관찰 대상을 정하는 방법으로 알맞은 것을 모두 골라 해당 번호에 ○ 하세요.

① 관찰이 가능한 대상이어야 해요. ② 관찰 범위가 넓으면 넓을수록 좋아요.
③ 대상에 대해 정확하게 설명해야 해요. ④ 관찰 대상이 추상적일수록 좋아요.

2 지연이가 작성한 표를 보고 빈칸에 알맞은 말을 〈보기〉에서 골라 써 보세요.

보기	집, 동네 주변　　분석하며 관찰　　노는 모습　　애완견 뭉치

관찰 대상	
관찰 목적	뭉치의 행동 특성과 습성을 알아보기 위해
관찰 장소		관찰 시간	오후 1시 ~ 오후 4시
관찰 내용		관찰 방법	

3 아래 관찰기록문을 순서대로 나열해 보세요.

(　　) → (　　) → (　　)

가. 이 고양이는 몸길이가 20cm가 넘어 보이고 수염도 꽤 길었다. 밤에 다시 나와 그 고양이에게 다가가자 눈의 동공이 세로로 변하며 빛을 내뿜어 약간 무섭게 느껴졌다.

나. 고양이는 평소에는 조심스럽고 귀엽게 행동하지만 위협을 느끼면 야생 본능을 드러내는 것 같다. 기회가 되면 귀여운 반려묘를 입양하여 길러 보고 싶다.

다. 우리 아파트 단지에는 며칠 전부터 아주 예쁜 길고양이가 돌아다닌다. 나는 평소에 눈여겨보던 이 길고양이가 너무 귀여워 자세히 관찰해 보기로 했다.

19 관찰기록문을 따라 써 봐요! ❷

4주 차 4일

공부한 날   월   일

1 아래 빈칸에 알맞은 말을 〈보기〉에서 골라 써 보세요.

보기   관찰 후 소감   관찰한 내용   관찰 대상   관찰 방법

처음 부분	_____과 관찰 이유, 그리고 _____을 소개해요.
가운데 부분	_____을 설명해요.
끝 부분	_____과 앞으로의 계획 등을 밝혀요.

2 지연이가 쓴 〈애완견 뭉치〉에 대한 관찰기록문을 순서에 맞게 배열해 보세요.

(   ) → (   ) → (   ) → (   ) → (   ) → (   )

가. 뭉치는 생각했던 것보다 더 호기심이 많고 에너지가 넘치는 강아지이다.

나. 산책을 하면서 관찰한 뭉치의 행동은 이랬다. 먼저 집 앞 작은 공원으로 가는 길에 보이는 쓰레기더미에 코를 킁킁댔다.

다. 나는 우리 집 애완견 뭉치를 관찰해 보았다.

라. 또 맞은편에서 대형견 시베리안허스키가 다가오자 "왕왕" 짖었는데, 시베리안허스키의 "컹컹"하고 짖는 소리에 놀라 도망을 치기도 했다.

마. 앞으로는 매일 빠지지 않고 산책을 시켜 주고 놀아 주어야겠다고 생각했다.

바. 집에 돌아온 다음에는 터그 놀이를 해주었다. 20분 정도 터그 놀이까지 해주니 그제야 살짝 졸린 눈을 하고 자기가 좋아하는 방석 위에 올라가 앉아서 쉬었다.

20 도전! 스스로 관찰기록문을 써요!

4주 차 5일

공부한 날   월   일

◆ 본책에서 자신이 쓴 글을 다시 한 번 정리하여 써 보세요.

제목

5주 차 1일 - 21. 독서감상문에 대해 알아봐요!

1 본책을 참고하여 빈칸에 알맞은 말을 써 보세요.

독서감상문은 _____을 읽은 후 자신의 _____이나 생각을 적은 글이에요.

2 독서감상문을 쓰는 방법으로 맞는 것에 ○, 틀린 것에 × 하세요.

① 자신의 수준에 맞는 책을 골라야 해요. ( )
② 책을 고를 때는 겉표지나 디자인이 괜찮은 책을 우선적으로 골라야 해요. ( )
③ 독서감상문은 줄거리를 잘 요약하는 과정이 가장 중요해요. ( )
④ 읽은 책을 통해 자신이 느끼고 생각한 점을 잘 표현해야 해요. ( )

3 다음 글이 독서감상문의 어느 부분에 들어가면 좋을지 선을 그어 보세요.

앤은 화를 무척 잘 내는 소녀이다.
하지만 밉지는 않다. 오히려 시간이 지날수록
솔직한 앤의 태도가 좋아서 친구가 되고 싶다.   •   • 처음 부분

책장을 덮으며 나도 앤처럼 매 순간을
솔직하고 즐겁게 보내야겠다고 생각했다.   •   • 가운데 부분

내 친구 성희가 재미있다고 추천해 준
〈빨강머리 앤〉을 드디어 읽어 보았다.
이 책은 상상력이 풍부하고 수다쟁이인 앤이   •   • 끝 부분
한 가정에 입양되면서 벌어지는 이야기이다.

22 독서감상문에 필요한 기법을 익혀요!

5주 차 2일

1 아래 이야기를 읽고 빈칸에 알맞은 말을 〈보기〉에서 골라 써 보세요.

> 옛날 중국 북쪽 변방의 어느 마을에 한 할아버지가 살고 있었어요. 할아버지는 말을 한 마리 키웠는데 어느 날 말이 도망가 버렸어요. 마을 사람들은 할아버지를 위로해 주었지만 오히려 할아버지는 담담하게 평소와 똑같이 잘 지냈어요.
> 그런데 며칠 후 할아버지의 말이 야생마 한 무리를 데리고 집에 돌아왔어요. 마을 사람들은 말을 몇 마리 더 얻게 된 할아버지를 부러워했어요.
> 하지만 할아버지의 아들이 야생마 중 한 마리를 타다가 말에서 떨어져 크게 다쳤어요. 정성껏 치료를 했지만 결국 할아버지의 아들은 한쪽 다리를 절뚝거리게 되었어요. 마을 사람들은 다시 할아버지를 위로했어요.
> 그런데 얼마 후 나라에서 큰 전쟁이 벌어져 많은 젊은이가 전쟁터에 끌려가 죽고 말았어요. 하지만 할아버지의 아들은 다리를 다쳐 전쟁터에 끌려가지 않아 목숨을 건질 수 있었어요. 다리를 다쳤을 때는 사람들이 모두 걱정하고 슬퍼했지만 결국 나중에 자신에게 큰 화를 면할 수 있는 혜택이 된 셈이지요.

보기	예측 세상일 나쁨

_____은 좋고 _____을 _____하기 어렵다.

2 아래 감정에 해당하는 단어들을 〈보기〉에서 모두 찾아 빈칸에 기호를 써 보세요.

보기	㉠ 속상하다 ㉡ 자랑스럽다 ㉢ 즐겁다 ㉣ 안타깝다 ㉤ 걱정스럽다 ㉥ 멋있다 ㉦ 초조하다 ㉧ 만족스럽다 ㉨ 고맙다 ㉩ 실망스럽다

① 기분이 좋거나 편안하다

② 기분이 나쁘거나 불편하다

23 독서감상문을 따라 써 봐요! ❶

5주 차 3일

1 지금까지 읽은 책 중에 생각나는 책을 쓰고 나의 생각을 담아 제목을 자유롭게 써 보세요.

예 〈위인전 시리즈 – 유관순〉	민족의 독립정신을 일깨워 준 위인, 〈위인전 시리즈 – 유관순〉

2 호성이가 쓴 글을 보고 빈칸에 알맞은 말을 〈보기〉에서 골라 기호를 써 보세요.

보기
ㄱ 책을 읽게 된 계기   ㄴ 기억에 남는 장면   ㄷ 나의 느낌이나 생각
ㄹ 책에서 배운 점   ㅁ 나의 결심   ㅂ 전체 내용 요약

처음 부분	김구 선생님은 평소에 내가 무척 존경하는 분
	나라의 독립을 위해 한평생 헌신하신 김구 선생님의 일대기
가운데 부분	1 감옥에 끌려가 죽을 고비를 넘김 2 감옥에서 죄수들에게 글을 가르침 3 상하이 임시정부를 이끌며 독립 투쟁을 벌임
	1 한 사람이 겪은 일이라기에는 너무 파란만장한 일생 2 정적에 의해 암살을 당해 너무 일찍 돌아가신 부분이 안타까움
끝 부분	우리의 편안한 생활 → 김구 선생님을 비롯한 많은 애국지사들 덕분
	독립운동가들의 정신을 잊지 말아야 함

5주 차 4일 — 24. 독서감상문을 따라 써 봐요! ❷

공부한 날   월   일

1 아래 빈칸에 알맞은 말을 〈보기〉에서 골라 써 보세요.

보기   느낌이나 생각   계기   배운 점   결심

처음 부분	책을 읽게 된 _____와 내용을 간략하게 소개해요.
가운데 부분	기억에 남는 장면들을 소개하고 자신의 _____을 표현해요.
끝 부분	책에서 _____이나 나의 _____을 나타내요.

2 호성이가 쓴 〈위인전 시리즈 – 김구〉에 대한 독서감상문을 순서에 맞게 배열해 보세요.

(   ) → (   ) → (   ) → (   )

가. 하지만 우리 주위에 이런 사실을 아는 친구들이 많지 않을 것 같다. 먼저 나부터라도 독립운동가들의 정신을 잊지 말아야겠다.

나. 김구 선생님은 평소에 내가 무척 존경하는 분이다. 그래서 김구 선생님의 위인전을 읽으며 그분의 일생을 자세히 알고 싶었다.

다. 책을 읽으며 김구 선생님이 감옥에 끌려간 후 죽을 고비를 넘긴 일, 감옥에서 죄수들에게 글을 가르친 일, 상하이 임시정부를 이끌며 독립 투쟁을 벌인 일 등이 기억에 남는다.

라. 일제의 지배를 받다가 독립을 하고 우리가 이렇게 편안하게 살아갈 수 있는 것은 김구 선생님처럼 많은 독립운동가들의 희생 덕분이라는 걸 깨닫게 됐다.

25 도전! 스스로 독서감상문을 써요!

5주 차 5일

◆ 본책에서 자신이 쓴 글을 다시 한 번 정리하여 써 보세요.

제목

26 설명문에 대해 알아봐요!

1 본책을 참고하여 빈칸에 알맞은 말을 써 보세요.

> 설명문은 어떤 정보나 _____에 대한 _____적인 _____와 자료를 바탕으로 그 정보나 사실을 모르는 대상에게 알려주는 글이에요.

2 다음 중 사과에 대한 정보에 해당하는 문장에 ○, 그렇지 <u>않은</u> 문장에 × 하세요.

① 사과의 크기는 수박보다 작다. ( )
② 사과는 내가 좋아하는 과일이다. ( )
③ 사과에는 비타민 C가 포함되어 있다. ( )
④ 사과는 너무 맛있다. ( )

3 다음 글이 설명문의 어느 부분에 들어가면 좋을지 선을 그어 보세요.

이렇게 만든 유부초밥은 바쁜 아침이나 나들이 갈 때 챙겨갈 수 있는 음식으로 적당하다. • • 처음 부분

간편하게 만들어 먹을 수 있는 음식 중의 하나는 유부초밥이다. 유부초밥 만드는 방법은 다음과 같다. • • 가운데 부분

유부초밥을 사면 대부분 밥에 들어가는 양념과 단촛물이 함께 들어있다. 이 두 가지를 밥에 넣고 잘 섞은 다음, 유부에 넣어 주면 근사한 유부초밥이 완성된다. • • 끝 부분

27 설명문에 필요한 기법을 익혀요!

1 아래 비교 대상의 공통점과 차이점을 생각나는 대로 써 보세요.

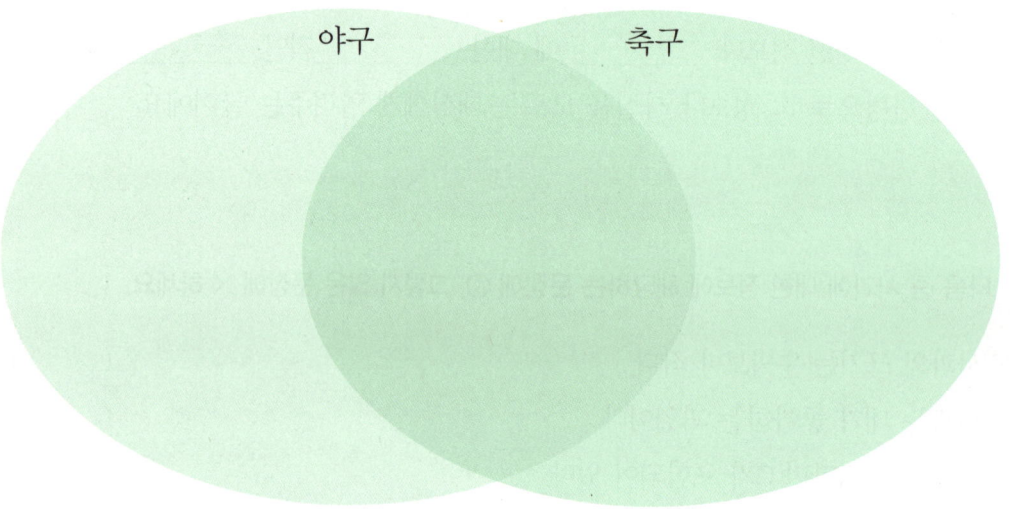

2 분류와 분석에 맞춰 빈칸을 완성하세요.

① 분류

- 구기 종목에는 _____ 등이 있다.
- 교통 수단에는 _____ 등이 있다.

② 분석

- 야구의 수비 위치는 _____ 등으로 나뉘어 있다.
- 비행기의 좌석은 _____ 등으로 나뉘어 있다.

28 설명문을 따라 써 봐요! ❶

6주 차 3일

1 설명문을 쓰기 위한 자료를 찾는 방법이에요. 서로 연관된 것끼리 선을 그어 보세요.

관찰하기 •	• 도서관이나 서점에서 주제에 대한 책들을 살펴봐요.
찾아보기 •	• 인터넷에서 주제에 대한 관련 자료들을 검색해 봐요.
검색하기 •	• 눈, 코, 입, 귀, 피부를 통해 있는 그대로 관찰해요.
질문하기 •	• 주제에 대해 잘 알고 있는 사람에게 여쭤봐요.

2 혜지가 작성한 표를 보고 빈칸에 알맞은 말을 〈보기〉에서 골라 써 보세요.

보기
설명 대상에 대한 느낌   설명 대상 소개
설명 대상에 대한 경험   설명 대상에 대한 특징

	우리 동네 향교
	어릴 때 가 봤던 양천향교에 대한 추억
	향교의 구조, 향교가 했던 일, 우리 동네 향교의 역사
	향교에 가면 왠지 행동이 조심스러워짐

29 설명문을 따라 써 봐요! ❷

6주 차 4일

1 아래 빈칸에 알맞은 말을 〈보기〉에서 골라 써 보세요.

| 보기 | 특징   소개   생각   모습 |

처음 부분 설명 대상에 대해 _____ 하고 떠오르는 경험 등을 나타내요.

가운데 부분 설명 대상에 대한 _____ 이나 _____ 을 설명해요.

끝 부분 설명 대상에 대한 자신의 느낌이나 _____ 을 표현해요.

2 혜지가 쓴 설명문을 순서에 맞게 배열해 보세요.

(   ) → (   ) → (   ) → (   )

가. 양천향교를 방문했을 때는 나무에 둘러싸여 있어서인지 마음이 편안했다. 이곳에 내가 참여할 수 있는 교육 프로그램이 많이 생겨서 더 자주 와볼 수 있으면 좋겠다.

나. 우선 향교에 대해 설명하자면, 향교는 지금의 학교와 같은 고려와 조선의 교육기관이었다. 지금의 학교와 차이점은 유교 교육을 하면서 옛날 유교의 스승들에게 제사를 지낸다는 점일 것이다.

다. 양천향교는 크게 대성전, 동무와 서무, 명륜당, 그리고 동재와 서재로 나뉘어 있다. 대성전과 동무, 서무 등은 중국과 우리나라 유학자들에게 제사를 지내는 곳이다. 명륜당은 유생들이 유학을 공부하는 공간이다. 그리고 동재와 서재는 유생들의 기숙사이다.

라. 우리 동네에는 서울에서 하나밖에 없는 향교가 있다. 그 향교의 이름은 양천향교인데 어렸을 때 몇 번 가 본 적이 있지만 단순히 민속촌 같은 곳이라고만 생각했다.

30 도전! 스스로 설명문을 써요!

6주 차 5일

◆ 본책에서 자신이 쓴 글을 다시 한 번 정리하여 써 보세요.

제목

31 논설문에 대해 알아봐요!

7주 차 1일

1 본책을 참고하여 빈칸에 알맞은 말을 써 보세요.

> 논설문은 자신이 _____하는 바를 밝히고, 주장하는 _____와
> _____를 제시하여 상대방을 _____시키고자 하는 글이에요.

2 논설문을 쓰는 방법으로 맞는 것에 ○, 틀린 것에 × 하세요.

① 대상에 대한 사실과 정보를 전달하는 게 목적이에요. (   )
② 다른 말로 '주장하는 글', '설득하는 글'이라고도 해요. (   )
③ 주장을 명확하게 드러내야 해요. (   )
④ 주장에 대한 근거를 굳이 제시할 필요는 없어요. (   )

3 다음 글이 논설문의 어느 부분에 들어가면 좋을지 선을 그어 보세요.

공공장소에서 기침을 할 때는
항상 입을 가리고 해야 한다.   •   • 처음 부분

왜냐하면 사람이 입을 가리지 않고
기침을 할 때 약 4만 개의 침방울이   •   • 가운데 부분
사방에 퍼진다고 한다.

그래서 기침을 할 때는
마스크를 쓰거나 소매로 꼭 입을   •   • 끝 부분
가려야 한다.

32 논설문에 필요한 기법을 익혀요!

7주 차 2일

1 상대방을 설득시키기 위한 근거 자료로 적절한 것을 모두 골라 ○ 하세요.

① 나의 경험과 관찰 (　)
② 신문에 실린 연구 자료 (　)
③ 친한 친구가 해 준 말 (　)
④ 통계청에서 발표한 통계 자료 (　)
⑤ 책에서 찾아낸 역사적 사실 (　)

2 아래 예시를 참고하여 사실 문장에는 '사실', 생각 문장에는 '생각'이라고 써 보세요.

예시
미래 세대를 위해 생활 속 탄소를 줄이려는 노력이 필요하다. → 생각
이산화탄소 증가로 오존층이 파괴되면 환경오염이 빨라질 수밖에 없다. → 사실

어린이를 차별하는 노 키즈 존은 없어져야 한다.	
노 키즈 존은 어린이가 문제를 일으킬 수 있다는 점을 들어 어린이의 출입을 제한하는 상업시설들이다.	
하지만 문제를 일으키지 않고 식당이나 카페의 규칙을 잘 따르는 어린이들도 많다.	
심지어 노 키즈 존은 차별금지법을 만들려는 움직임에도 반대된다.	
차별금지법은 출신 국가나 민족, 인종, 피부색, 언어, 장애, 나이 등을 이유로 차별받지 않도록 하는 법이다.	
만약 차별금지법이 만들어진다면 노 키즈 존에 가장 먼저 적용되어야 한다고 생각한다.	

33 논설문을 따라 써 봐요! ❶

1 논설문의 주제를 정하는 방법으로 적절한 것에 ○, 적절하지 않은 것에 × 하세요.

① 상대를 설득할 수 있을 만한 내용이어야 해요. ( )

② 막연한 주제보다는 생활 속 주제를 선택하는 것이 좋아요. ( )

③ 주장보다는 사실, 정보 위주로 전달할 수 있는 주제를 선택해요. ( )

2 민준이가 작성한 표를 보고 빈칸에 알맞은 말을 〈보기〉에서 골라 써 보세요.

> 보기   문제의 상황   주장하는 내용   주장의 근거

	길고양이가 방치되고 있다.
	집고양이의 수명이 15~20년인데 반해 길고양이의 수명은 3~4년밖에 되지 않는다.
	길고양이 급식소를 설치해야 한다.

3 아래 글을 순서대로 나열해 보세요.

( ) → ( ) → ( )

가. 우리 모두 고운 말을 많이 써서 아름다운 우리말을 더욱 빛나게 해야 할 것이다.

나. 우리는 가끔 친구와 대화할 때 욕설을 섞어 말하는 친구들을 보게 된다. 하지만 남에게 욕설을 해서는 안 된다.

다. 누군가에게 욕설을 하면 그 욕설을 듣는 사람은 기분이 상하거나 불쾌한 감정을 느끼게 된다.

34 논설문을 따라 써 봐요!

7주 차 4일

1 아래 빈칸에 알맞은 말을 〈보기〉에서 골라 써 보세요.

보기   문제 상황   이유나 근거   강조   자신의 해결책

처음 부분	_____을 밝히고 _____을 주장해요.
가운데 부분	자신의 주장을 뒷받침하는 _____를 제시해요.
끝 부분	주장한 내용을 요약하고 다시 한 번 _____해요.

2 민준이가 쓴 논설문을 순서에 맞게 배열해 보세요.

( ) → ( ) → ( ) → ( )

가. 자료에 의하면 집에서 생활하는 집고양이들의 평균 수명은 2021년 현재 약 15~20년에 이른다고 한다. 이에 반해 길고양이들의 수명은 평균 3~4년 정도밖에 되지 않는다.

나. 따라서 길고양이의 수명을 늘리고, 꾸준히 먹이를 줄 수 있는 급식소 운영이 필요하다. 하루속히 길고양이를 위한 급식소를 동네마다 만들어야 한다.

다. 우리는 가끔 동네를 돌아다니는 길고양이를 볼 때가 있다. 길고양이들은 먹을 것을 구하기가 어려워 종종 음식물 쓰레기통을 뒤지곤 한다.

라. 배고프고 불쌍한 길고양이들을 위해 동네마다 길고양이를 위한 급식소가 있어야 한다.

35 도전! 스스로 논설문을 써요!

7주 차 5일

◆ 본책에서 자신이 쓴 글을 다시 한 번 정리하여 써 보세요.

제목

36 상상문에 대해 알아봐요!

8주 차 1일

1 본책을 참고하여 빈칸에 알맞은 말을 써 보세요.

상상문은 _____로는 일어나지 않았거나 일어날 수 없는, _____의 세계에서만 일어나는 일에 대해 쓴 글이에요.

2 다음 중 상상문에 어울리는 문장에 ○, 어울리지 않는 문장에 × 하세요.

① 이미 화성 여행은 많은 사람들이 다녀온 여행 코스로 자리 잡았다. (　　)
② 애완견 토리가 자신이 먹는 사료로 마카롱을 만들고 있었다. (　　)
③ 천왕문을 지나 불국사 입구로 들어서자 다보탑과 석가탑이 보였다. (　　)

3 다음 글이 상상문의 어느 부분에 들어가면 좋을지 선을 그어 보세요.

이제는 마음껏 하루 종일 게임도 하고
가게에 가서 내가 먹고 싶은 것도
마음대로 집어 먹을 수 있었다.　　•　　　　　•　발단

어느 날 나는 그토록 꿈꾸던 투명인간이
되었다.　　　　　　　　　　　　　　•　　　　　•　전개

"영수야!" 엄마가 깨우는 소리에 일어나
이 모든 일들이 꿈이라는 사실을 깨달은 후
나는 엄마에게 달려가 안겼다.　　　　•　　　　　•　절정

하지만 가족과 친구들이 나를 계속
알아보지 못하자 나는 점점 불안해졌고,
결국 울다 지쳐 잠이 들었다.　　　　　•　　　　　•　결말

37 상상문에 필요한 기법을 익혀요!

1 아래는 직유법을 활용한 문장들이에요. 빈칸에 어울리는 표현을 찾아 선을 그어 보세요.

아이의 눈이 _____ 처럼 빛났다.	•	•	파뿌리
_____ 같이 많은 날들	•	•	별
_____ 처럼 하얗게 새어 버린 할머니의 머리카락	•	•	새털

2 아래는 은유법을 활용한 문장들이에요. 빈칸에 어울리는 표현을 찾아 선을 그어 보세요.

독서는 마음의 _____ 이다.	•	•	마라톤
아기들은 _____ 이다.	•	•	천사
인생은 _____ 이다.	•	•	양식

3 아래 빈칸에 어울리는 의성어, 의태어 표현을 찾아 선을 그어 보세요.

책상이 _____ 붙어 있다.	•	•	데굴데굴
아이들이 _____ 웃었다.	•	•	다닥다닥
배가 아파 _____ 굴렀다.	•	•	깔깔깔

38 상상문을 따라 써 봐요! ❶

1 상상문의 주제를 정하는 방법으로 적절한 것을 모두 골라 ○ 하세요.

① 다른 사람들이 이해하지 못할 엉뚱한 상상은 제외해야 해요. ( )
② 사물을 사람처럼 상상해 볼 수 있어요. ( )
③ 미래에 생길 법한 공상과학 속 세계를 상상해 볼 수 있어요. ( )
④ 다른 사람이 이미 했던 상상은 하지 말아야 해요. ( )
⑤ 사람이 다른 대상으로 변하는 모습을 상상해 볼 수 있어요. ( )

2 아래는 수빈이가 상상문을 쓰기 위해 먼저 구상한 내용이에요. 이야기가 자연스럽게 이어질 수 있도록 순서대로 번호를 써 보세요.

- 다른 레이싱 카들과 신나는 경주를 벌임
- 멀미가 찾아옴

[ ]

- 나는 게임을 좋아하는 초등학교 4학년 학생
- 하루 종일 게임만 하다가 엄마에게 핀잔을 들음

[ ]

- 엄마가 부르는 소리에 잠이 깸
- 오늘 밤 꿈에는 다른 게임 속에 들어가기를 희망

[ ]

- 늦잠을 자고 일어나 보니 게임 세상에 와 있는 나를 발견
- 레이싱 카를 타고 다른 레이싱 카들과 출발선 앞에 서 있음

[ ]

공부한 날   월   일

39 상상문을 따라 써 봐요! ❷

1 아래 빈칸에 알맞은 말을 〈보기〉에서 골라 써 보세요.

> 보기   배경   긴장감   해결   내용

- **발단** 이야기의 _____이나 상황을 묘사해요.
- **전개** 이야기의 _____을 본격적으로 펼쳐요.
- **절정** 이야기의 갈등이 발생하며 _____을 고조시켜요.
- **결말** 긴장감이 해소되며 갈등이 _____되는 부분이에요.

2 수빈이가 쓴 상상문을 순서에 맞게 배열해 보세요.

(   ) → (   ) → (   ) → (   )

가. 나는 가속 페달을 밟으며 다른 차들과 레이싱 경쟁을 하기 시작했다. 게임을 워낙 많이 한 덕인지 뒤늦은 출발에도 나는 다른 차들을 쭉쭉 앞서 나갔다.

나. 다음 날 아침 나는 잠에서 깨어난 후 주위를 둘러보고 깜짝 놀랐다. 내가 게임 속 레이싱 카에 타고 있었기 때문이었다.

다. "시훈아!" 나는 결국 엄마가 부르는 소리에 잠이 깼지만 정말 흥미진진한 세상을 경험하였다. 나는 오늘 밤에는 다른 게임 속에 들어가 있는 꿈을 꾸고 싶다고 생각했다.

라. 나는 초등학교 4학년이다. 게임을 좋아하는 나는 언젠가부터 하루 종일 게임만 하면서 살고 싶다는 생각을 한다.

40 도전! 스스로 상상문을 써요!

8주 차 5일

공부한 날   월   일

◆ 본책에서 자신이 쓴 글을 다시 한 번 정리하여 써 보세요.

제목

아래와 같은 고민이 있으시다면 이 책을 꼭 보셔야 합니다!

★ "아이가 학교에서 기행문 글쓰기 과제를 받아왔는데 도대체 어떻게 써야 할지 모르겠대요."

★ "아이가 3~4문장까지는 곧잘 쓰지만 그 이상 늘여 쓰는 것을 무척 힘들어하네요."

★ "아이가 독서감상문을 쓰고 나서 제대로 쓴 건지 물어보면 지도하기가 어려워요."

★ "아이가 교재를 죽 따라 하기만 해도 글쓰기를 잘하게 만드는 교재가 있으면 좋겠어요."

★ "아이가 내년에 중학생이 되는데, 여태 논술학원 다녀본 적도, 글쓰기를 배워본 적도 없어요."

이렇게 구성되어 있어요!

초등 교과 과정에 실려 있는 8개의 갈래글을 한 권으로 배운다!

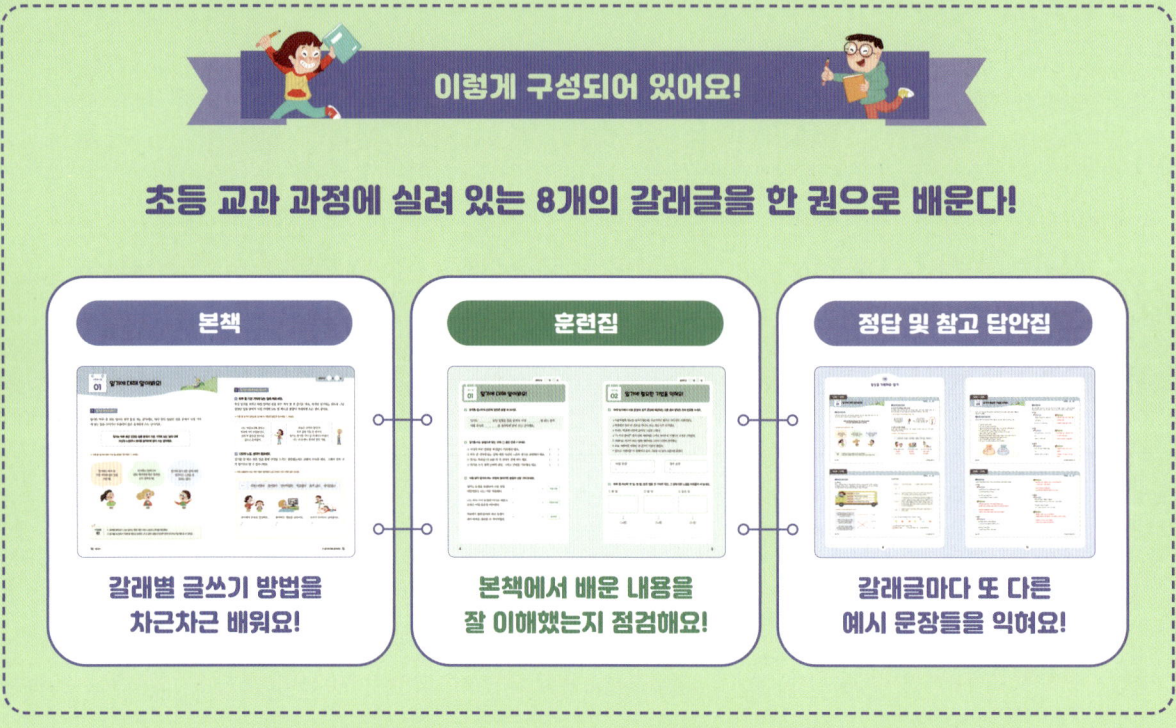

본책	훈련집	정답 및 참고 답안집
갈래별 글쓰기 방법을 차근차근 배워요!	본책에서 배운 내용을 잘 이해했는지 점검해요!	갈래글마다 또 다른 예시 문장들을 익혀요!

정가 13,800원

초등 글쓰기 무작정 따라하기 : 글의 종류 편
The Cakewalk Series : The Types of Writing for Elementary School Students

ISBN 979-11-6406-435-9

일기부터 상상문까지 초등 갈래별 글쓰기 완벽 훈련!

초등 글쓰기
무작정 따라하기
글의 종류 편

정답 및 참고 답안집

길벗스쿨

이 책을 보시기 전에

1. 아이의 연령과 흥미에 맞춰 학습을 지도해 주세요.

본 교재는 총 8주 동안 8개의 갈래글을 익히도록 구성하였습니다. 주말을 제외하고 8주 동안 매일 4페이지씩(5일 차에는 2페이지씩) 학습해 나간다면, 제시된 8개의 갈래글에 대한 내용을 모두 익히고 한 편의 완성된 글까지 써 볼 수 있게 됩니다. 하지만 아이의 연령이나 흥미에 비해 진도가 빠르거나, 글쓰기에 조금 더 시간이 필요하다 싶을 때는 일정을 조정하여 학습을 진행해 주세요.

2. 글쓰기에 자신감을 가질 수 있도록 칭찬을 아끼지 말아 주세요.

이 교재에서는 처음 부분, 가운데 부분, 끝 부분으로 나눠 각 부분마다 적합한 글감을 제시하고 있습니다. 하지만 이 구성은 갈래글을 처음 접하는 아이들이 쉽게 글을 쓰게 하기 위한 최소한의 규칙일 뿐입니다. 즉, 끝 부분의 내용이 처음 부분에 나오더라도 절대 틀린 건 아닙니다. 따라서 아이가 어떻게 쓰더라도 칭찬을 아끼지 말아 주세요.

3. 참고 답안은 아이와 함께 참고용으로만 활용해 주세요.

〈정답 및 참고 답안집〉에 실린 예시 문장들은 아이가 생각하기 힘들어하고, 글을 쓰기 어려워할 때 참고용으로만 활용해 주세요. 아이가 스스로 글을 잘 써 나간다면 굳이 이 참고 문장들을 보여 주실 필요는 없습니다. 그리고 아이가 글을 다 썼다면 이 책에 수록된 또 다른 예시글도 보여주시기 바랍니다.

4. 정답을 크게 보시려면 홈페이지의 자료를 활용하세요.

혹시 정답 내용이 작아서 잘 안 보이실 경우를 대비하여 길벗스쿨 홈페이지(www.gilbutschool.co.kr)에 PDF 자료를 올려놓았습니다. 보기가 불편하신 분들은 홈페이지에 접속하셔서 검색창에 〈초등 글쓰기 무작정 따라하기; 글의 종류 편〉을 입력하신 후 정답 및 참고 답안에 대한 PDF 자료를 다운로드하셔서 참조해 주시기 바랍니다.

🔍 초등 글쓰기 무작정 따라하기; 글의 종류 편   [검색]

초등 글쓰기
무작정 따라하기

글의 종류 편

본책 답안

1장	일기	4	5장	독서감상문	24
2장	생활문	9	6장	설명문	29
3장	기행문	14	7장	논설문	34
4장	관찰기록문	19	8장	상상문	39

1장
일상을 기록해요: 일기

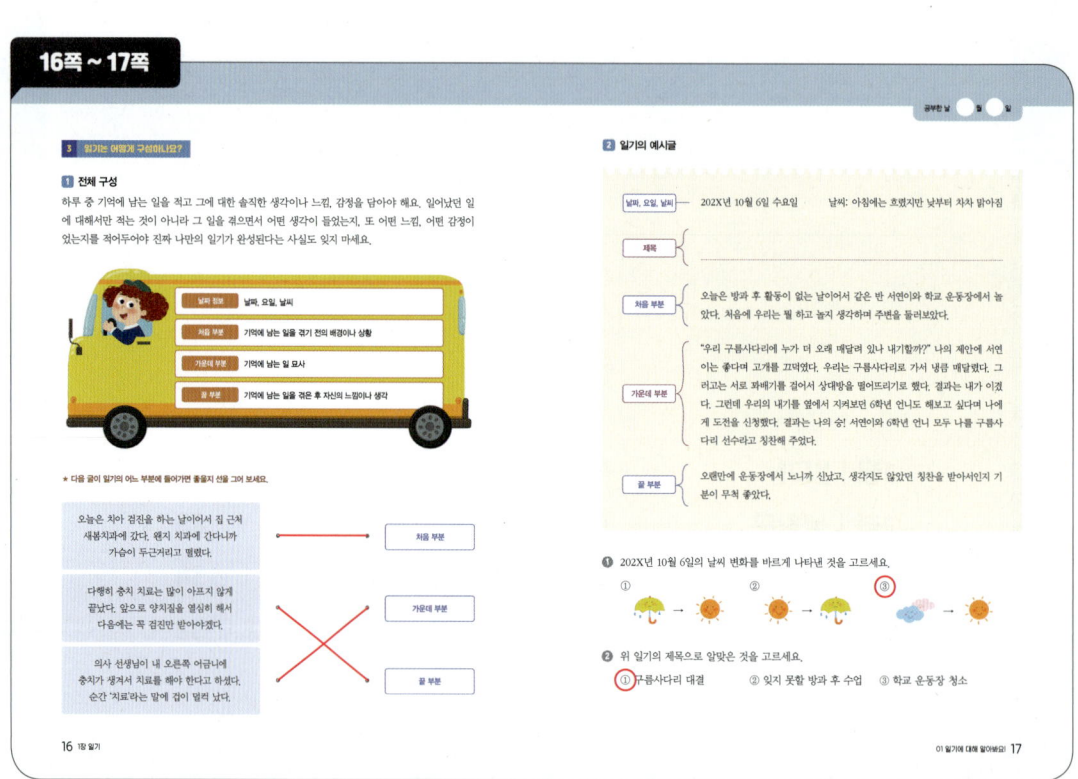

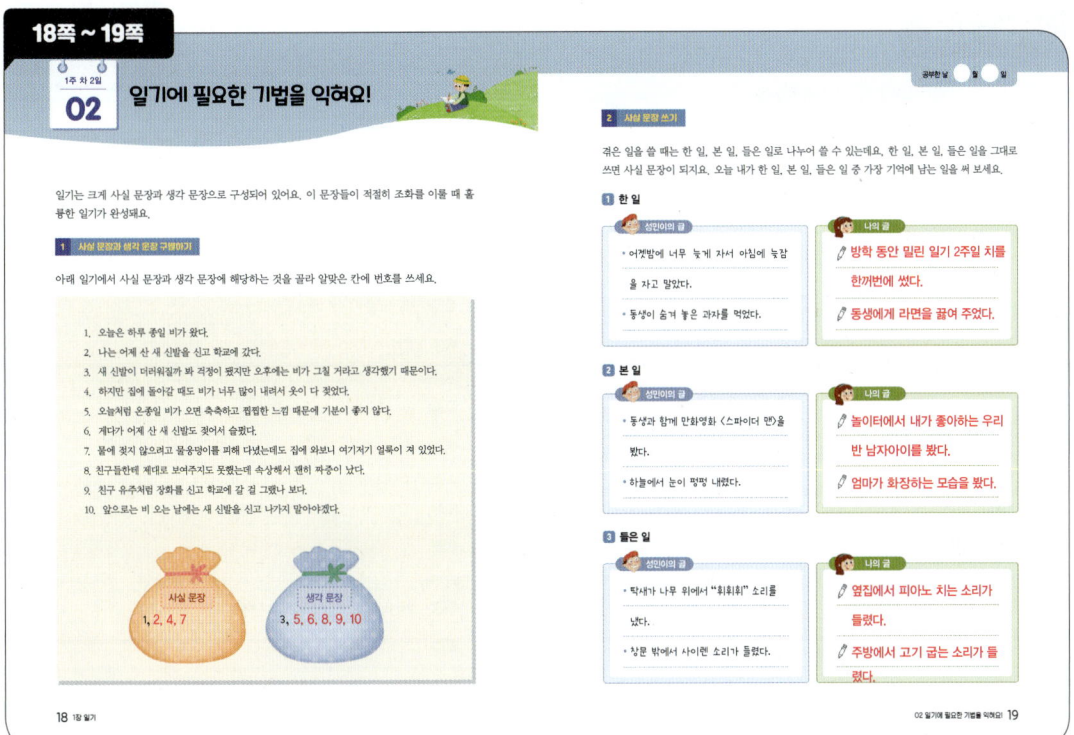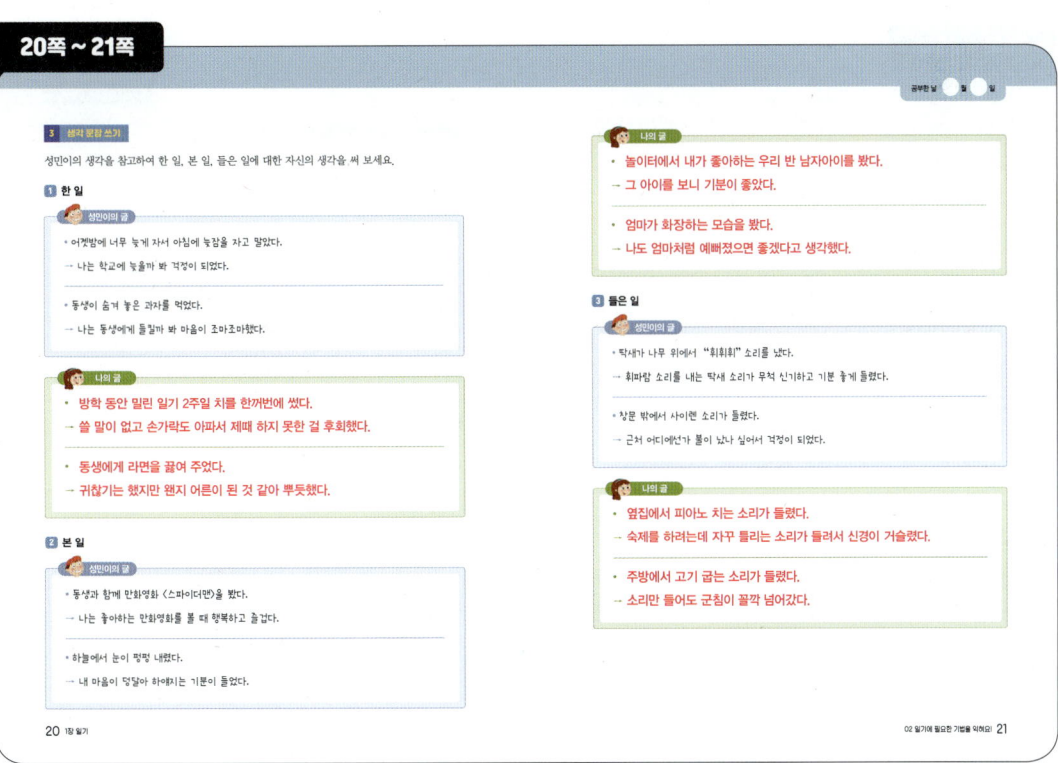

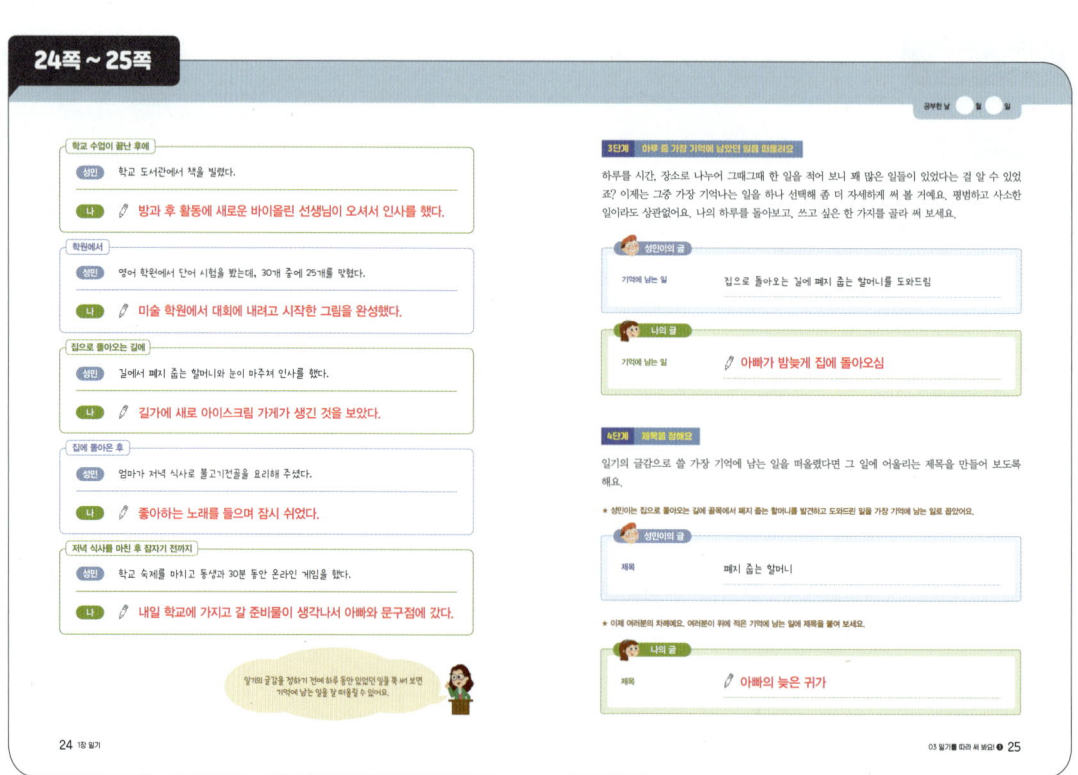

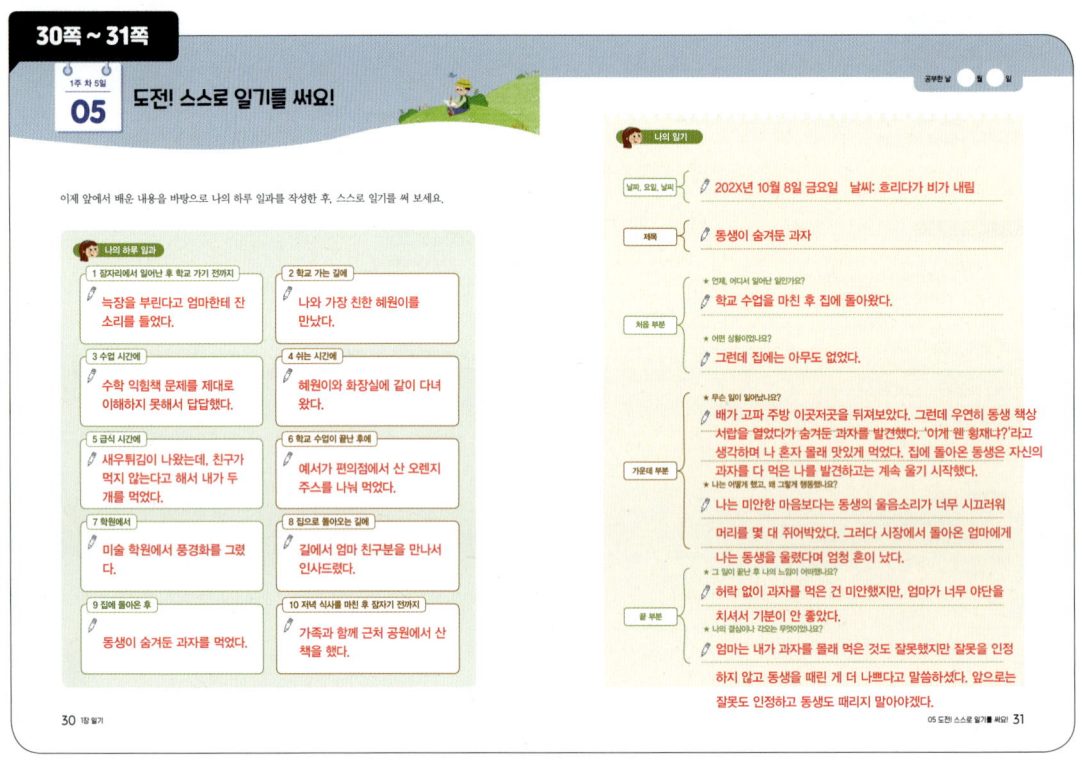

2장
겪은 일을 써요: 생활문

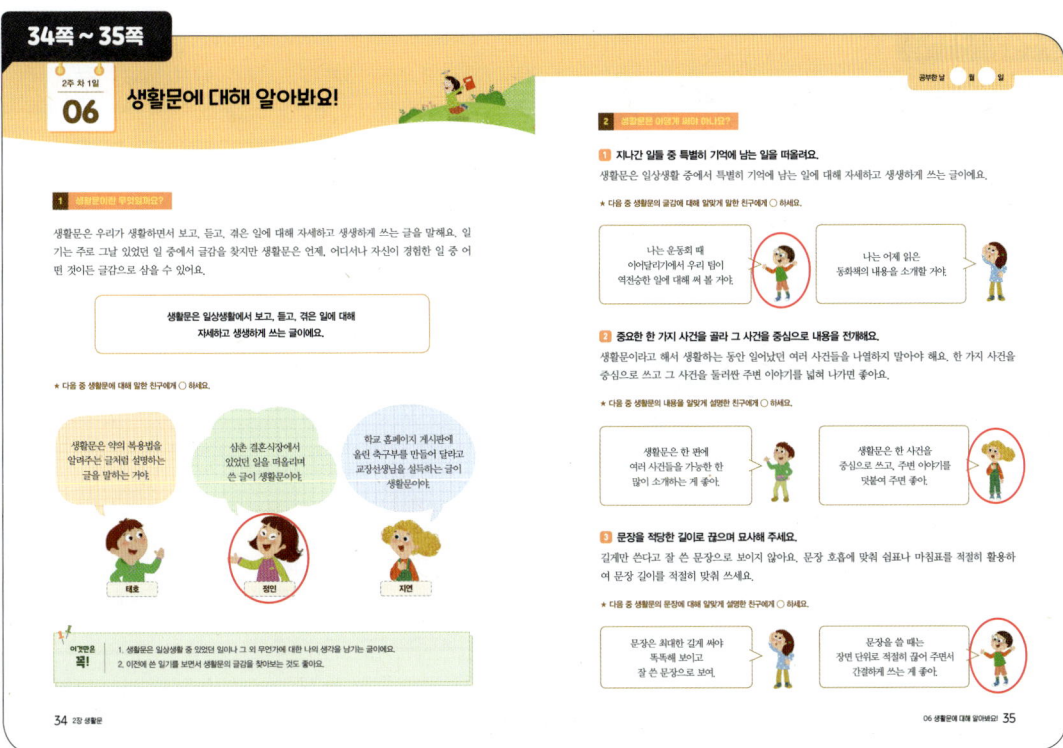

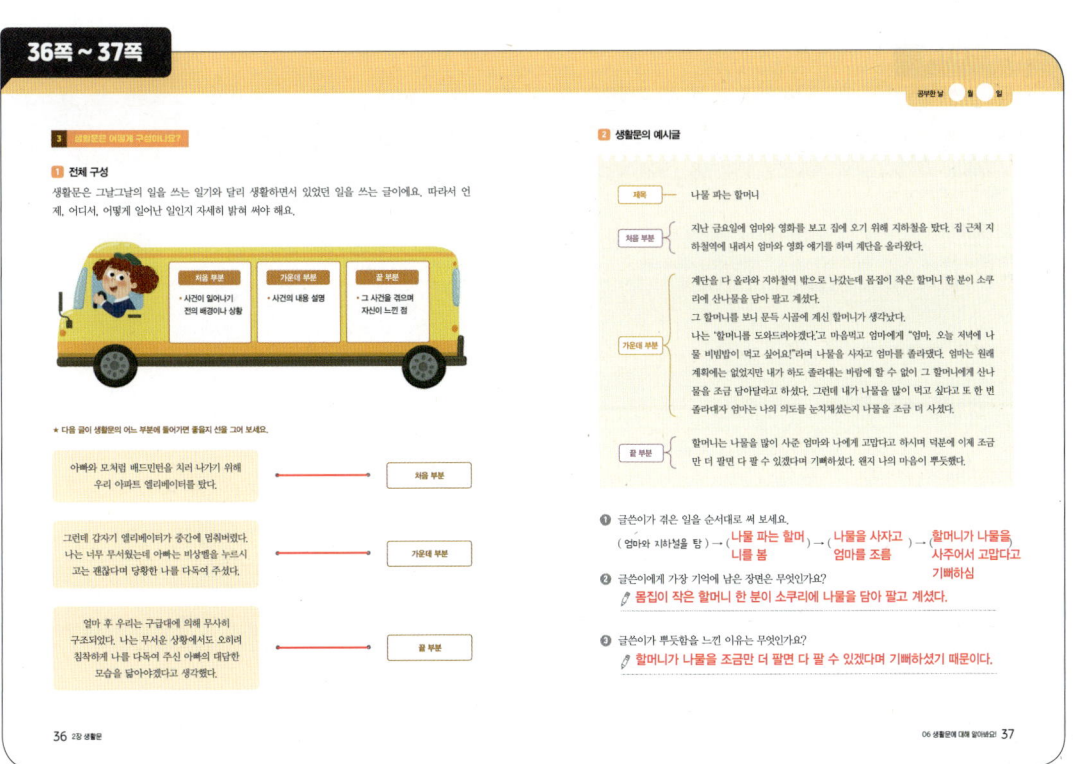

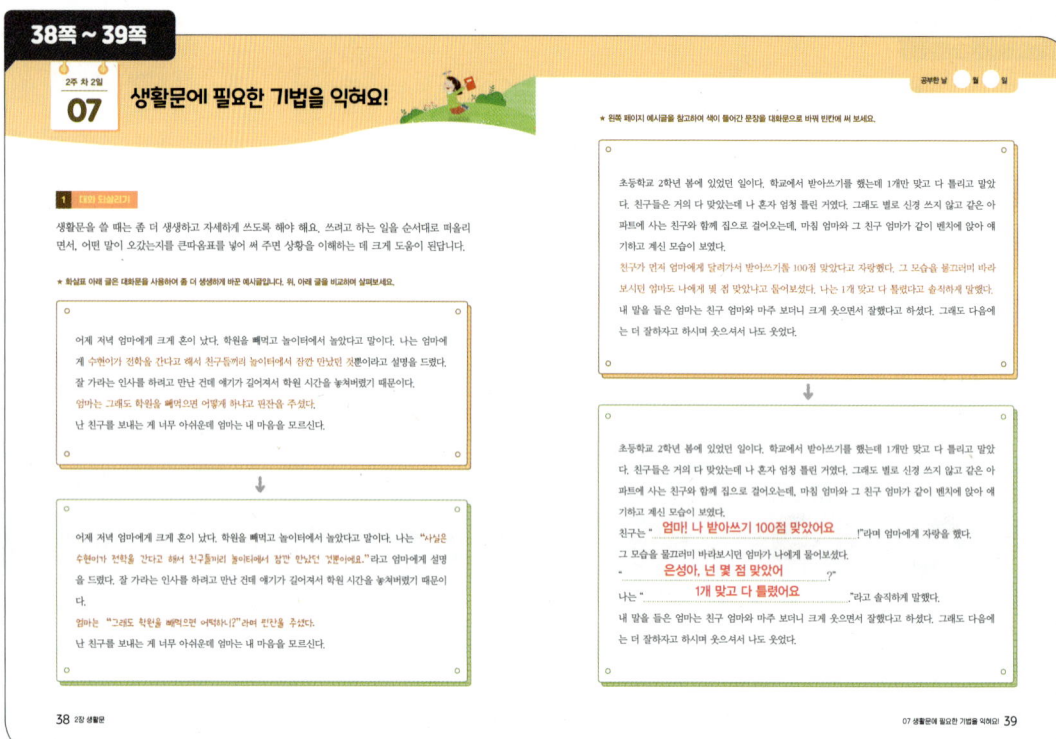

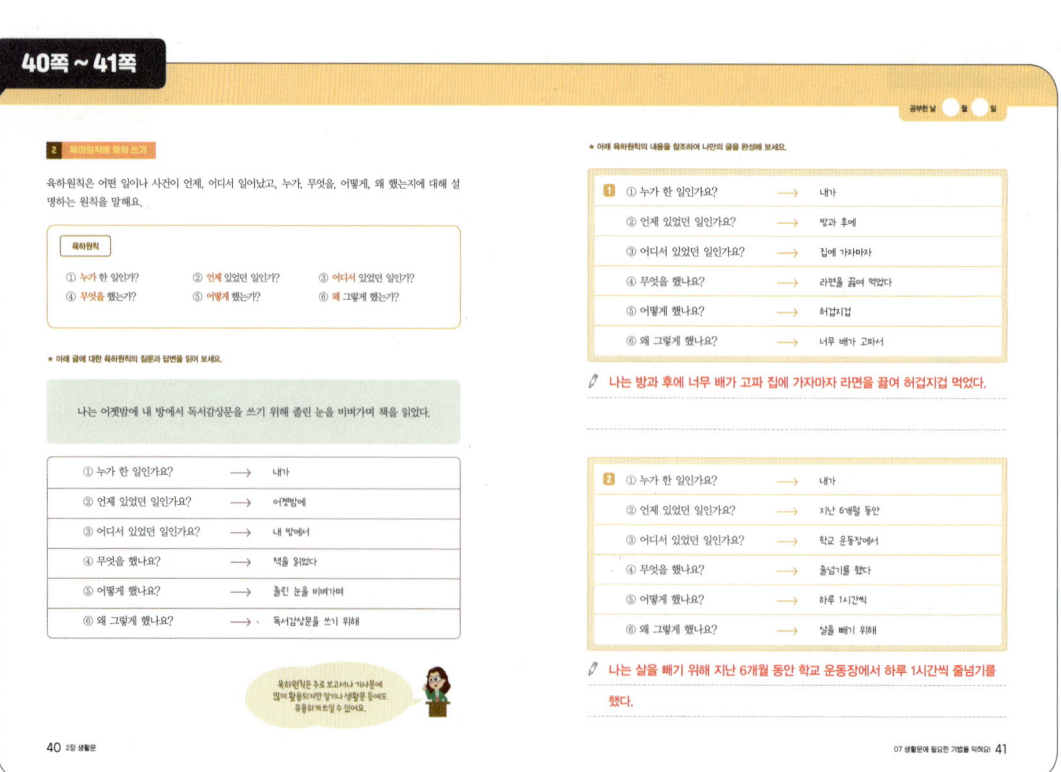

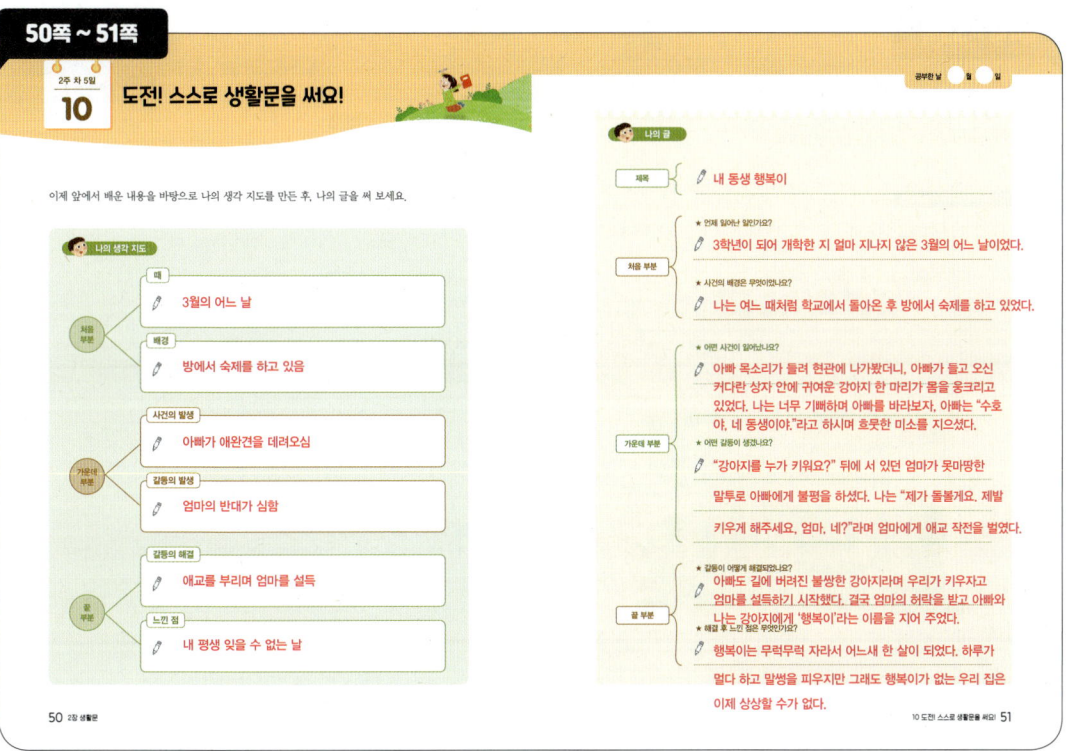

3장
잊지 못할 여행의 추억을 남겨요: 기행문

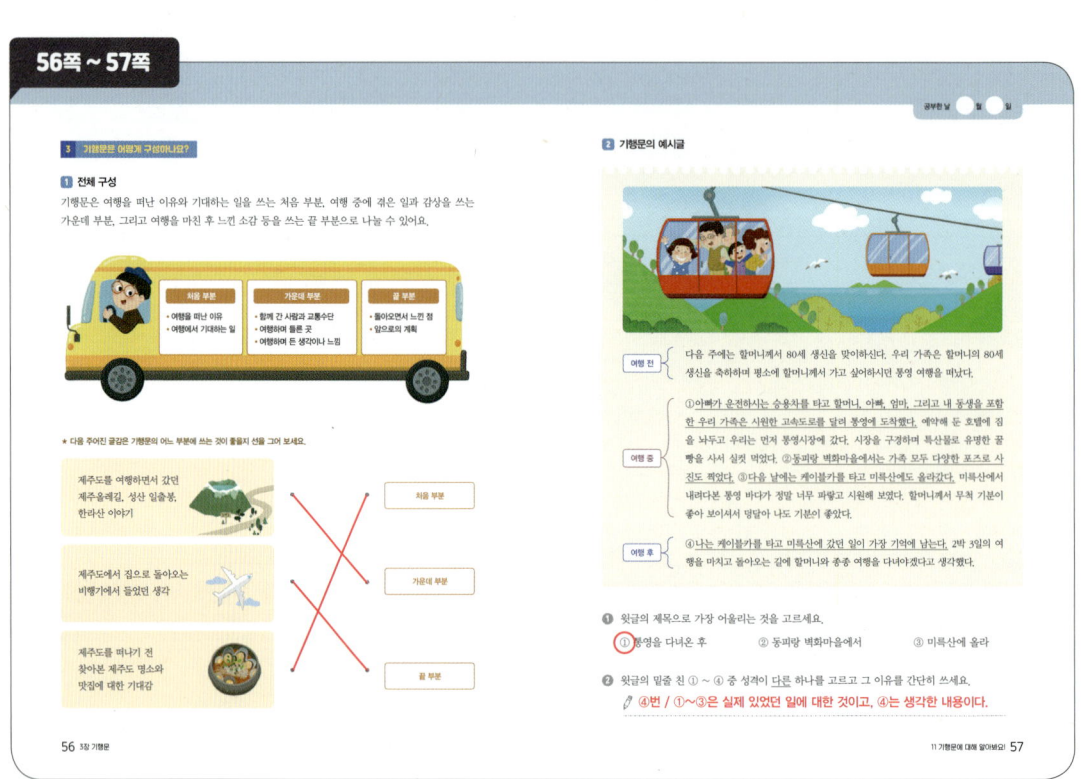

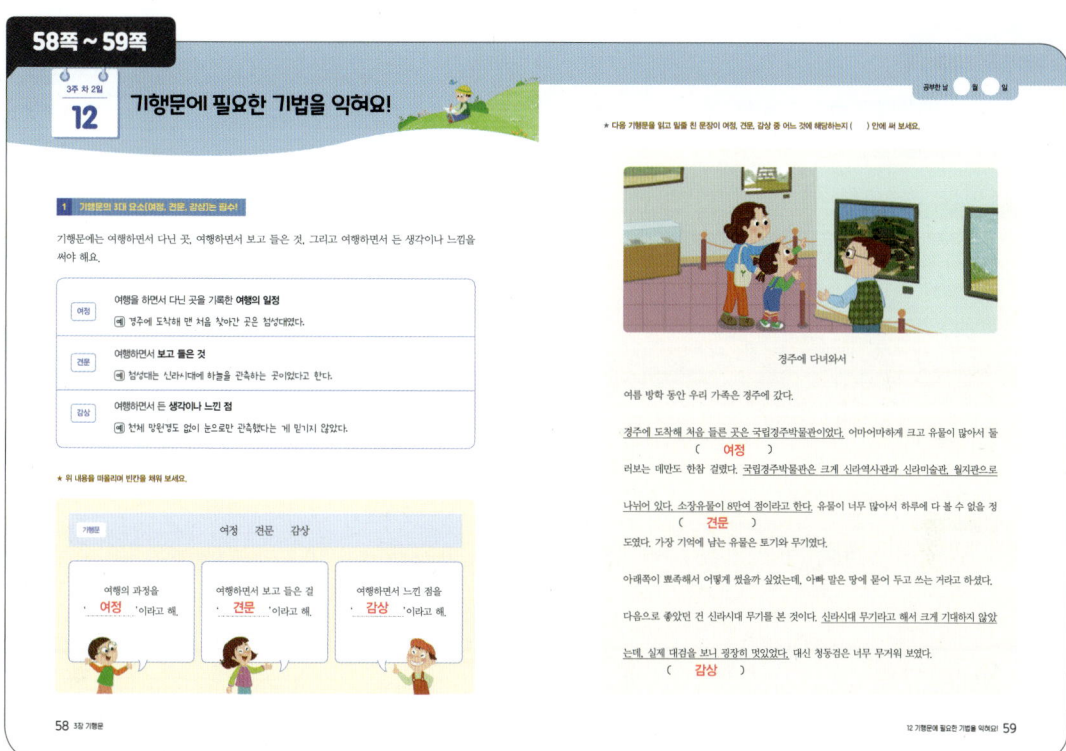

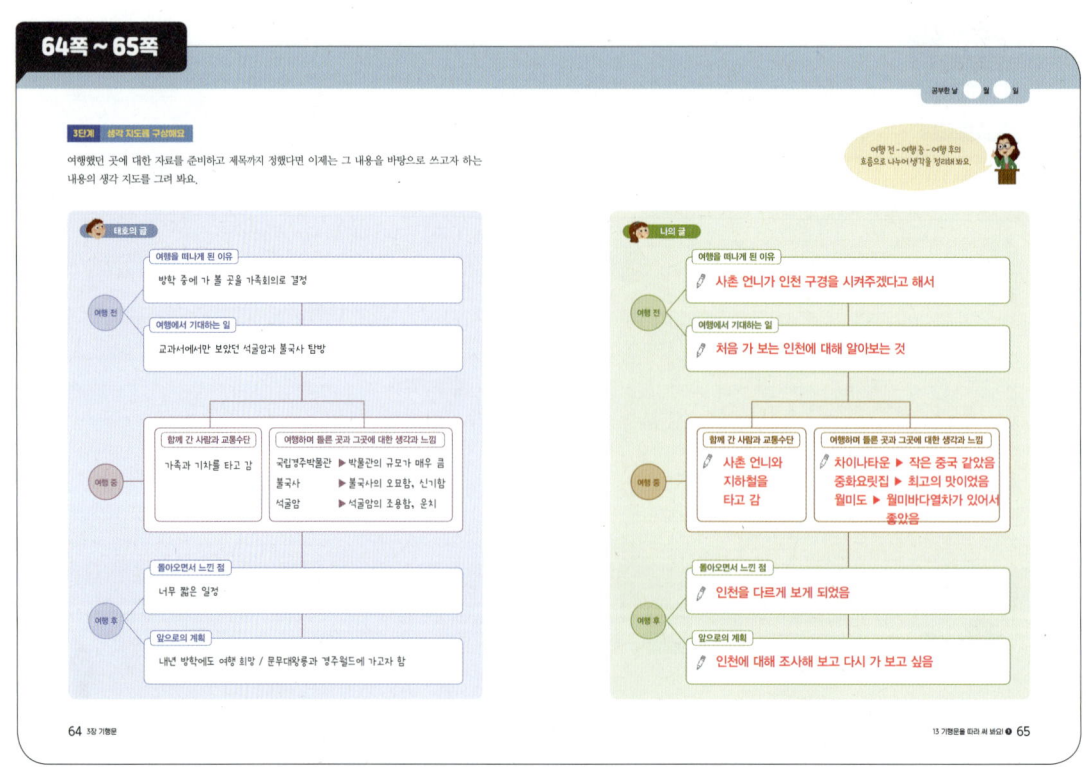

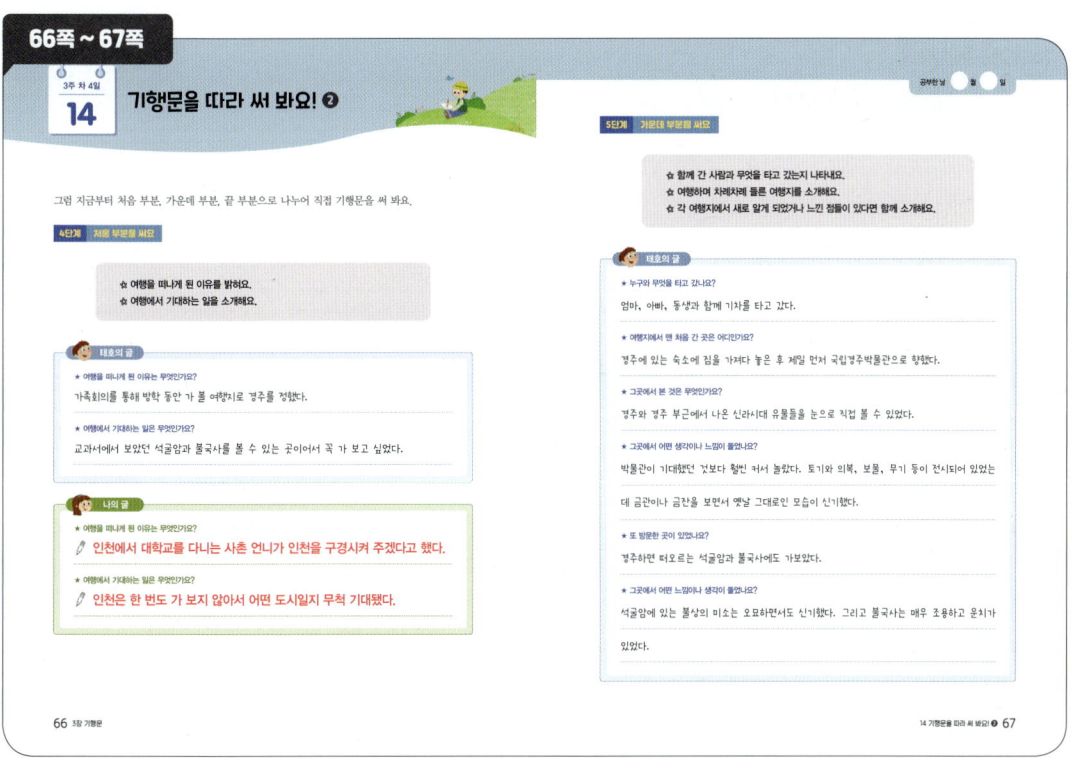

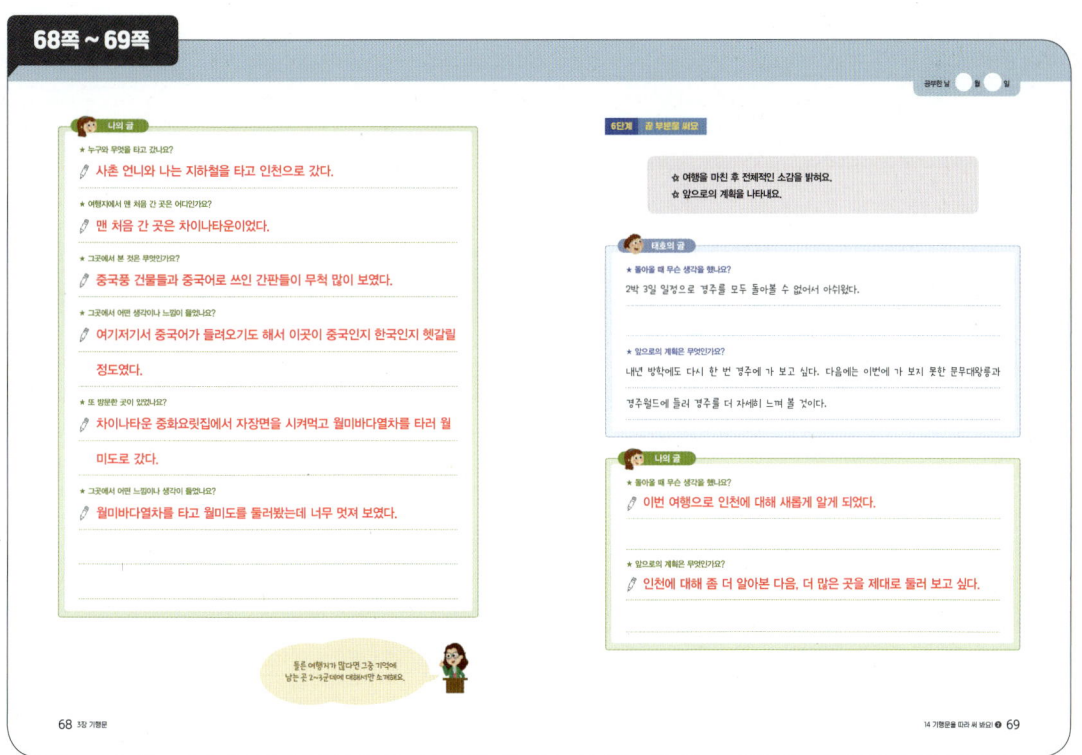

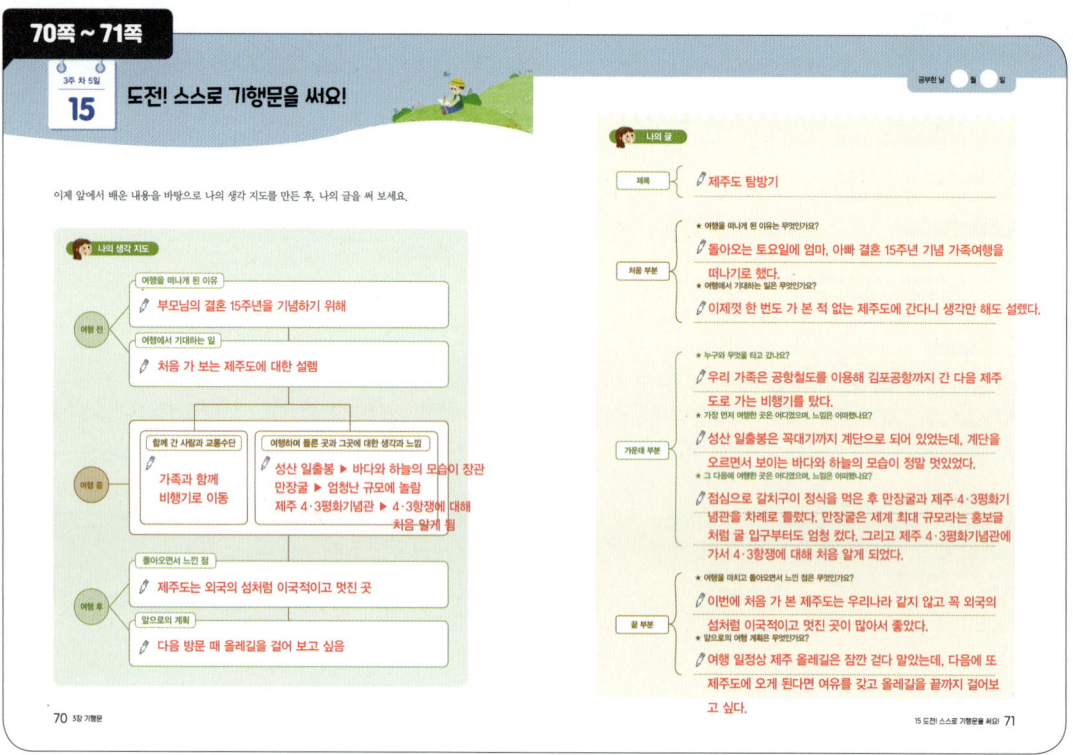

4장
꼼꼼히 살펴서 써요: 관찰기록문

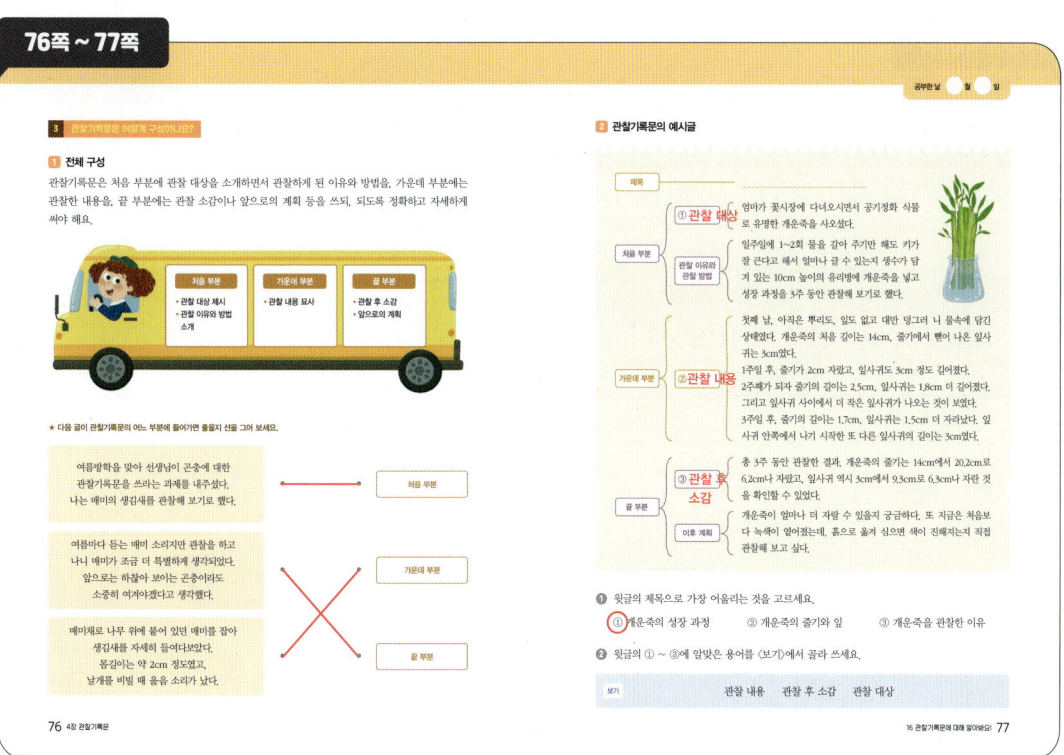

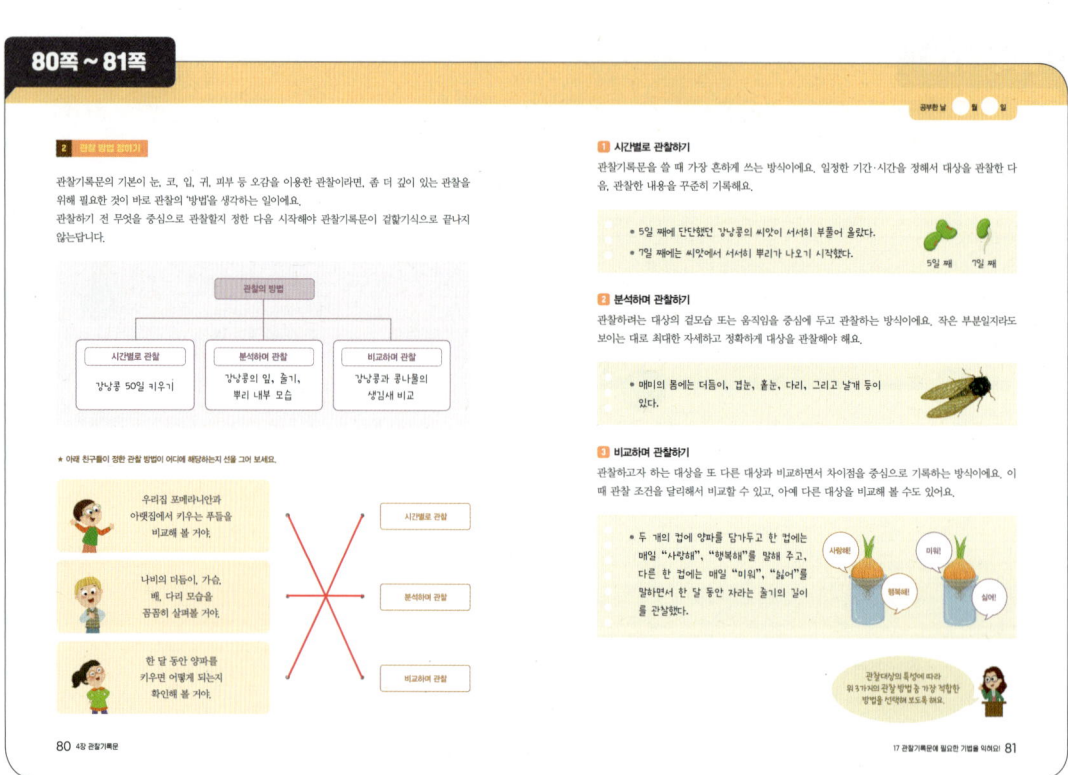

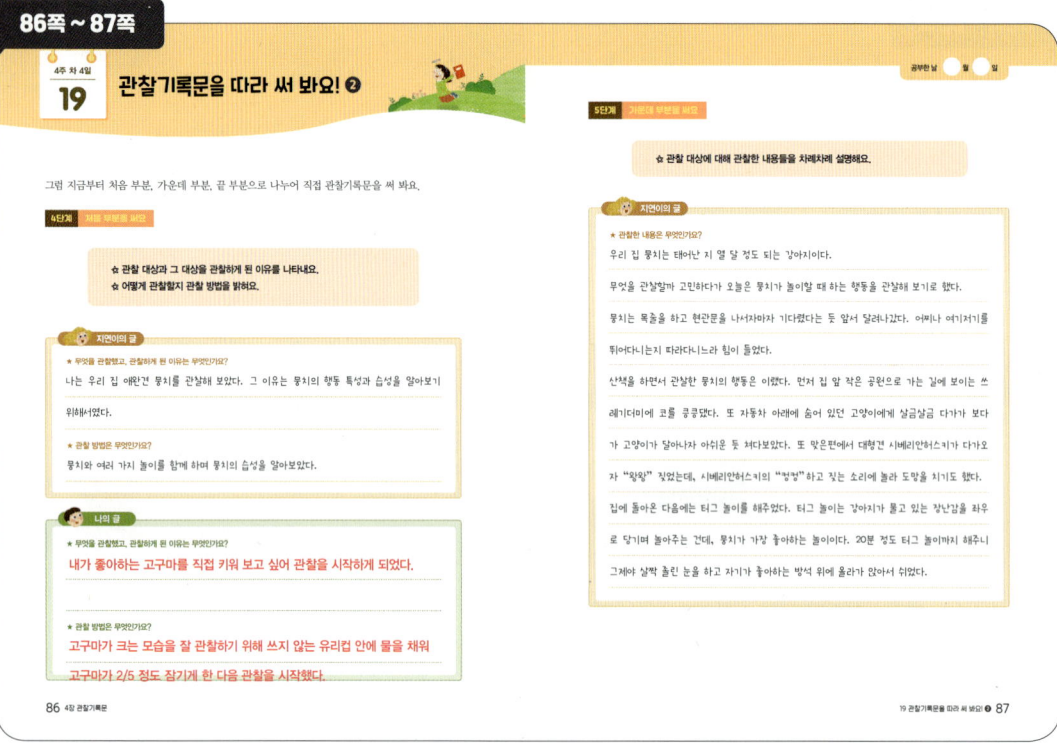

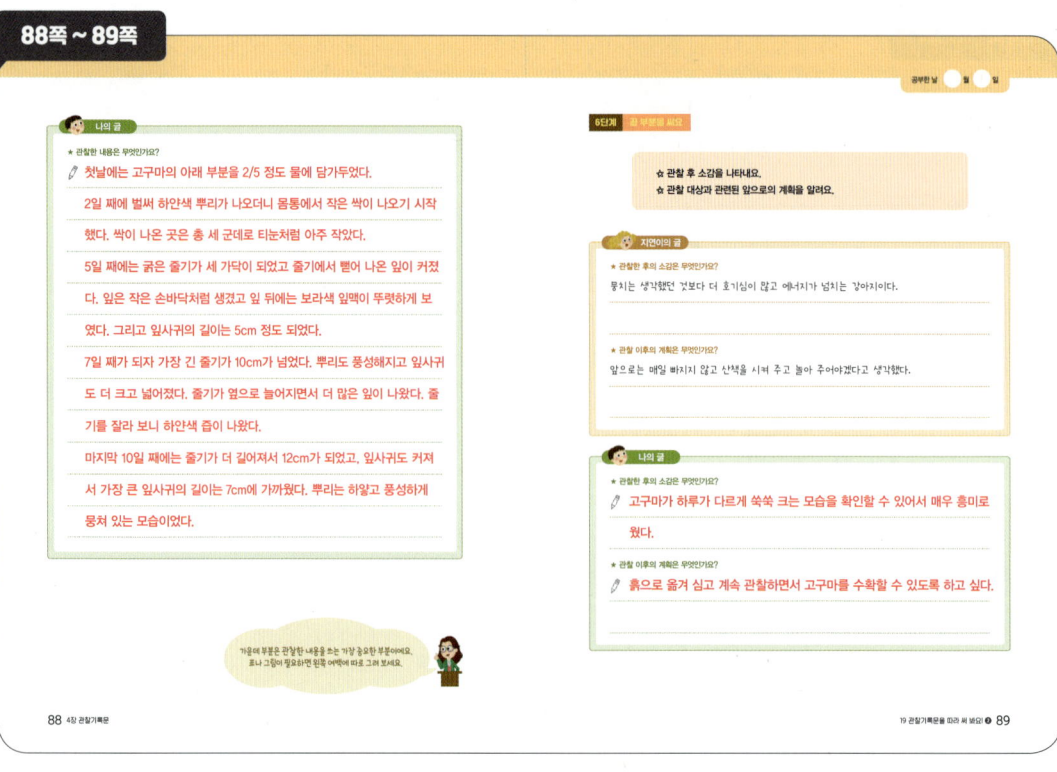

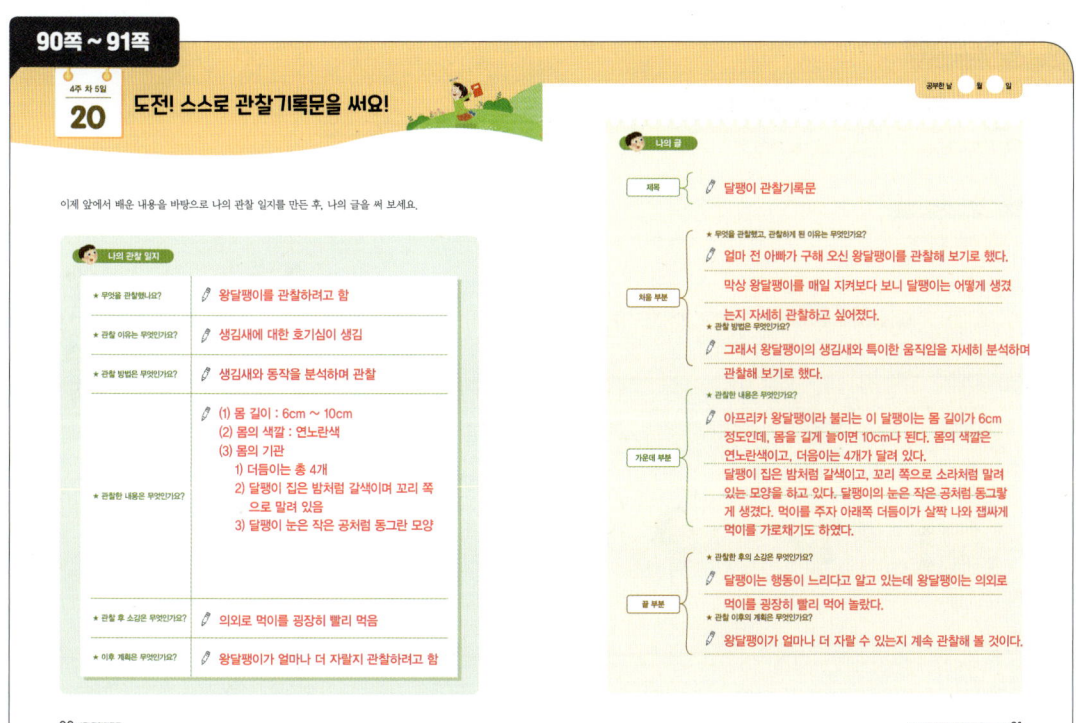

5장
책을 읽은 느낌과 생각을 정리해요: 독서감상문

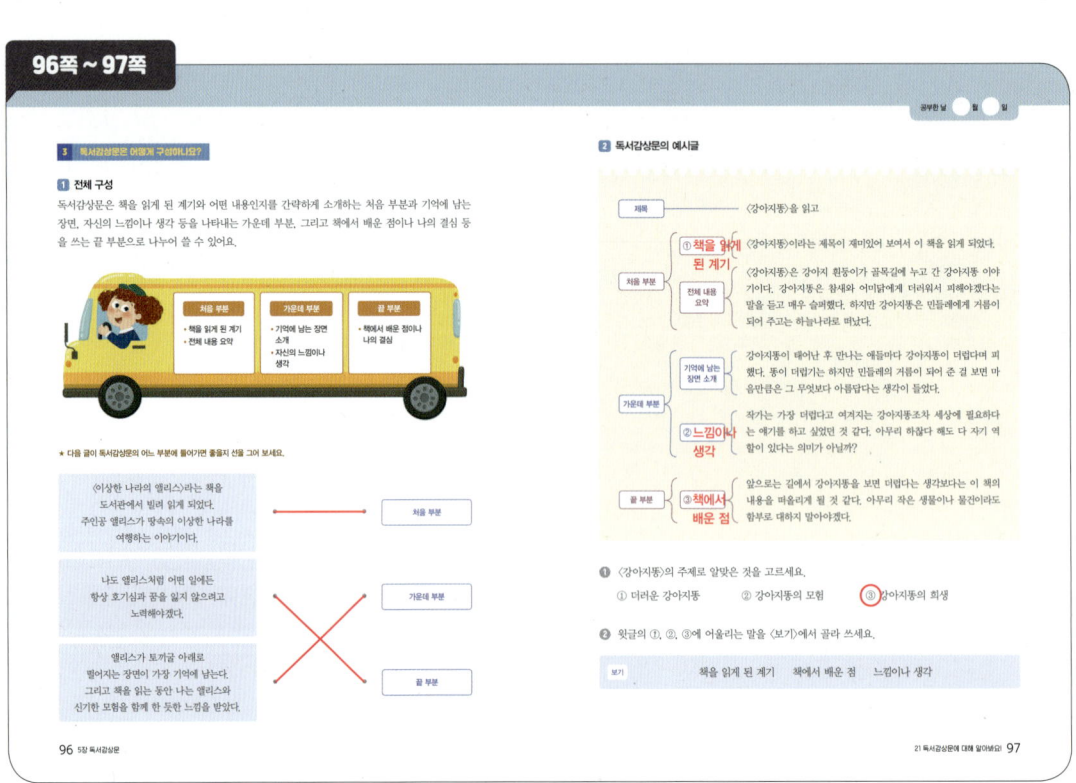

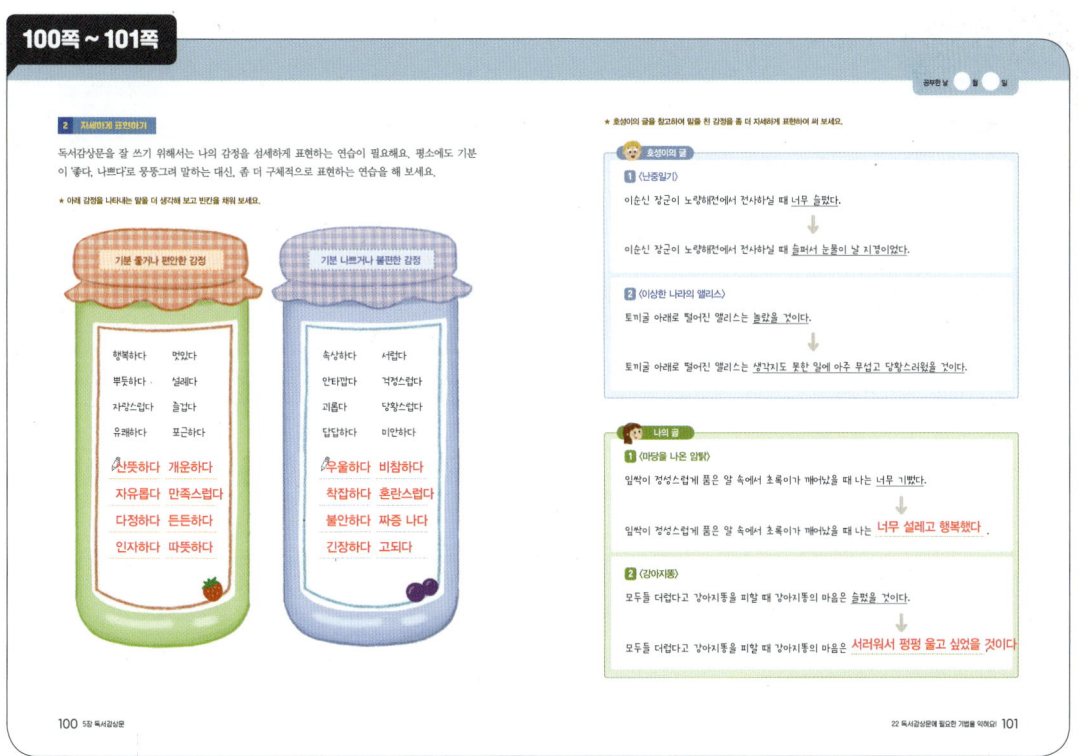

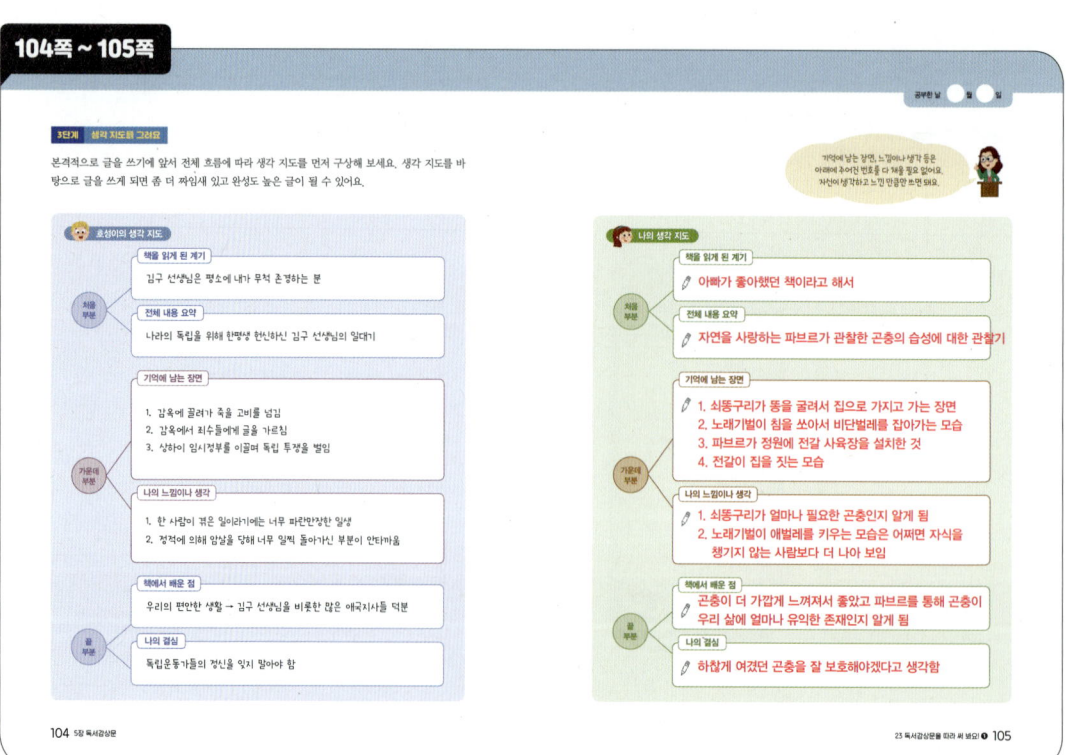

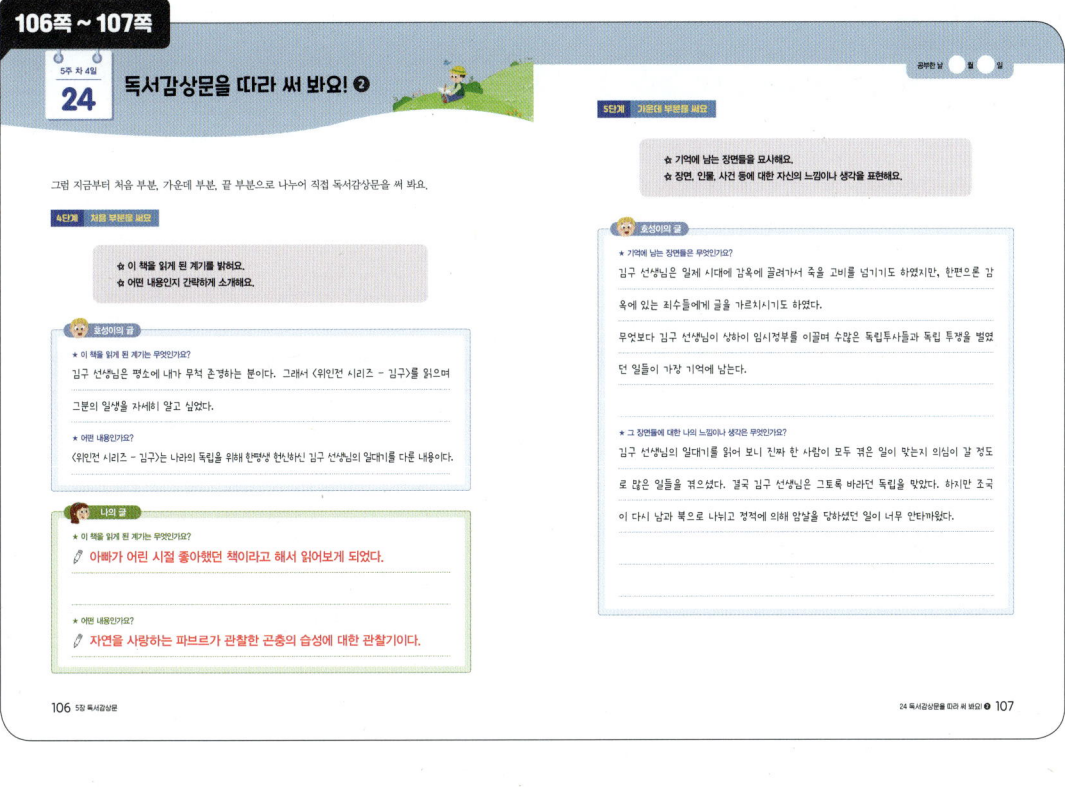

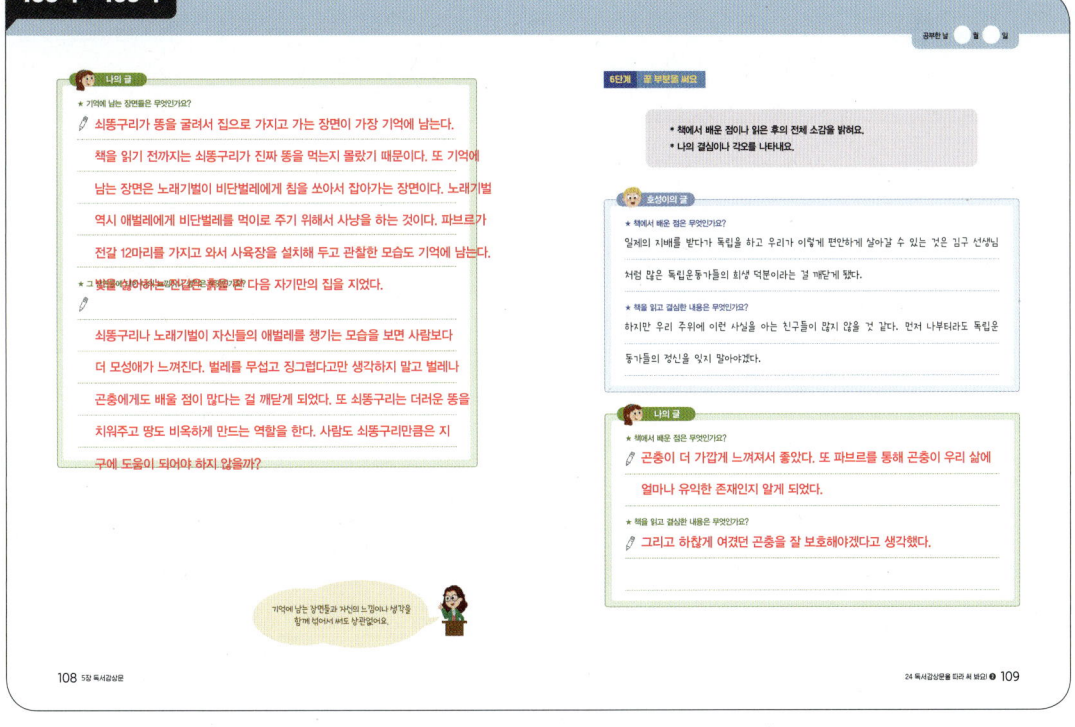

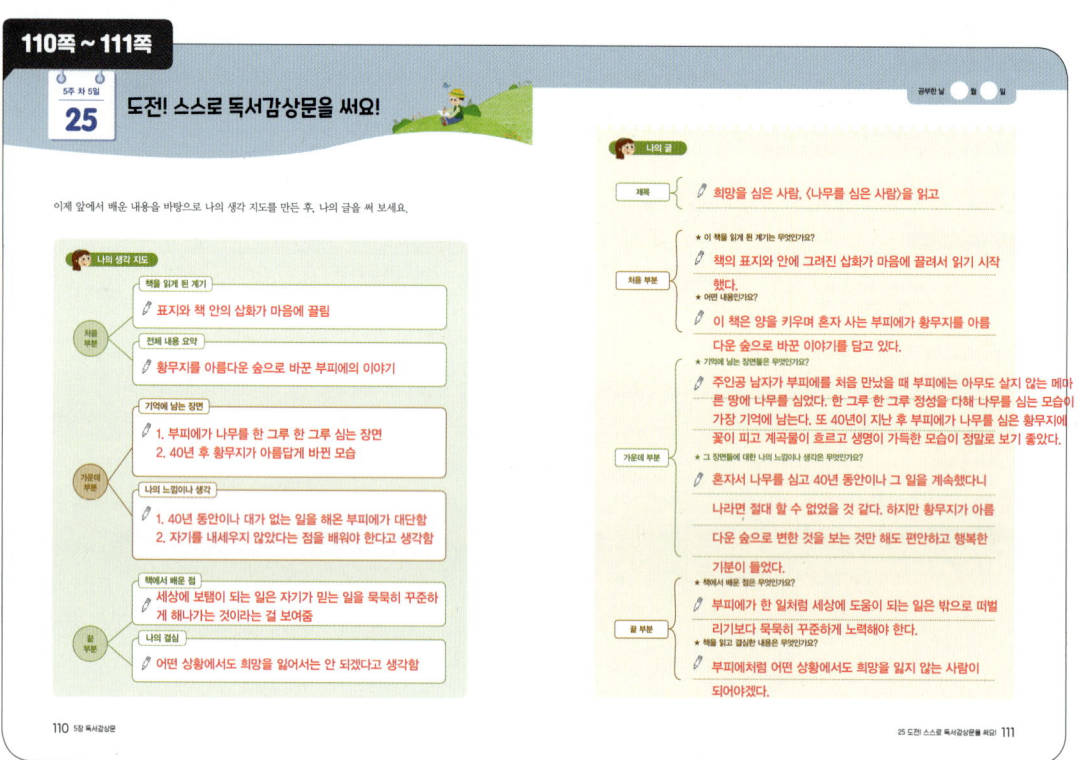

6장
사실과 정보를 전달해요: 설명문

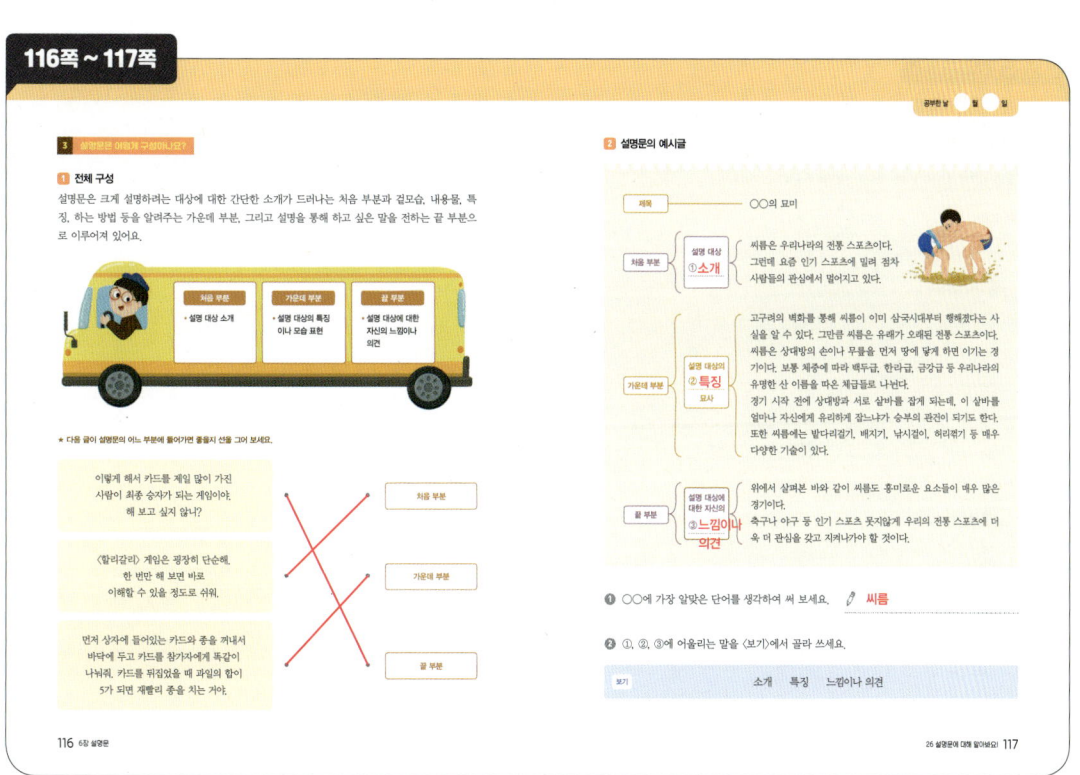

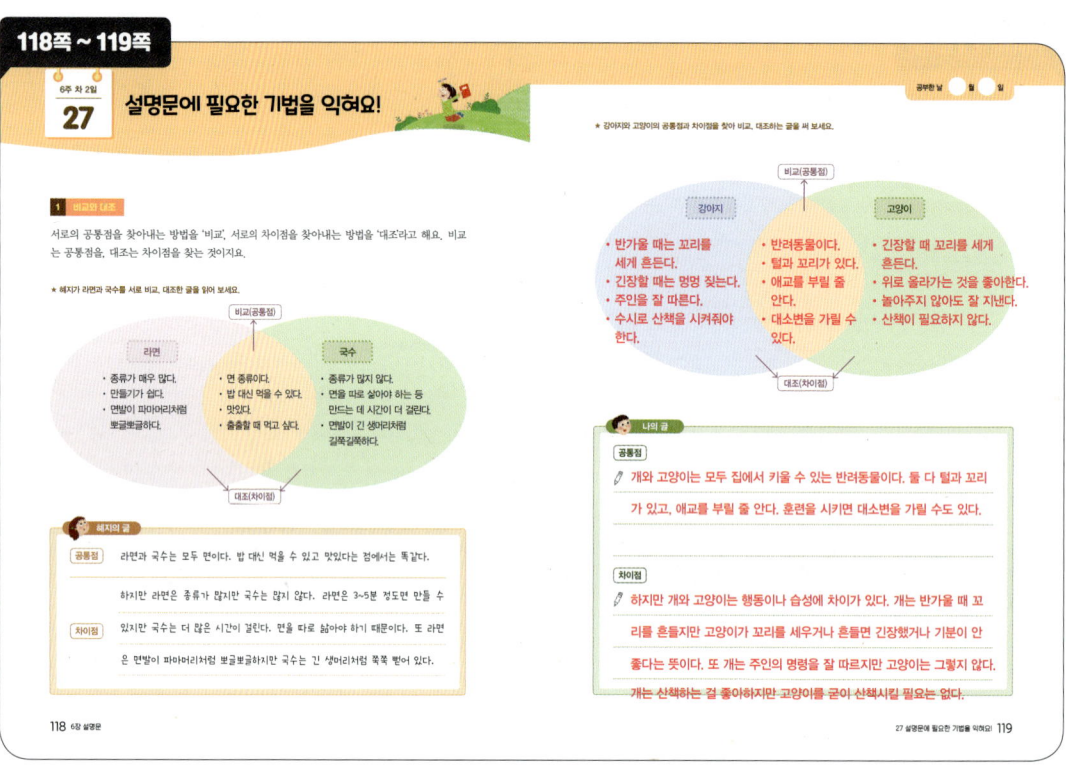

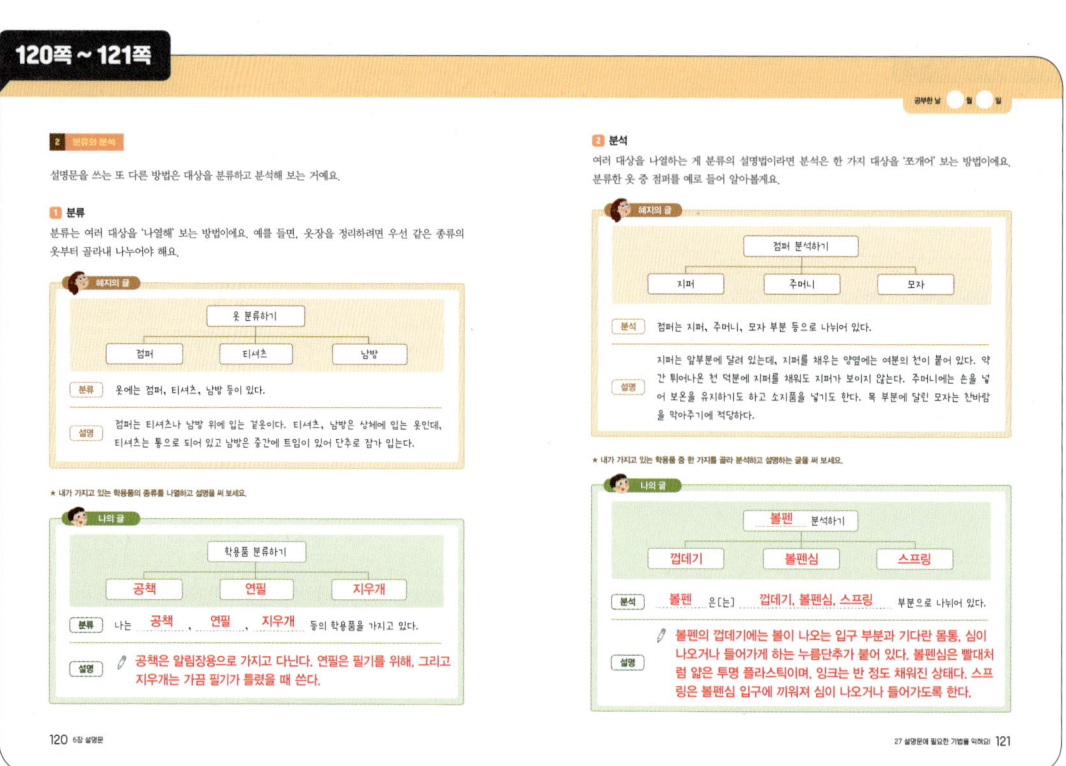

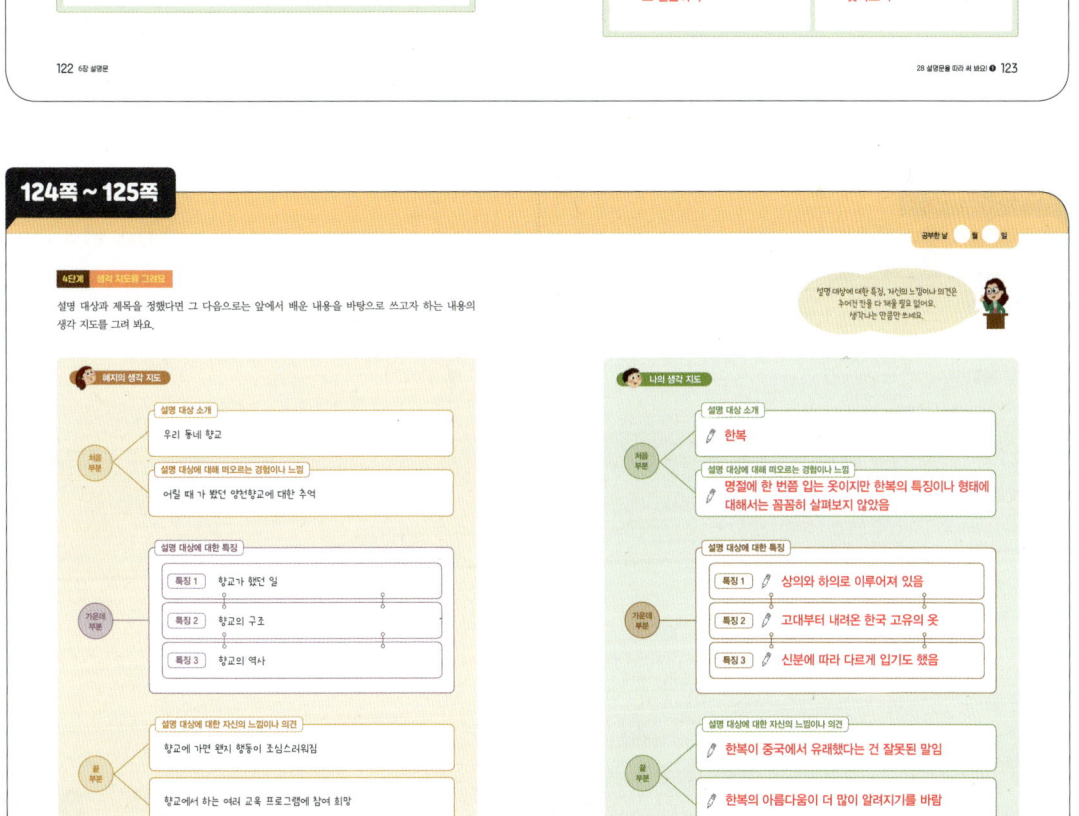

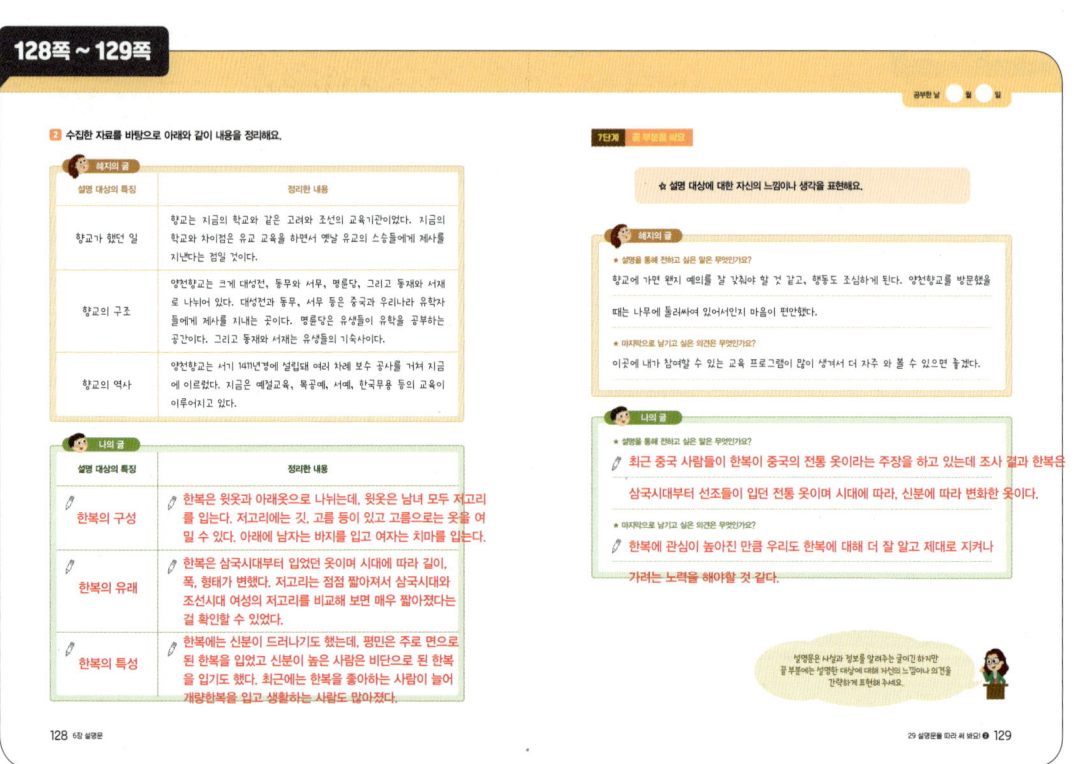

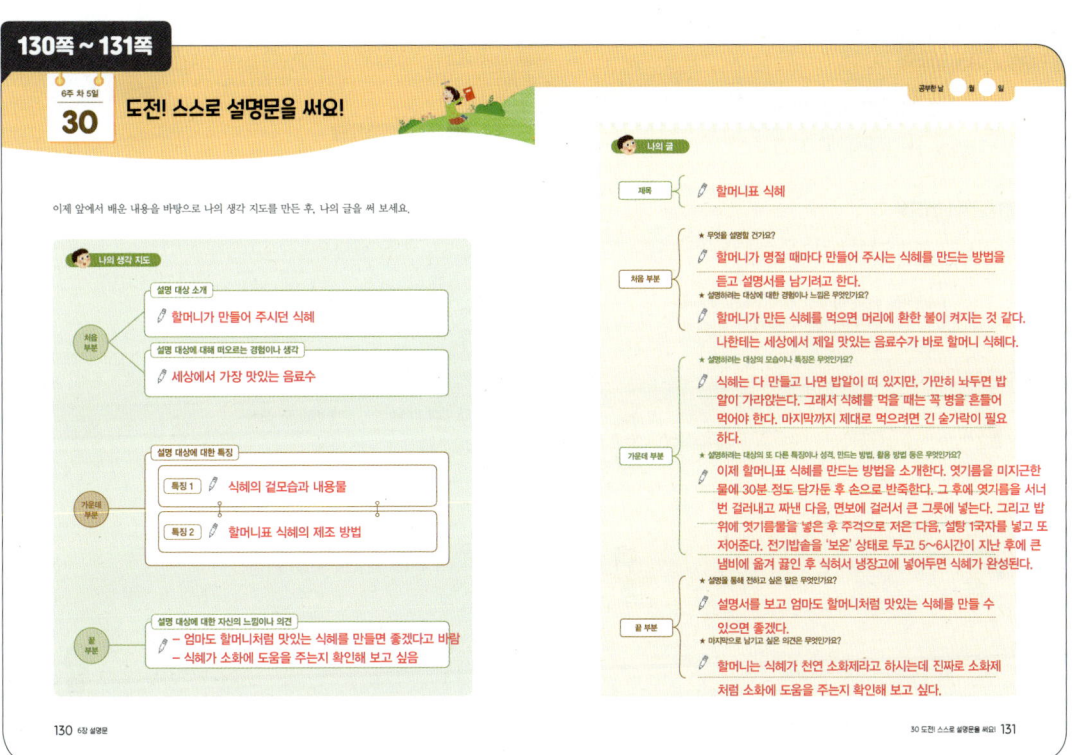

7장
주장을 내세워요: 논설문

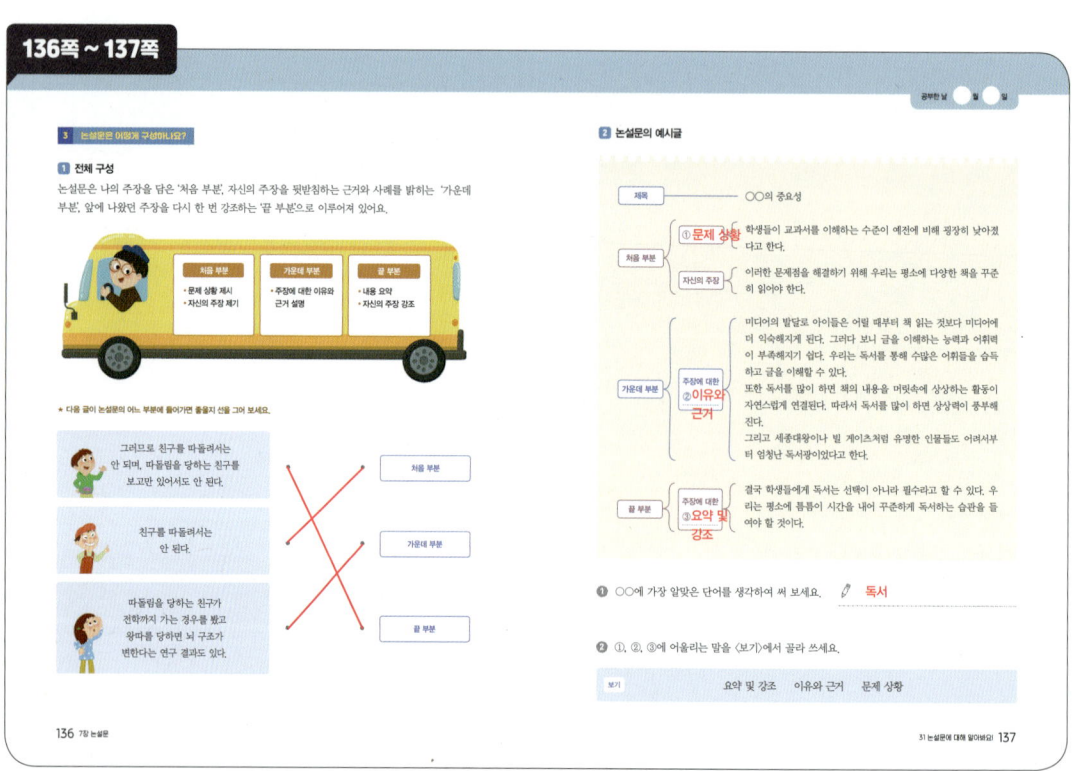

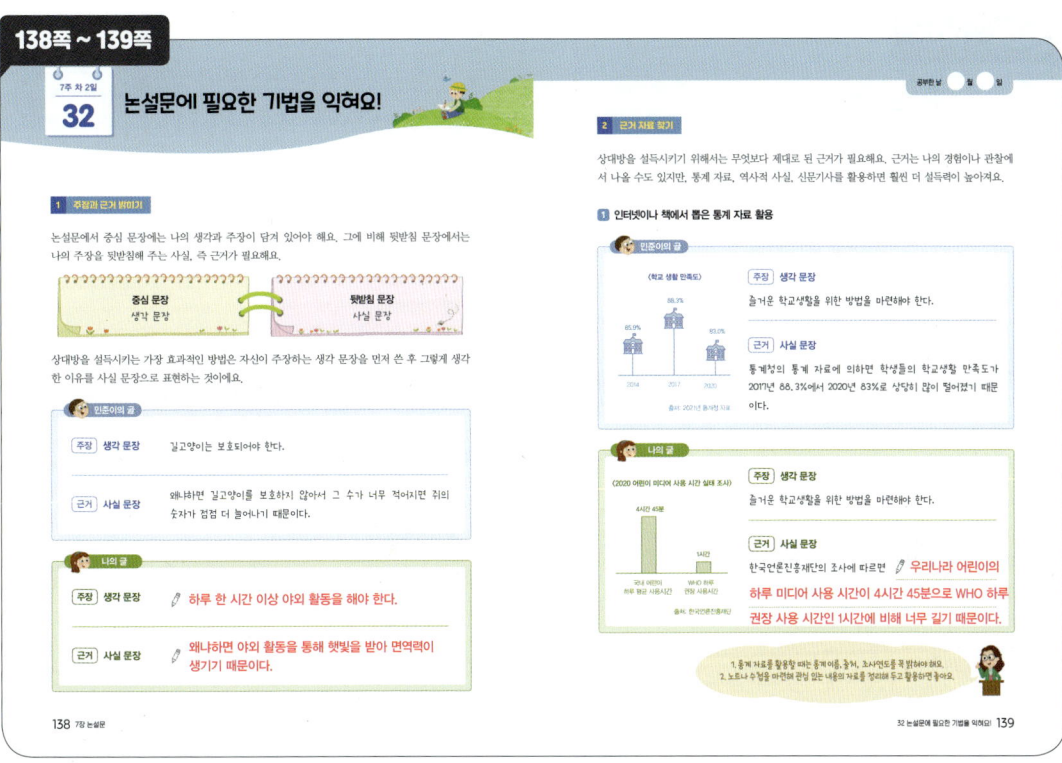

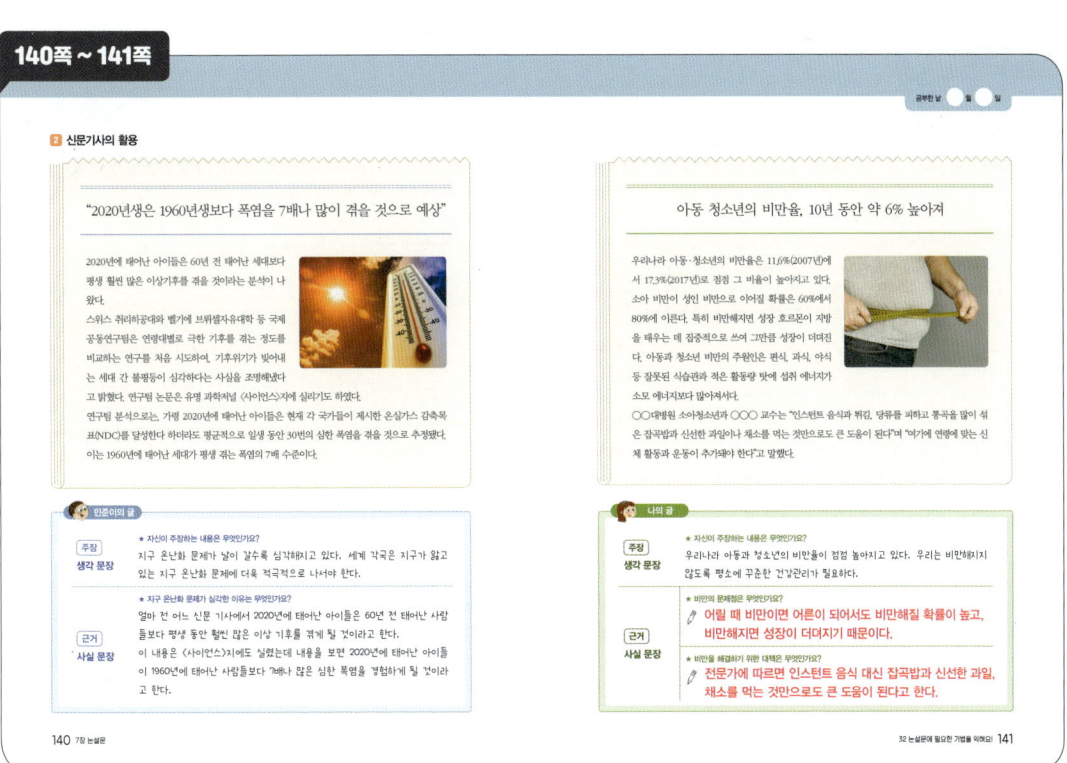

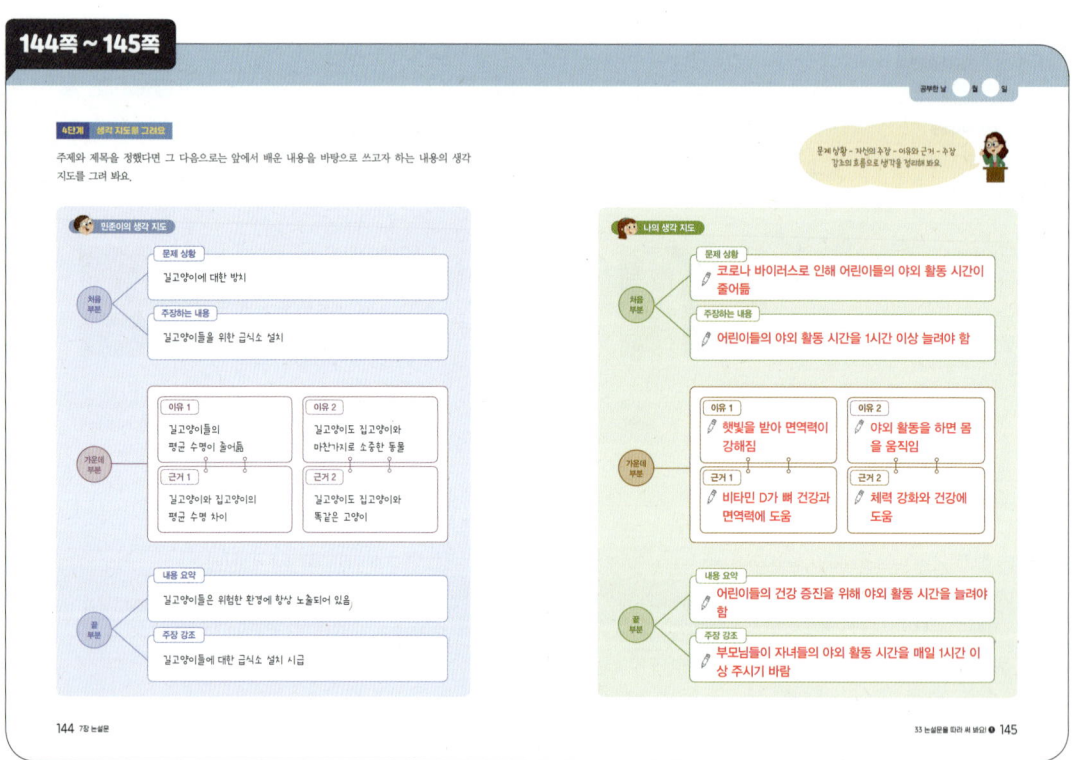

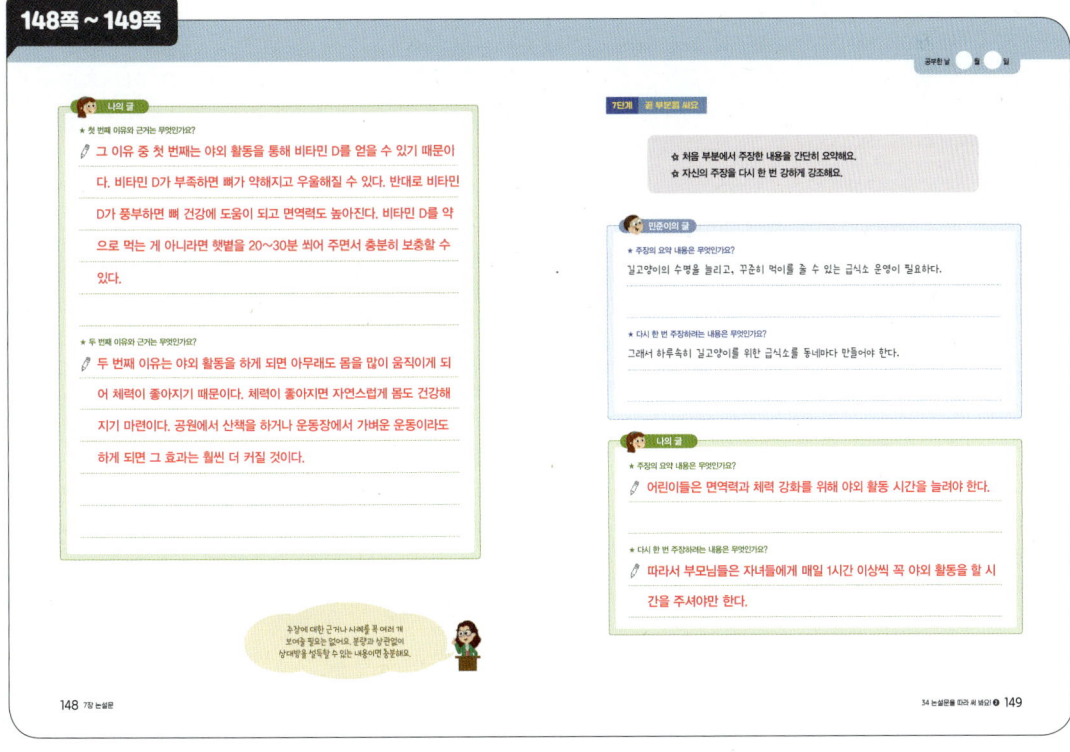

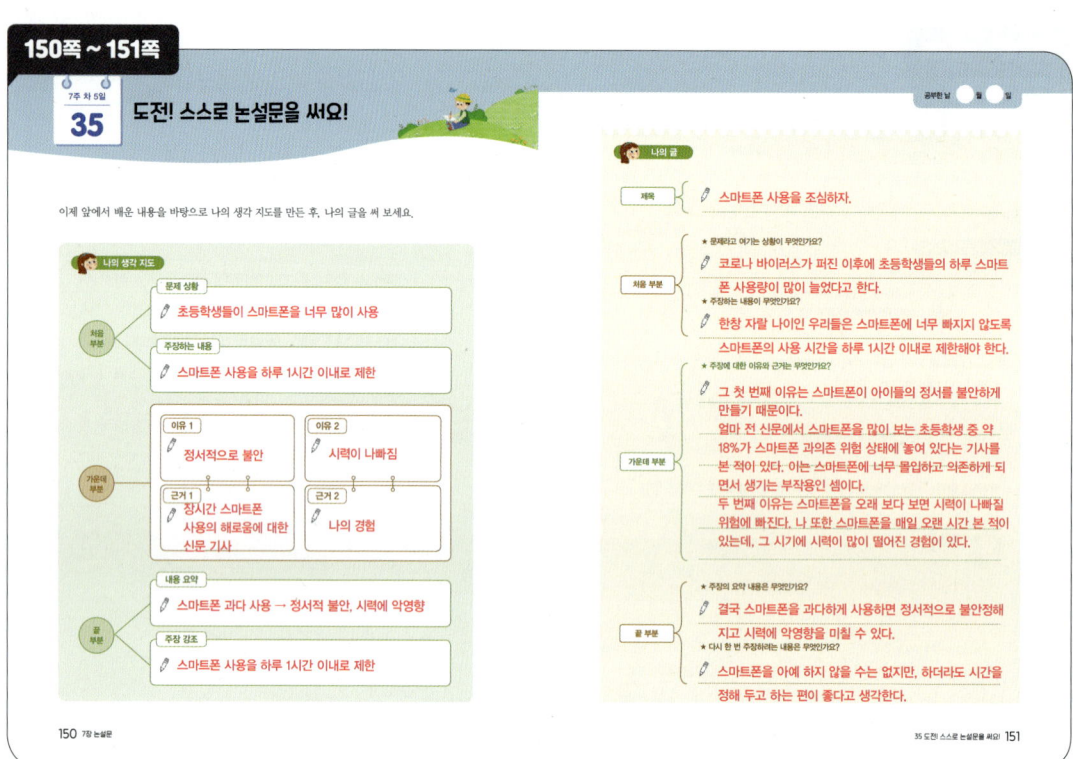

8장
상상의 나래를 펼쳐요: 상상문

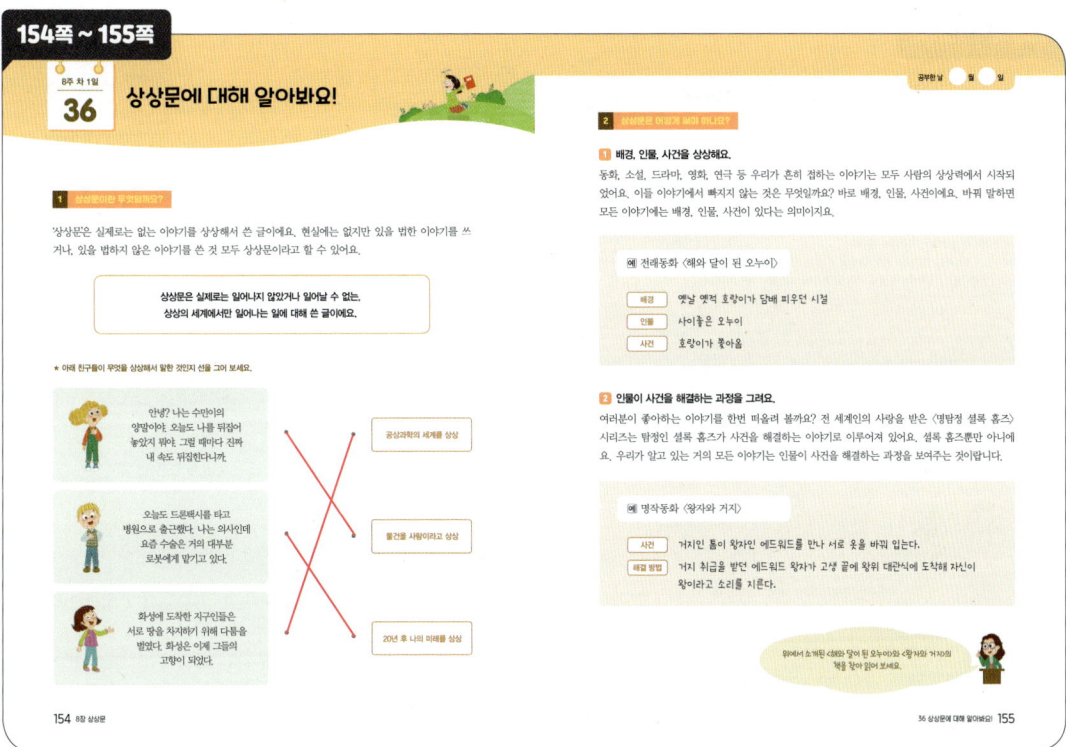

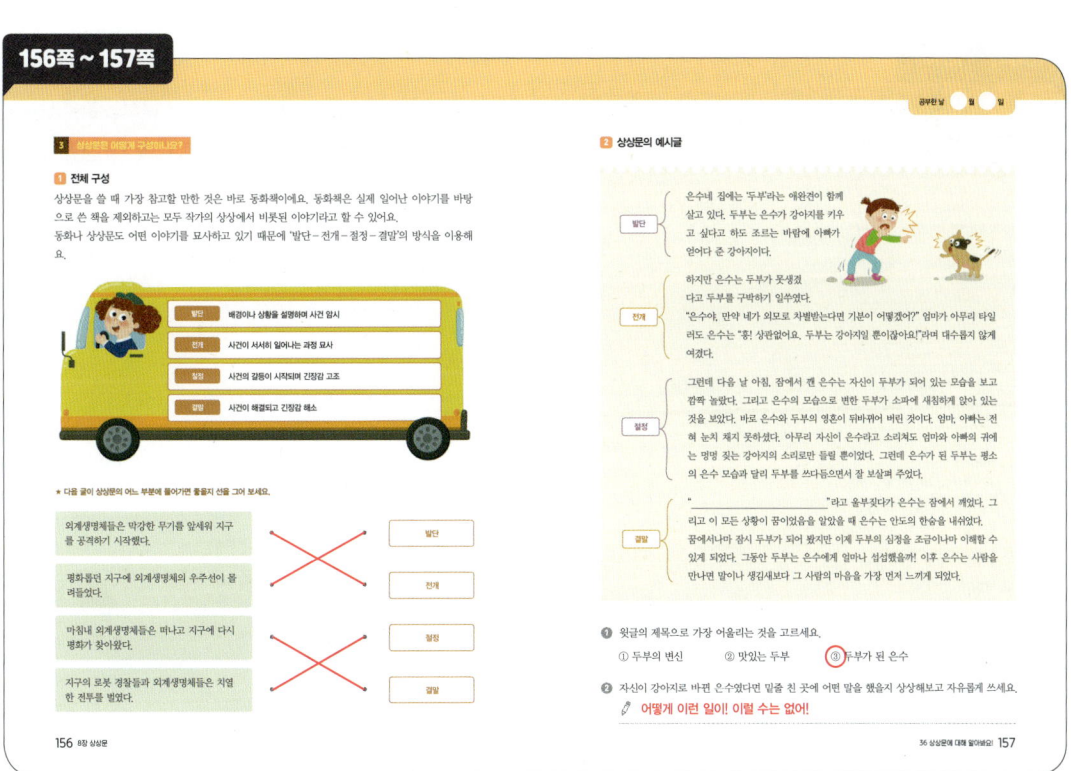

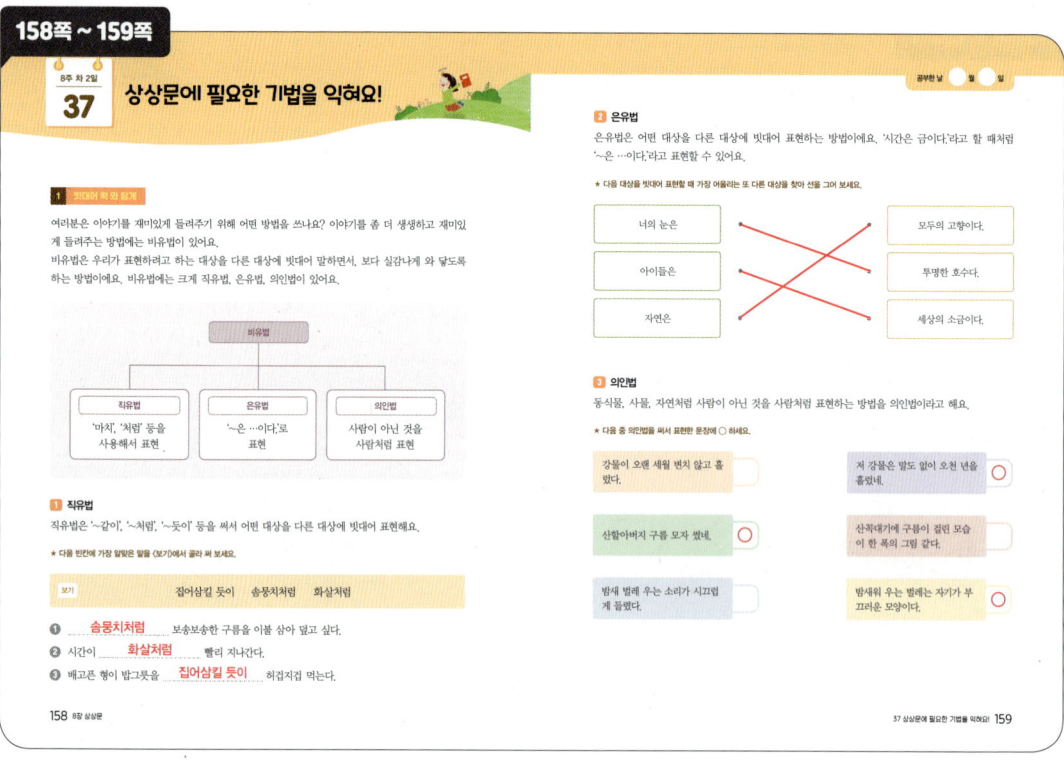

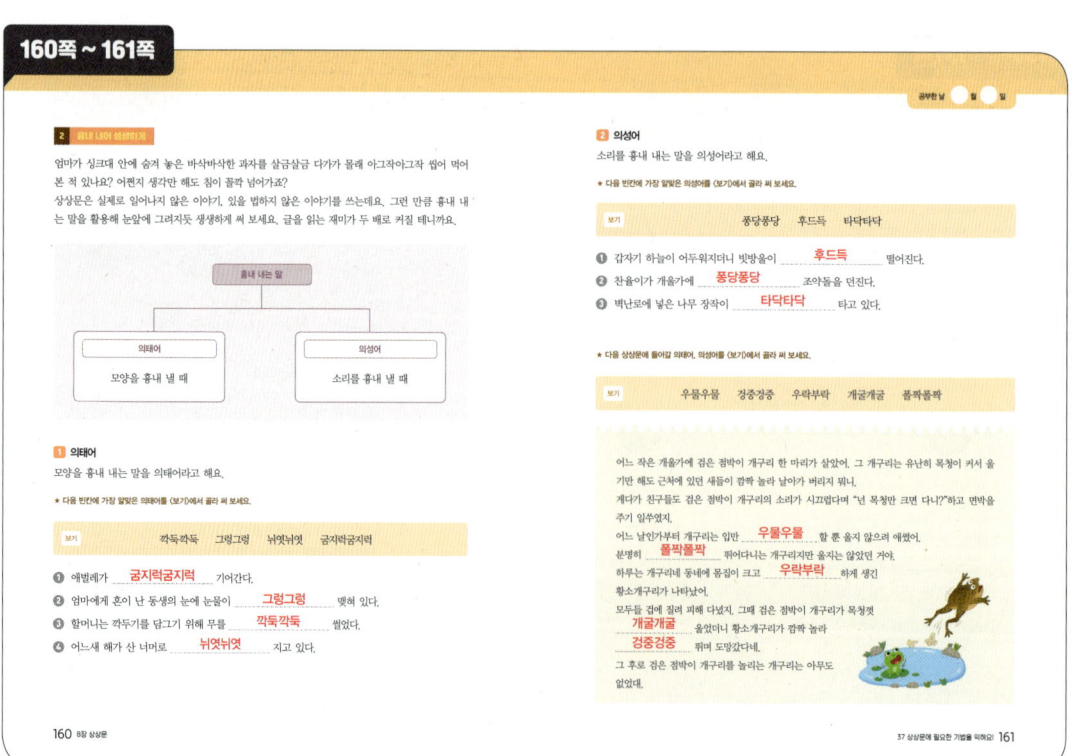

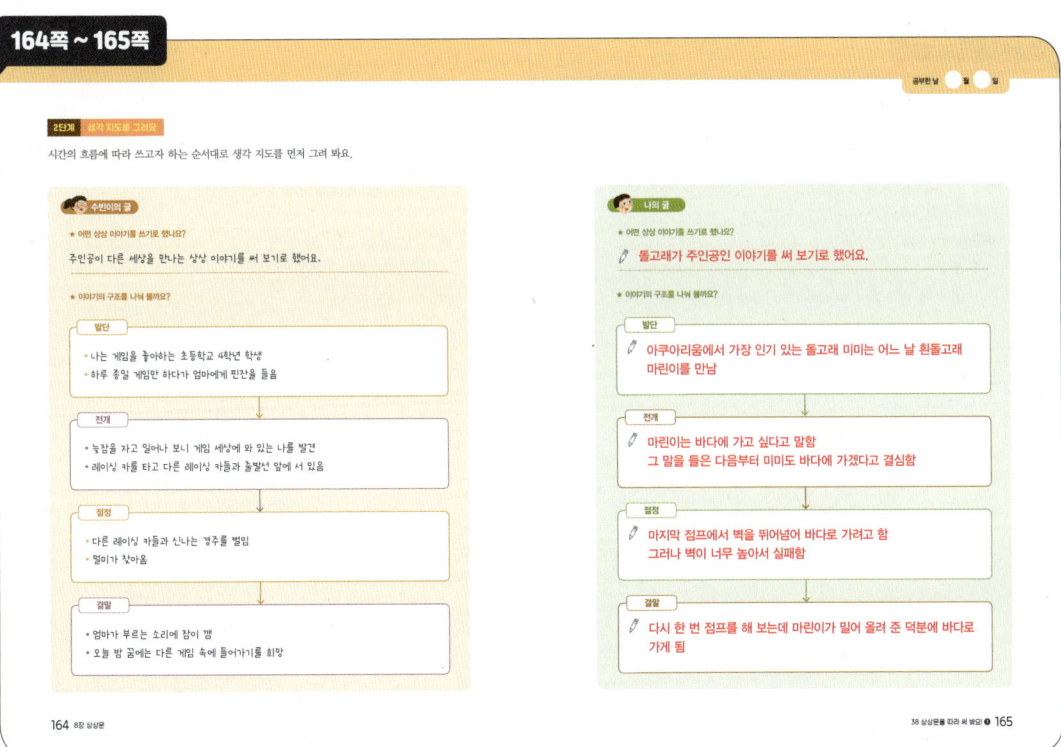

170쪽 ~ 171쪽

40. 도전! 스스로 상상문을 써요!

이제 앞에서 배운 내용을 바탕으로 나의 생각 지도를 만든 후, 나의 글을 써 보세요.

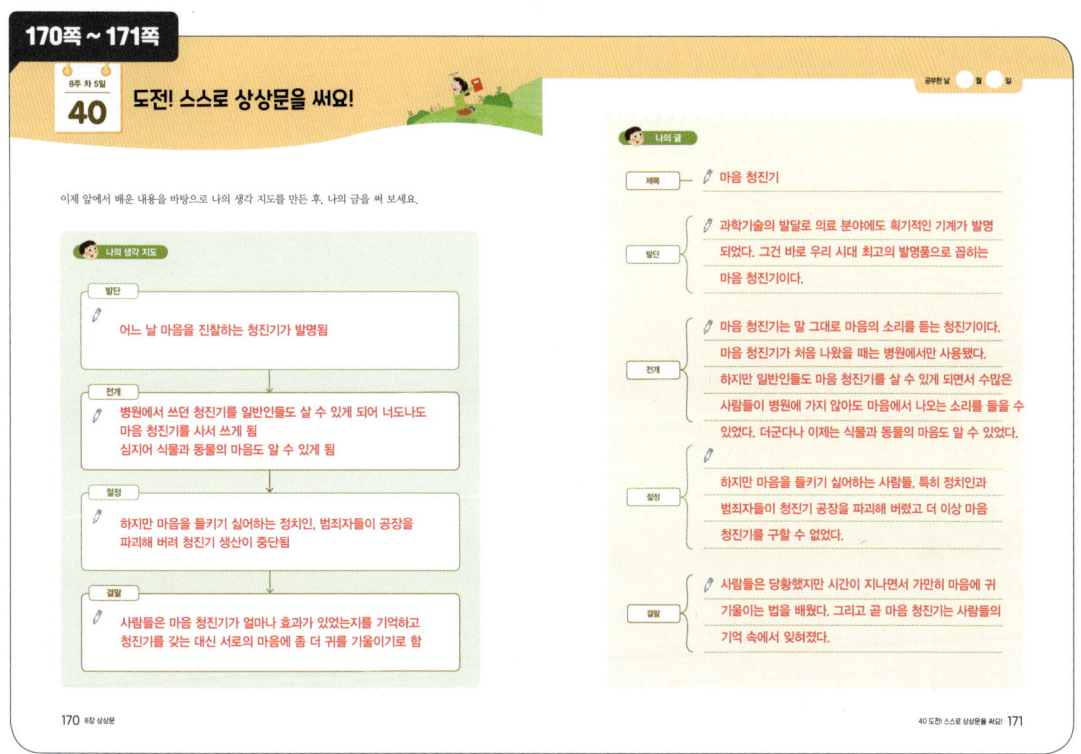

나의 생각 지도

- 발단: 어느 날 마음을 진찰하는 청진기가 발명됨
- 전개: 병원에서 쓰던 청진기를 일반인들도 살 수 있게 되어 너도나도 마음 청진기를 사서 쓰게 됨 / 심지어 식물과 동물의 마음도 알 수 있게 됨
- 절정: 하지만 마음을 들키기 싫어하는 정치인, 범죄자들이 공장을 파괴해 버려 청진기 생산이 중단됨
- 결말: 사람들은 마음 청진기가 얼마나 효과가 있었는지를 기억하고 청진기를 갖는 대신 서로의 마음에 좀 더 귀를 기울이기로 함

나의 글

- 제목: 마음 청진기
- 발단: 과학기술의 발달로 의료 분야에도 획기적인 기계가 발명되었다. 그건 바로 우리 시대 최고의 발명품으로 꼽히는 마음 청진기이다.
- 전개: 마음 청진기는 말 그대로 마음의 소리를 듣는 청진기이다. 마음 청진기가 처음 나왔을 때는 병원에서만 사용됐다. 하지만 일반인들도 마음 청진기를 살 수 있게 되면서 수많은 사람들이 병원에 가지 않아도 마음에서 나오는 소리를 들을 수 있었다. 더군다나 이제는 식물과 동물의 마음도 알 수 있었다.
- 절정: 하지만 마음을 들키기 싫어하는 사람들, 특히 정치인과 범죄자들이 청진기 공장을 파괴해 버렸고 더 이상 마음 청진기를 구할 수 없었다.
- 결말: 사람들은 당황했지만 시간이 지나면서 가만히 마음에 귀 기울이는 법을 배웠다. 그리고 곧 마음 청진기는 사람들의 기억 속에서 잊혀졌다.

초등 글쓰기
무작정 따라하기

글의 종류 편

글쓰기 훈련집 답안

- 4쪽 ~ 7쪽   46
- 8쪽 ~ 11쪽   47
- 12쪽 ~ 15쪽   48
- 16쪽 ~ 19쪽   49
- 20쪽 ~ 23쪽   50
- 24쪽 ~ 27쪽   51
- 28쪽 ~ 31쪽   52
- 32쪽 ~ 35쪽   53
- 36쪽 ~ 39쪽   54
- 40쪽 ~ 43쪽   55

훈련집 활용하기

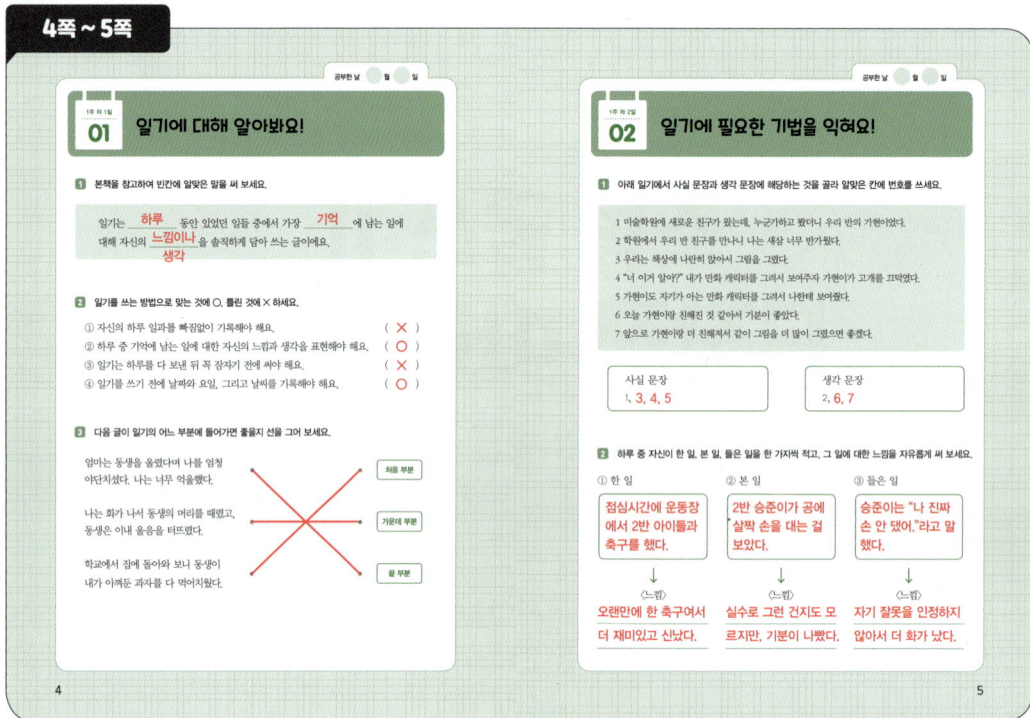

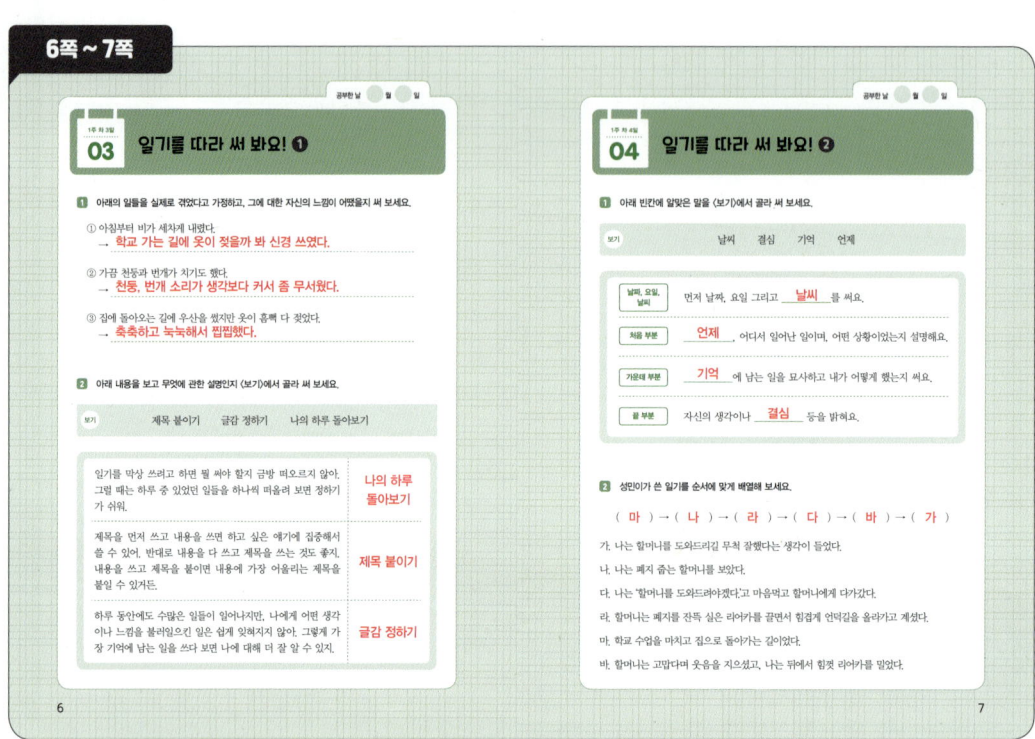

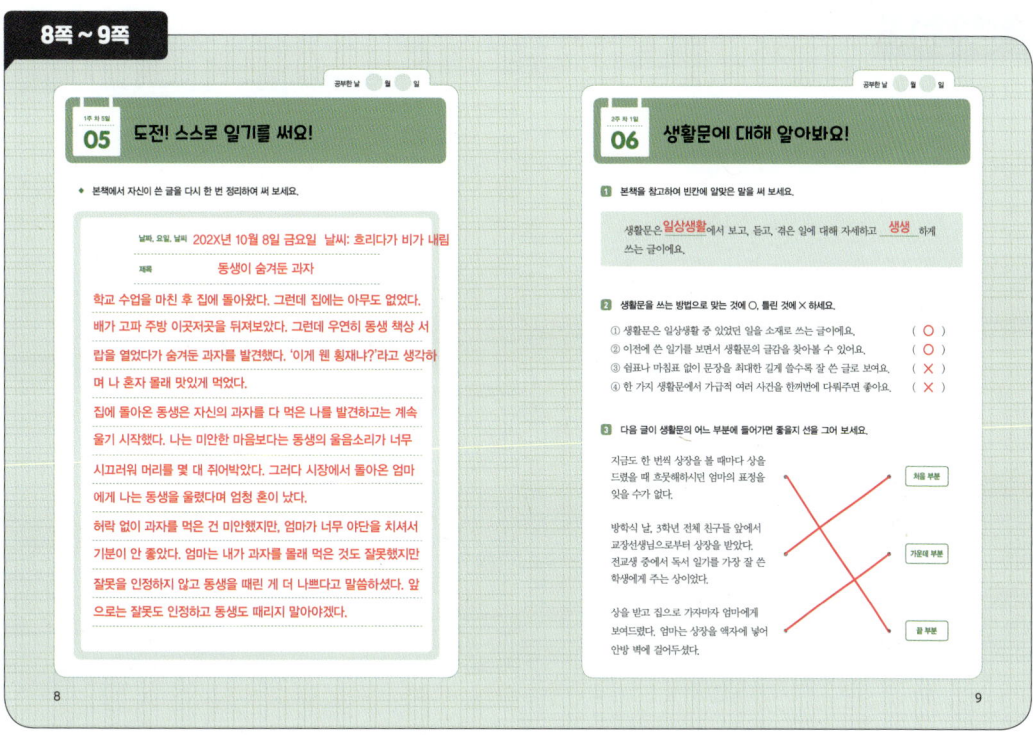

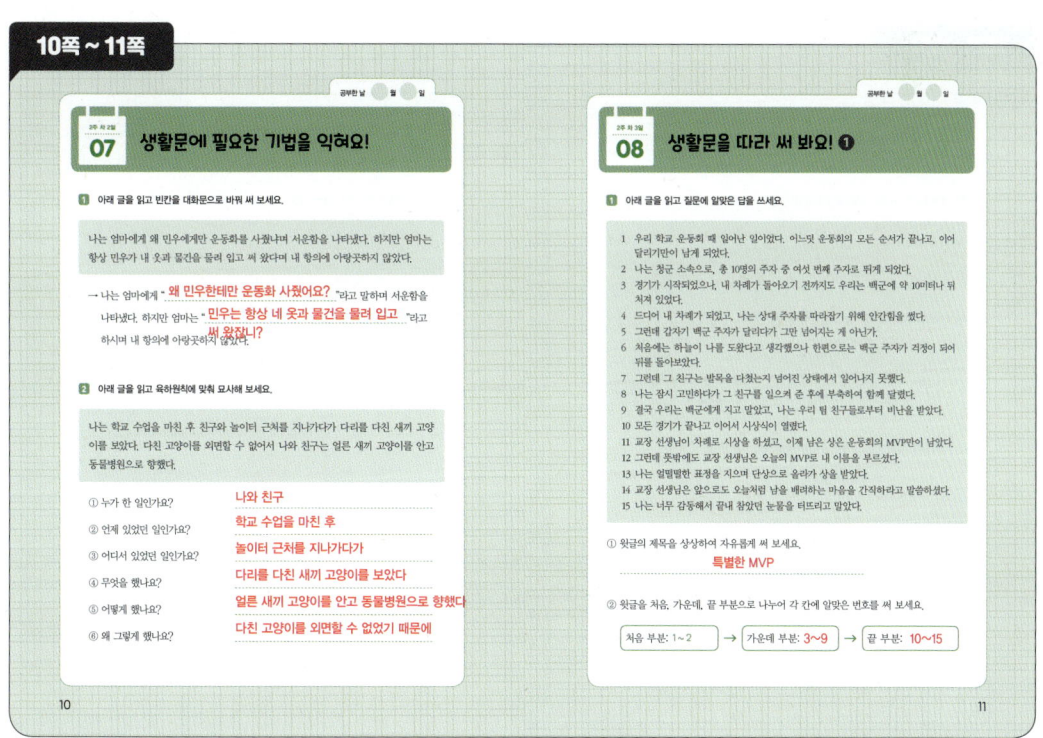

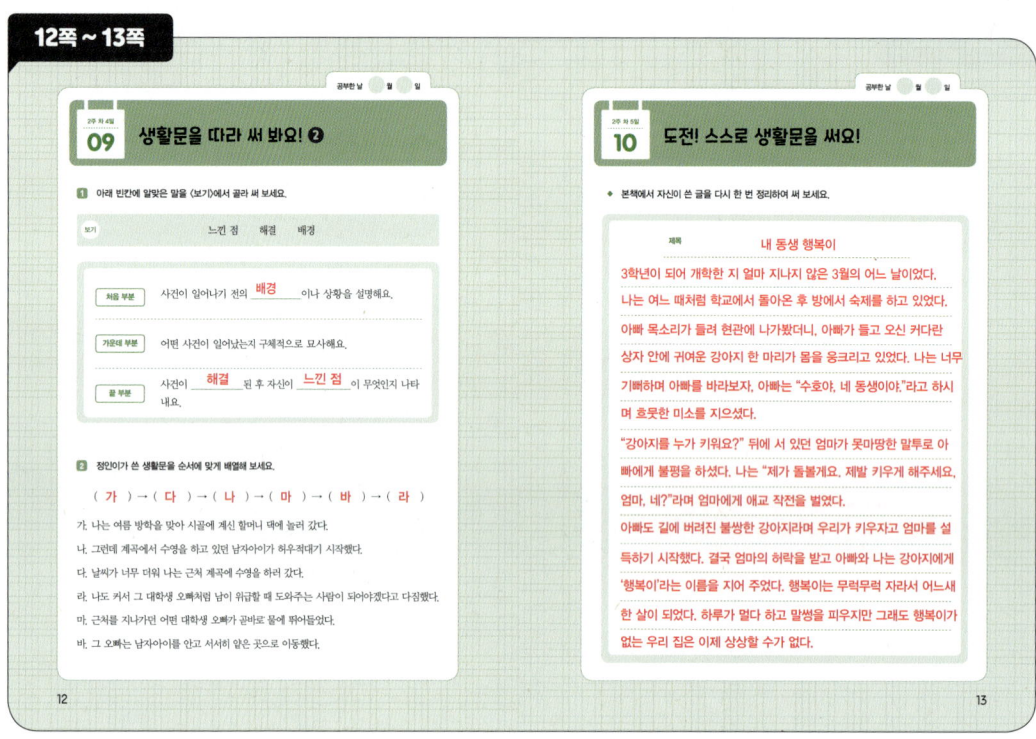

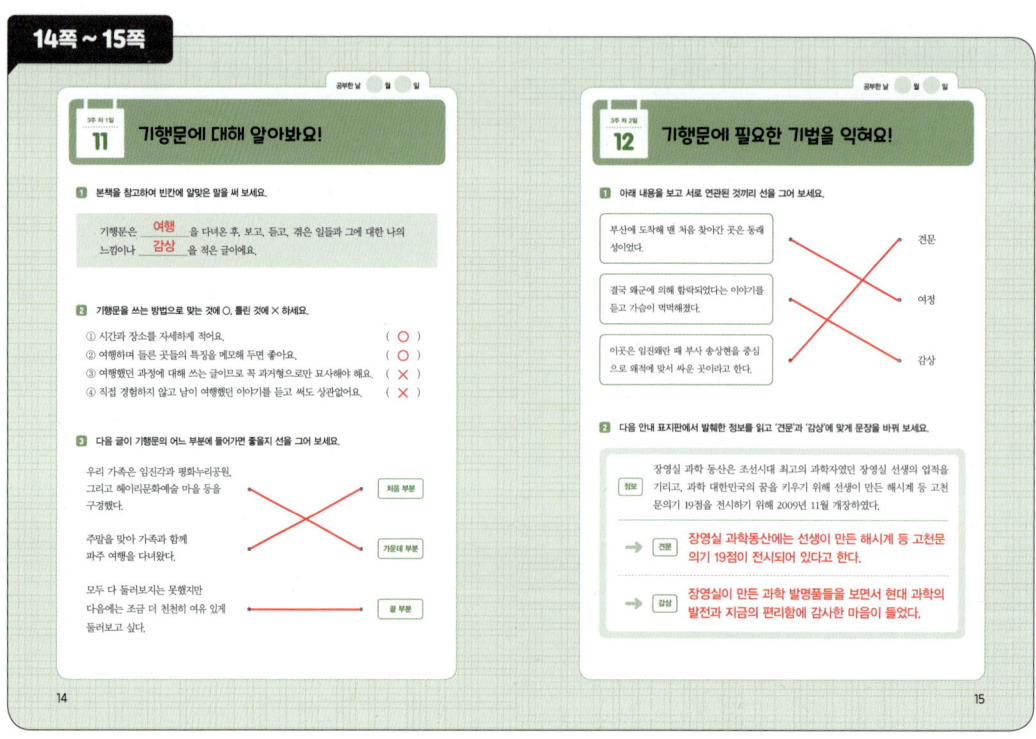

16쪽 ~ 17쪽

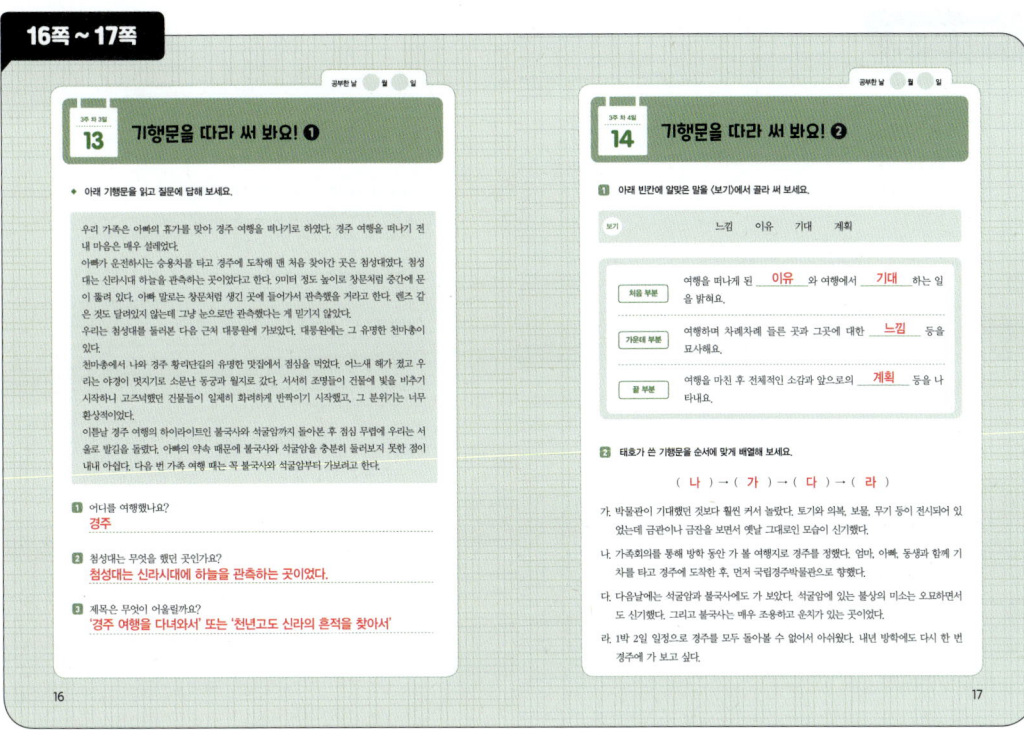

18쪽 ~ 19쪽

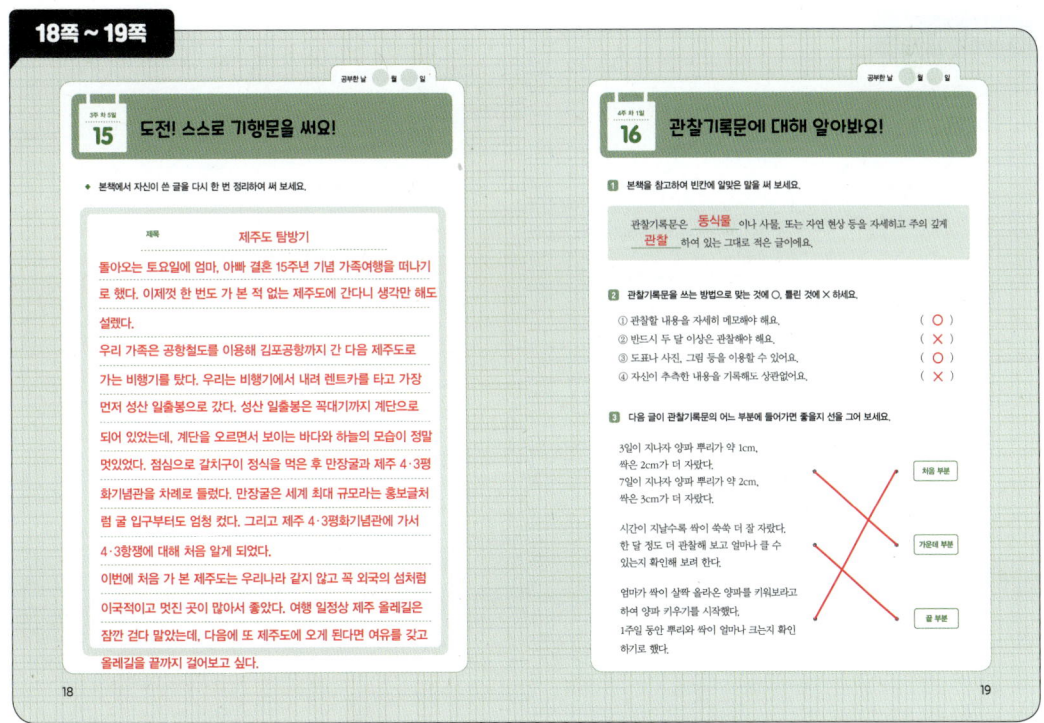

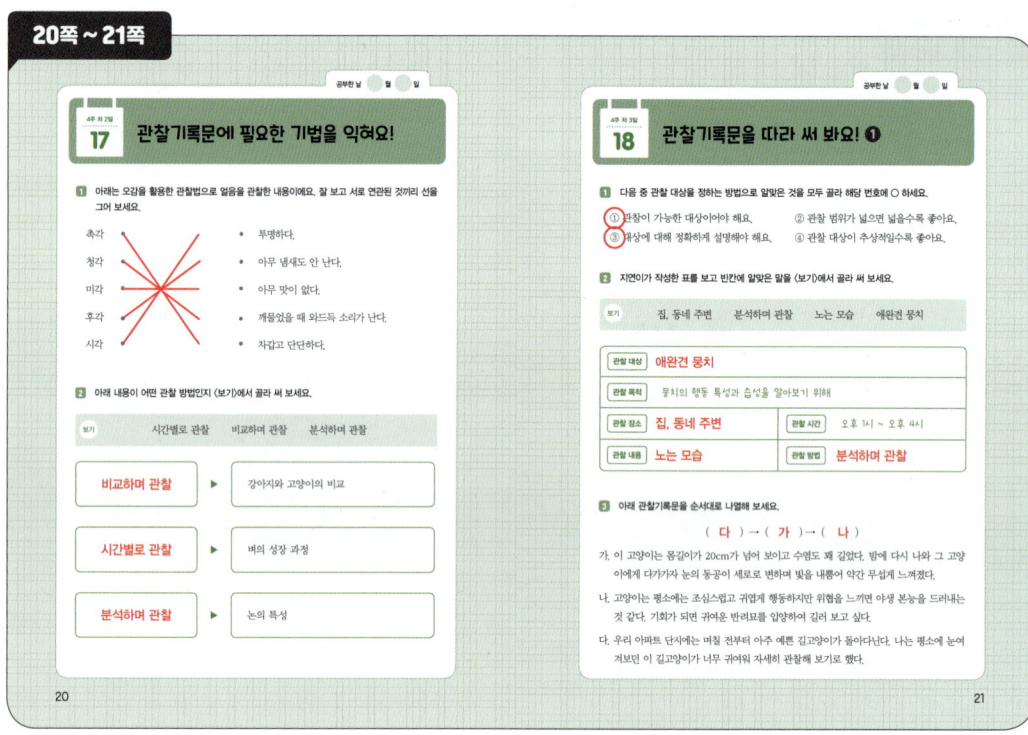

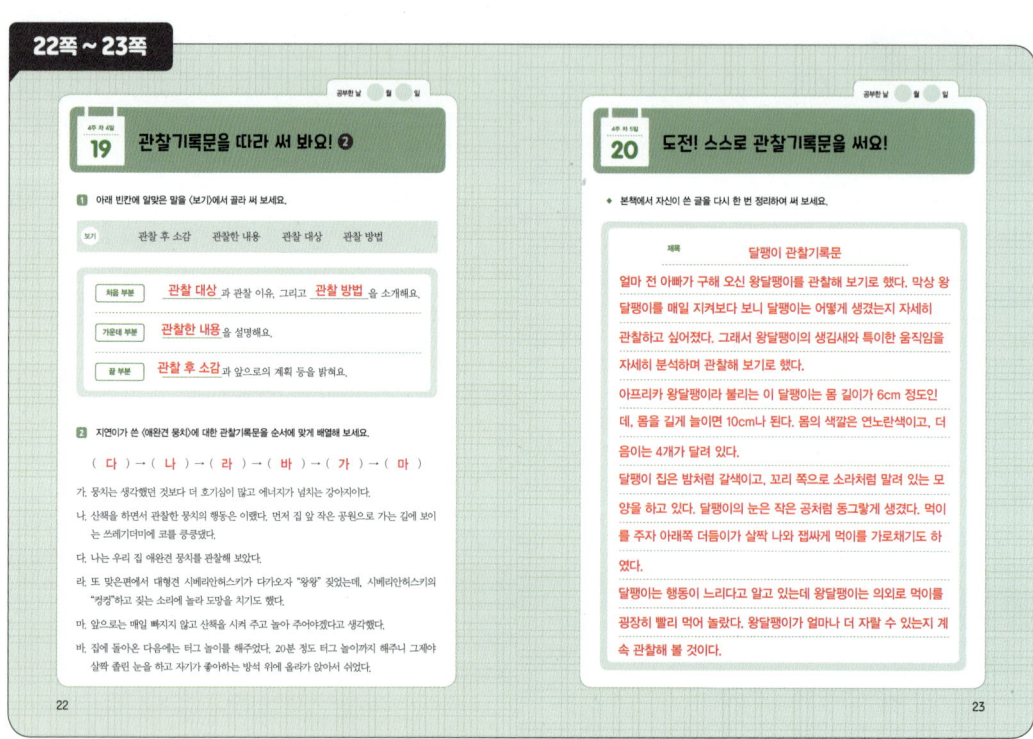

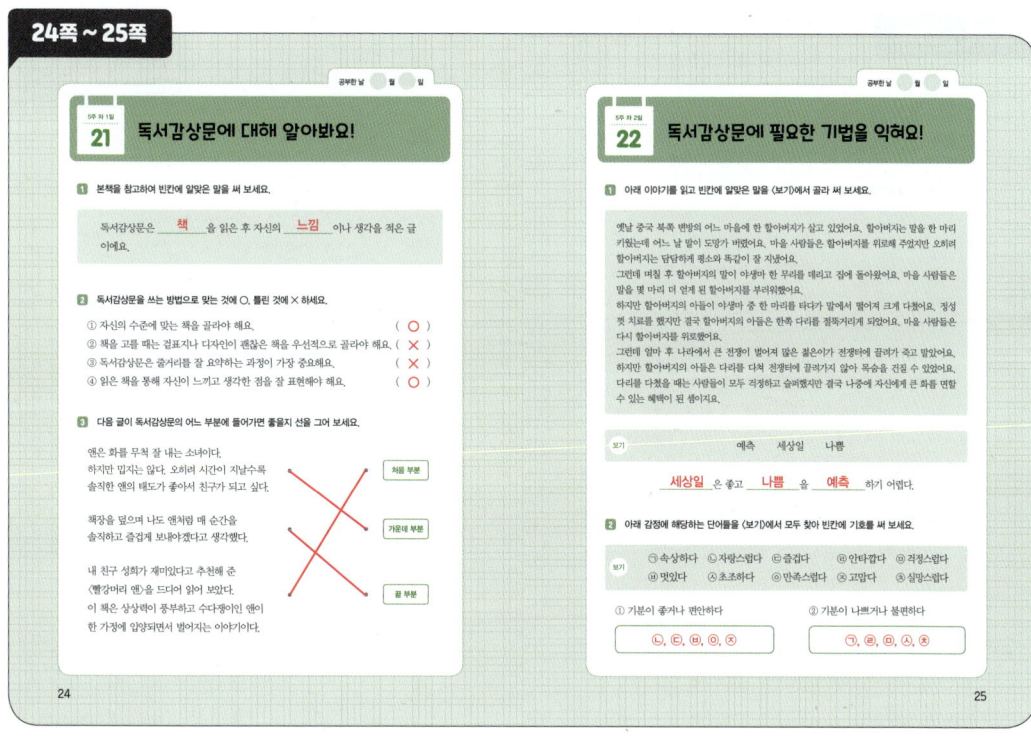

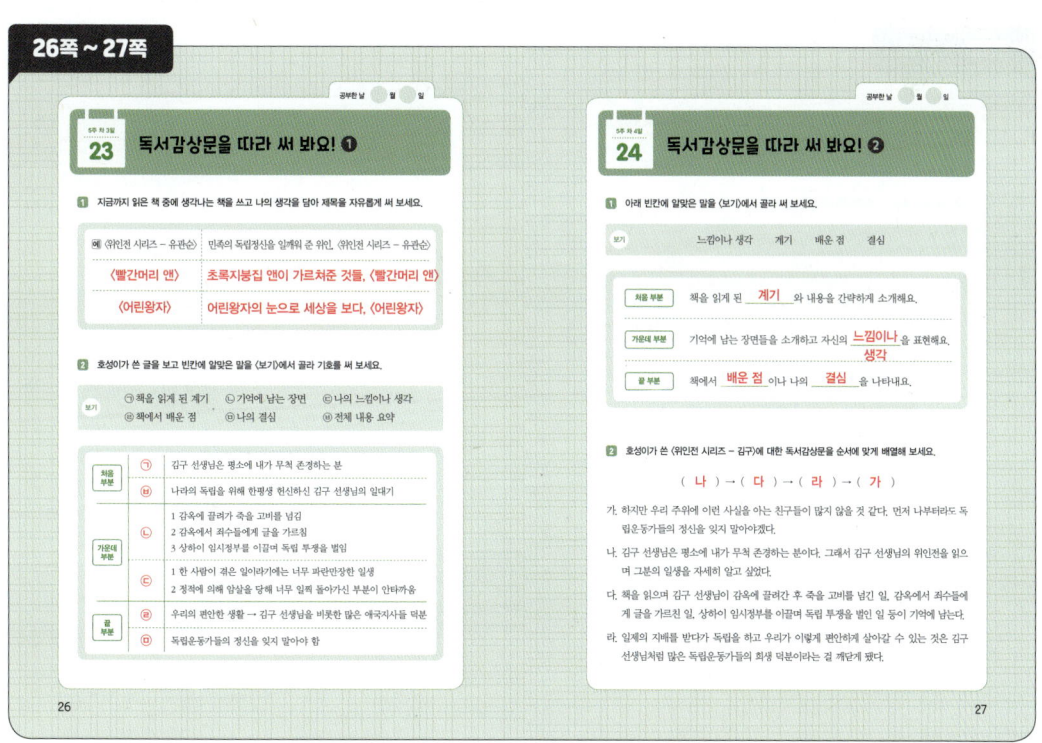

28쪽 ~ 29쪽

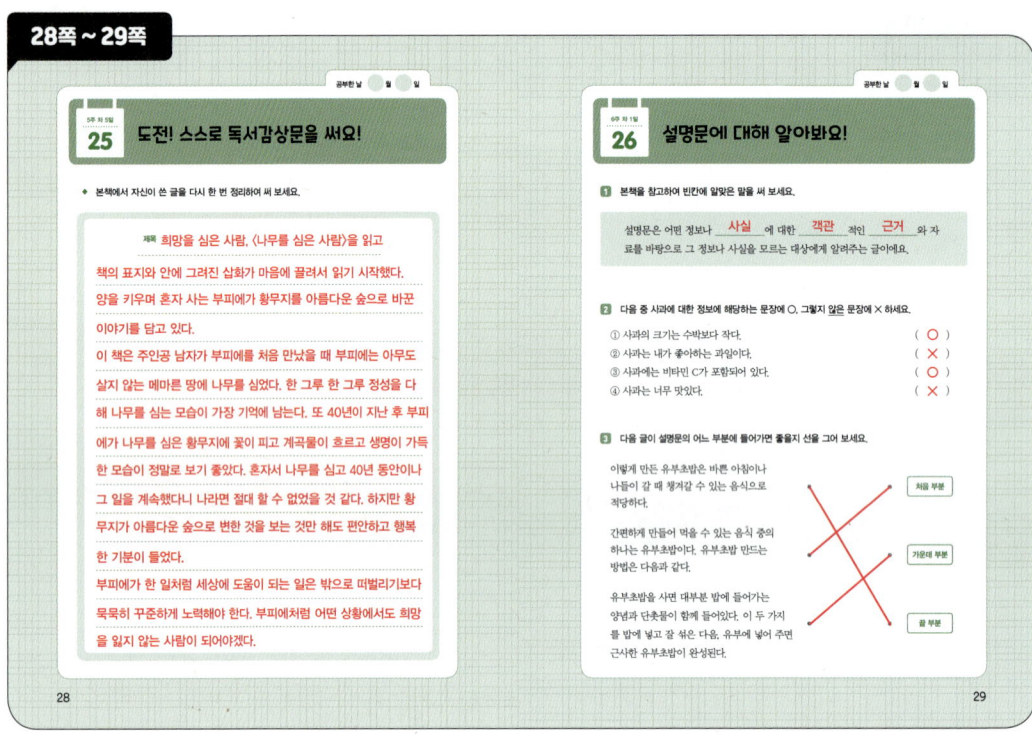

30쪽 ~ 31쪽

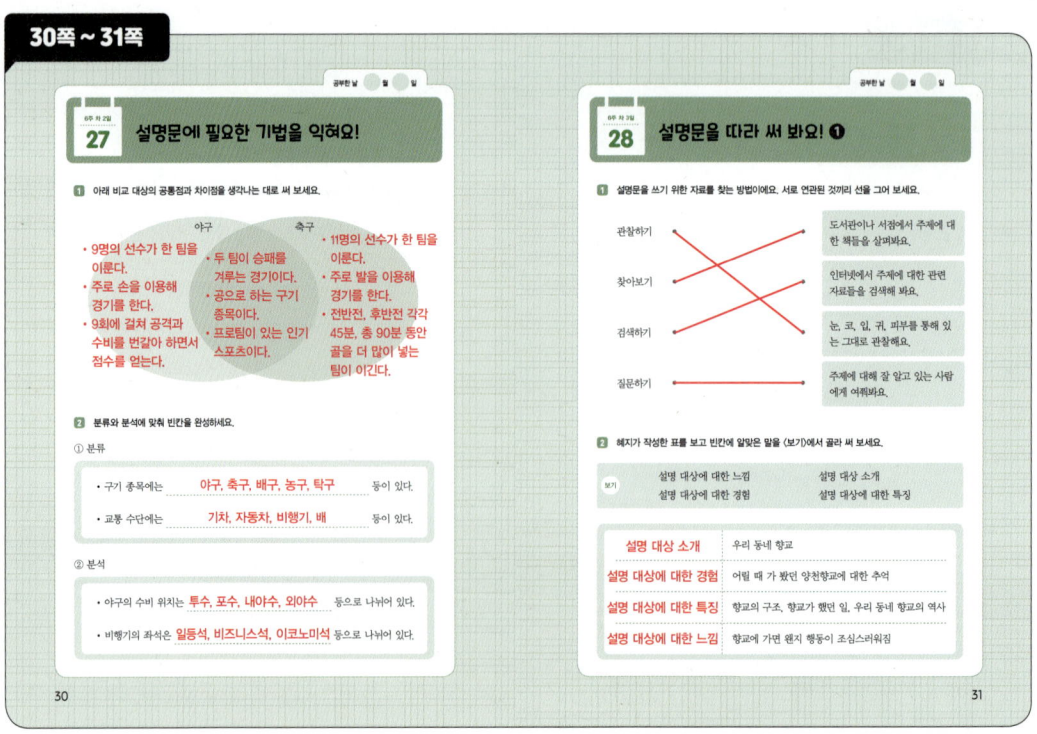

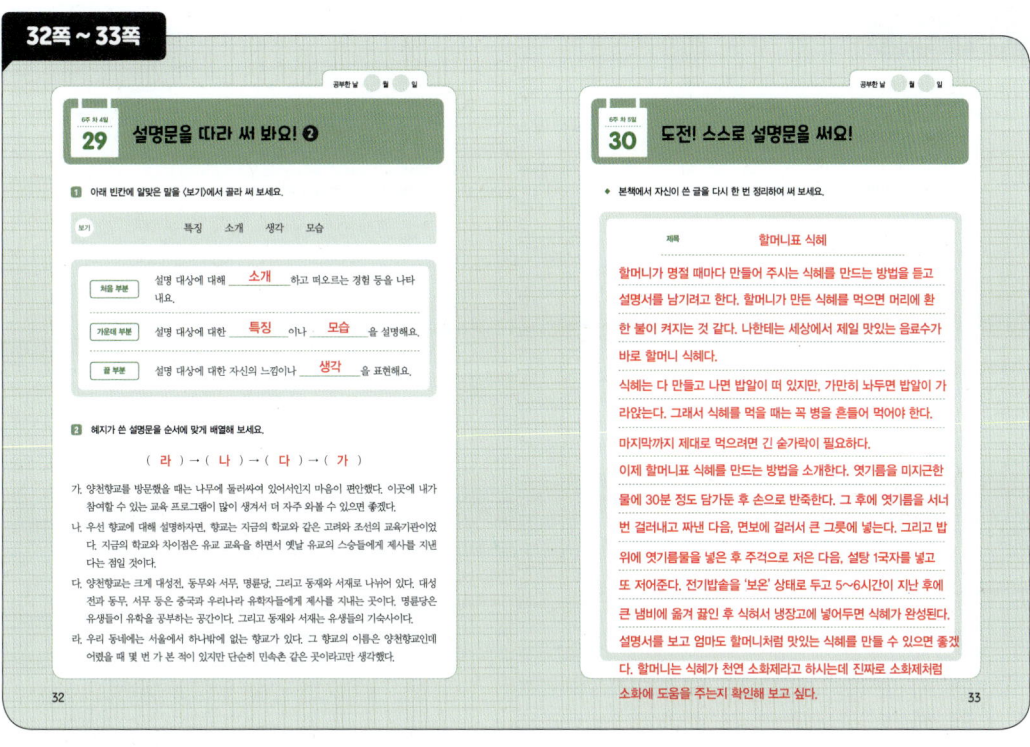
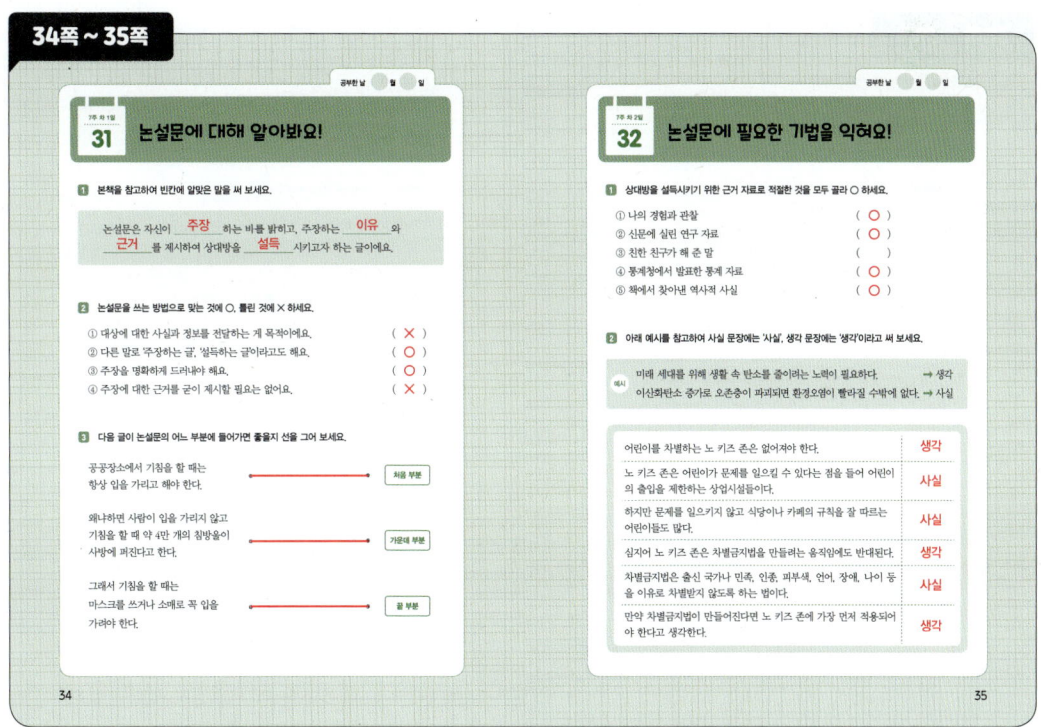

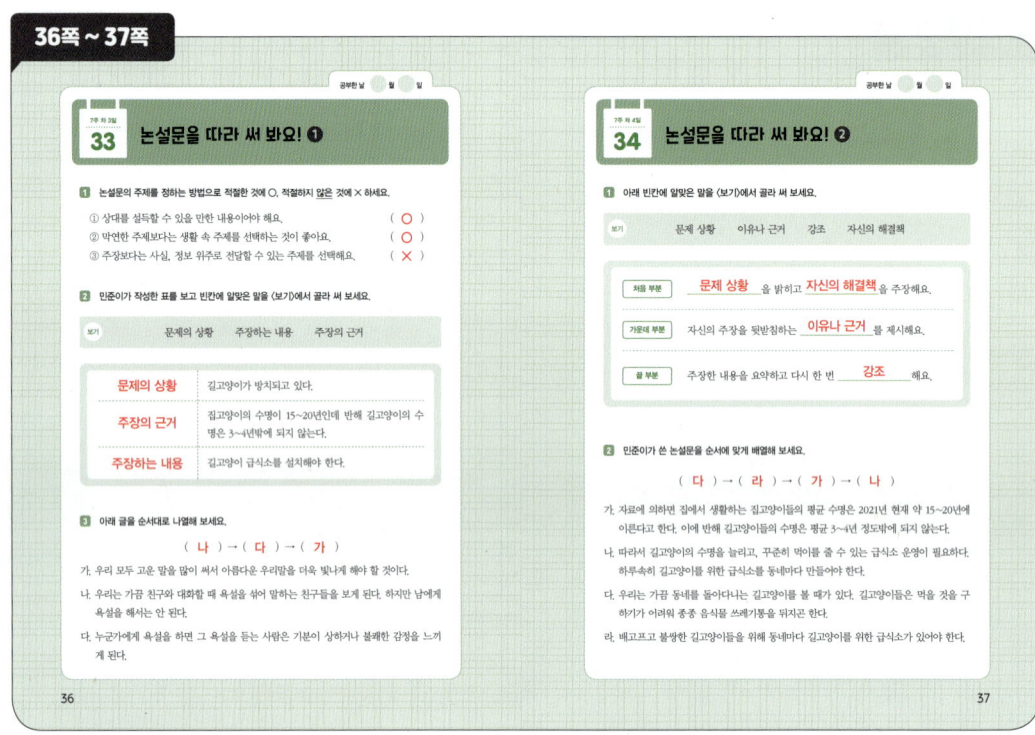

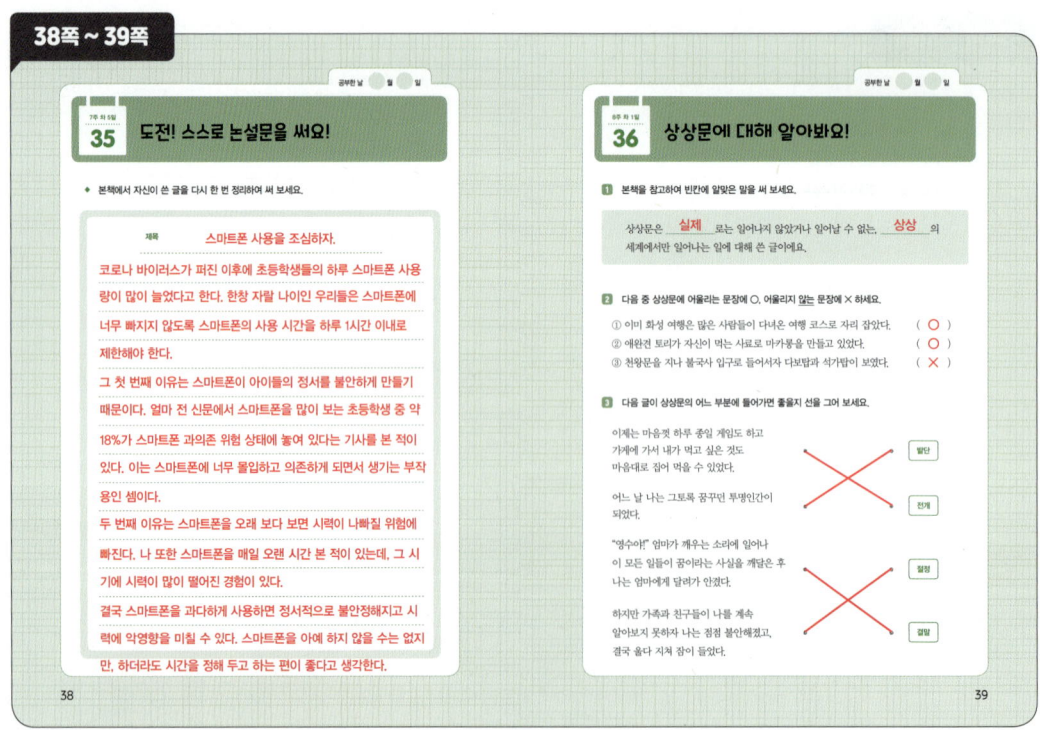

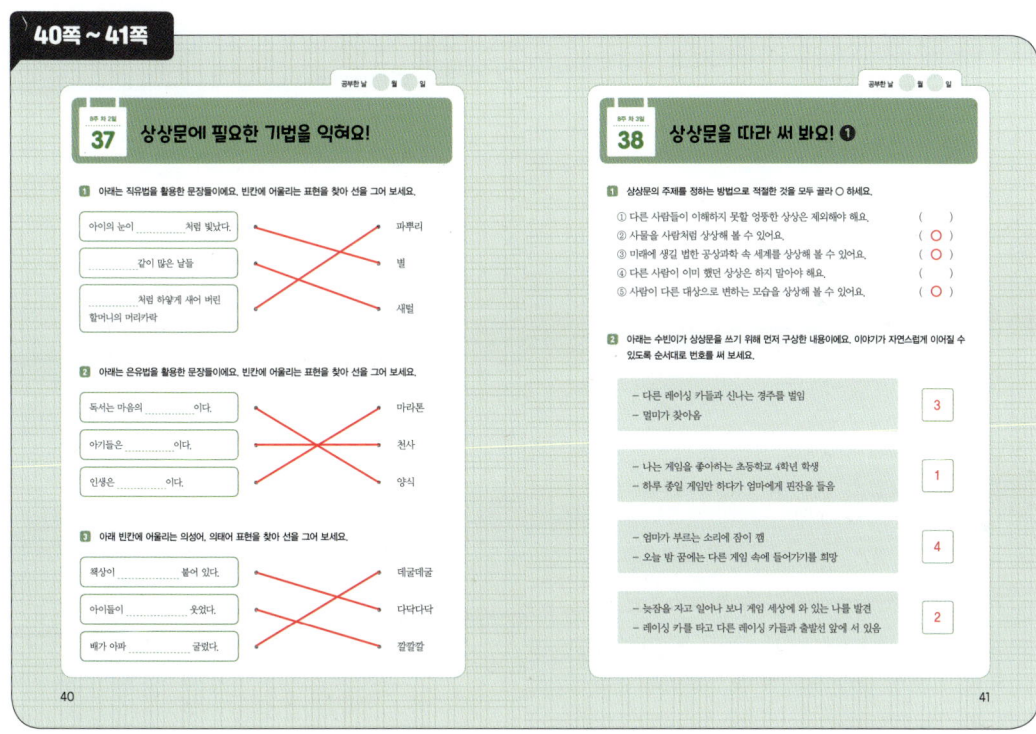

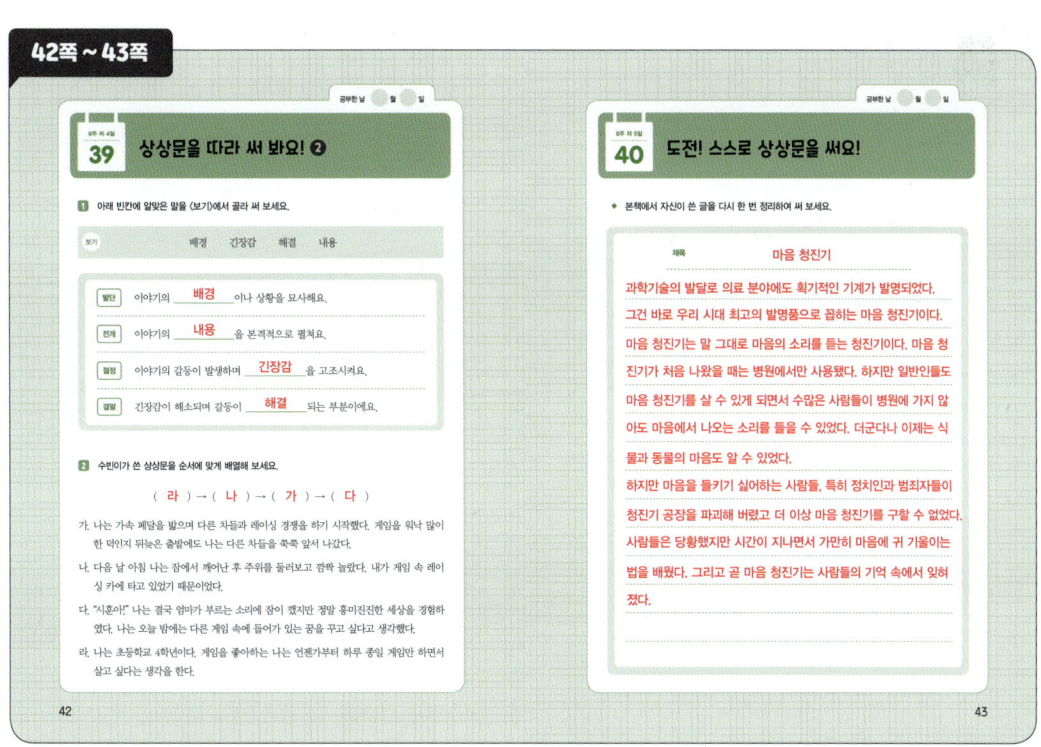